세상을 변화시키는 52주 구역공과

# 생명을 살리는 구역

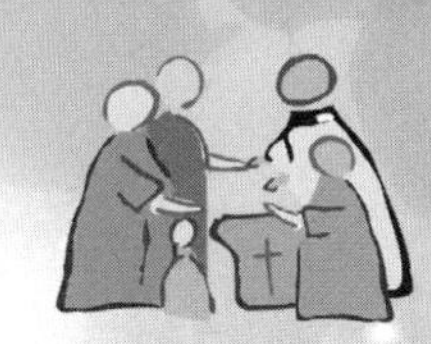

편찬위원회

아가페문화사

생명을 살리는 구역

구역부흥은 교회부흥

구역

이름

주소

교회 전화

생명을 살리는 구역
성장하는 교회

# 교육 이념

1. 하나님의 영광을 높이는 구역
2. 하나님의 교회를 섬기는 구역
3. 하나님의 사랑을 실천하는 구역
4. 행복한 가정을 이룩하는 구역
5. 변화하는 시대를 선도하는 구역

## 구역공과 일러두기

하나님은 자신의 형상대로 인간을 창조하시고 그들에게 복을 주사, 생육하고 번성하여 충만하라 하셨으며, 땅을 정복하라 명하셨습니다(창 1:27-28). 이는 우리 인간을 향한 문화명령으로서 인간의 영혼을 살리기 위한 것이기도 합니다. 이 사명을 감당하기 위해 세상의 빛이신 예수께서 이 세상에 오셔서 어둠을 밝히시고, 우리를 구속하시고, 삶의 지표를 제시하셨습니다. 다윗은 "여호와는 나의 빛이요 나의 구원이시니 내가 누구를 두려워 하리요"(시편 27:1)라고 고백했습니다. 우리도 생명을 주신 은혜에 감사, 감격하여 주님을 위해 생명을 바치고 생명을 살리는 참된 제자로서의 사명을 다 해야 합니다.

이를 위해 가장 효과적이며 성경적인 방법들을 실제 목회현장에 적용할 수 있는 유일한 구역공과가 바로『생명을 살리는 구역』입니다. 일선 목회자가 현장에서 경험한 심령들을 기경하고 새롭게 하므로서 영적 생명이 살아나고 견고한 믿음의 용사가 되어 세상에서 빛과 소금의 역할을 잘 감당할 수 있도록 교육과정을 구성하였습니다. 때문에 교회마다 아무 때나 쉽게 적용할 수 있습니다.

교회의 부흥은 '일꾼을 잘 키우고, 건강한 일꾼으로 가꿔가도록' 하면 됩니다. 필진은 그간 절찬리에 다루셨던 교재 '말씀의 생활화' 를 구현하기 위한 시도로 7년 커리큘럼으로 성경을 통독하도록 주간 경건의 시간(Q. T)의 본문을 설정하고, 읽은 말씀을 중심으로 구역 공과를 편찬해왔습니다. 바로『부흥하는 구역』·『생동하는 구역』·『전진하는 구역』·『결실하는 구역』·『파송하는 구역』·『일꾼을 키우는 구역』·『건강한 구역』입니다. 이 교재는 각 교회마다 명실공히 '부흥 성장하는 교회' 로 만들었습니다. 그리고 이어『화목하는 구역』·『치유하는 구역』·『칭송받는 구역』을 만들었으며, 금번 열 한 번째로『생명을 살리는 구역』을 출간했습니다. 이를 통하여 교회의 근본적인 목표인 말씀으로 양육하고, 사랑으로 위로하며, 생명을 살리는 것이 무엇인지를 가르쳐 줍니다.

농사를 잘 지으려면 첫째, 좋은 종자를 고르고, 둘째, 좋은 땅에 심고, 셋째, 관심과 꼼꼼한 손질이 필요합니다. 교회부흥은 원하는 만큼 정성을 다하여 실천하면 틀림없이 영적 풍년농사를 기약해 줄 것입니다. 좋은 교재를 골라서 말씀 을 교육하고 성장을 지향(志向)할 때, 주안에서 뿌리와 줄기가 튼튼히만 자란다면 열매도 견실이 맺을 수 있습니다. '내가 곧 교회부흥의 주역이다' 라는 책임감을 가지고 최선을 다 하려면 다음과 같은 수칙을 충실히 지켜야 합니다.

첫째, 하나님의 말씀을 날마다 겸손히 듣고(행 10:38),
둘째, 말씀을 매일 부지런히 읽으며(신 17:19),
셋째, 말씀을 체계적으로 공부하십시오(행 17:11; 딤후 2:15).
넷째, 말씀을 암송하십시오(시 119:11).
다섯째, 말씀을 묵상하고 적용하십시오(수 1:8).

본 교재는 평신도 지도자가 목회자 입장에서 목회해가는 심정으로 일년 열두 달, 매월 교회 성장목표를 정하여, 매일 "한 주간의 묵상 자료"(가정 예배 자료)와 함께 매일 '가정예배'와 연계한 구역 성경공부교재입니다. 쉽고 간편하게 인도자와 구역원, 온 교우가 함께 쓰는 교재로 집필했습니다. 전교우 가정에 한 권 씩 준비해 놓으시고, 가정예배 시 '주간 성경교재'로, 구역예배 시 성도들이 교재를 통해 은혜 받도록 했습니다. 이 교재를 통하여 '말씀의 생활화'로 '성경을 배워, 예수님의 좋은 일꾼'으로 성장하시기를 기도드립니다. 여러분들의 가정과 구역이 주님과 이웃으로부터 칭송 받아 진정 하나님의 은혜가 넘치며, 성령의 은총으로 섬기는 교회마다 변화와 부흥이 넘치시기를 기원합니다.

2009년 12월

구역 공과 편찬위원회

## 구역공과 교재 사용법

– 찬송 · 묵도 · 신앙고백(사도신경) · 찬송 · 기도 –

**1. 먼저 '성경' 본문을 찾아 함께 읽으십시오.**
**2. '요절'을 3회 큰 소리로 함께 읽고 암기합시다.**
**3. 공과 '교재의 목표'를 읽고 마음에 새기십시오.**
**4. '시작하는 말'은 구역 인도자가 읽음으로 함께 이해하십시오.**
**5. '오늘의 말씀'은 한 대지씩 구역원이 돌아가면서 읽으십시오.**
**6. '함께 읽어요'는 모든 구역원이 한 목소리로 읽으십시오.**
**7. '정리하는 말'은 구역장이 읽으십시오.**
**8. 구역원 모두에게 성령께서 함께 하사 기도로서 말씀을 우리의 생활에 적용할 수 있도록 하십시오.**

–합심기도, 헌금, 가정을 위한 기도, 새 구역원 소개, 찬송, 주기도문
–※ **상기 사용법 4, 5, 6, 7번은 각 교회의 구역지침에 따라 진행하십시오.**

# 구역부흥은 교회부흥

# 성공적인 구역 운영 요령

## 1. 효과적인 개인전도 7가지 방법

- 영혼을 사랑하는 마음을 가져라.
- 전도 대상자를 확실히 정 하라
- 상대를 위하여 충분한 기도로 준비하라.
- 인격적인 교제를 가져라.
- 상대에게 무엇이 필요한가를 파악하라.
- 문제점에 대하여 간증으로 권유하라.
- 결신 후 최소한 3개월간을 영적으로 보살펴라.

## 2. 구역배가를 위한 5가지 기도제목

- 믿지 않는 가족을 위한 기도
- 병든 자를 위한 기도
- 개인이나 가정의 문제 해결을 위한 기도
- 각자의 소원 응답을 위한 기도
- 성령 충만을 위한 기도

## 3. 효과적인 구역원 상담의 5가지 방법

- 상대에게 되도록 많이 말할 기회를 주라
- 관심을 주변 환경에서 신앙생활로 전환시켜라
- 말씀에 입각하여 근원적인 해답을 제시하라
- 함께 기도하고 상담을 마무리 하라
- 확신을 갖고 말로 시인케 하라

## 4. 구역 운영 3가지 주의사항

- 이단 사설에 현혹됨을 예방하라
- 성도간의 금전 문제에 주의 하라
- 신앙적인 이야기 외에 무익하고 부덕한 말을 피하라

## 구역공과 교육과정(제 1, 2 학기)

| 학기 | 월 | 목표 | 과 | 제 목 | 본 문 | 요 절 | 묵상의 말씀 |
|---|---|---|---|---|---|---|---|
| 1 학기 | 1 | 새 생명의 달 | 1 | 생명의 태동, 그리스도 | 요 1 :1-14 | 요 1: 14 | 요 1 : - 7: |
| | | | 2 | 인간을 구원하신 예수 | 요 11 :1-16 | 요11: 4 | 요 8 : -14: |
| | | | 3 | 신앙 성장의 용광로 | 요 15 :1-17 | 요15: 10 | 요 15 :-21: |
| | | | 4 | 거룩한 생명의 꿈과 비전 | 막 1 :35-45 | 막 1: 35 | 막 1: - 7: |
| | | | 5 | 생명을 위한 투자 | 막 8 : 1-10 | 막 8 : 5 | 막 8: -14: |
| | 2 | 기도 총력의 달 | 6 | 생명의 호흡인 기도 | 막 15: 29-41 | 막 15:34 | 막15:-눅 5: |
| | | | 7 | 총력 기도와 생명 전도 | 눅 6: 12-19 | 눅 6 :12 | 눅 6:- 12: |
| | | | 8 | 기적으로 이끄는 기도 | 눅 13: 10-17 | 눅 13 :12 | 눅 13:- 19: |
| | | | 9 | 영안이 열리는 기도의 충전 | 눅 24: 30-49 | 눅 24:30 | 눅 20:- 24: |
| | 3 | 생명 전도의 달 | 10 | 전도는 생명의 참된 증언 | 행 1: 1-14 | 행 1 : 8 | 행 1: - 7: |
| | | | 11 | 생명 출산을 위한 자기 변화 | 행 9: 10-19 | 행 9: 15 | 행 8: - 14: |
| | | | 12 | 교회와 생명 양육의 조건 | 행 15:22-29 | 행 15: 11 | 행 15:- 21: |
| | | | 13 | 생명 결실을 위한 실전 전도 | 행 23: 1-11 | 행 23: 11 | 행 22:- 28: |
| 2 학기 | 4 | 파종 양육의 달 | 14 | 전도는 생명 파종이다 | 롬 1 : 1-17 | 롬 1 : 16 | 롬 1:- 7: |
| | | | 15 | 생명을 위한 성령의 역사 | 롬 8: 12-27 | 롬 8 : 14 | 롬 8: -14: |
| | | | 16 | 복음으로 생명 출산 | 고전 4: 14-21 | 고전 4: 15 | 롬 15:-고전5: |
| | | | 17 | 사역자를 위한 성도의 태도 | 고전 9: 4-18 | 고전 9: 14 | 고전 6:- 12: |
| | 5 | 가정 화목의 달 | 18 | 해산의 수고와 생명 | 갈 4 : 12-20 | 갈 4 : 19 | 고후12: -엡5: |
| | | | 19 | 가정은 생명의 산실 | 엡 5:22-6:3 | 엡 5 : 33 | 엡 6 : - 골2: |
| | | | 20 | 생명 탄생의 원동력인 사랑 | 골 3 : 12-21 | 골 3 : 19 | 골 3 :-살전5: |
| | | | 21 | 복음의 삶은 행복의 시작이다 | 살후 3: 1-18 | 살후 3 :16 | 살후1:-딤전4: |
| | | | 22 | 나눔은 생명의 통로이다 | 딤전 6:11-21 | 딤전 6: 18 | 딤전 5:-딛 1: |
| | 6 | 이웃 사랑의 달 | 23 | 이웃의 생명을 소중히 | 몬 1:1-21 | 몬 1 : 16 | 딛 2: - 히 4: |
| | | | 24 | 이웃과의 실실한 교제 | 히 10:19-29 | 히 10 : 25 | 히 5: - 11: |
| | | | 25 | 이웃에게 생명을 전하자 | 히 12:11-17 | 히 12 : 12 | 히 12 :- 약5: |
| | | | 26 | 믿음의 결국은 구원이다 | 벧전 1:1-12 | 벧전1 : 9 | 벧전1: - 벧후2: |
| 절기 | 53. 고난주간 | | | 구원을 확증한 십자가 고난 | 막 15:16-32 | 막 15:19 | 막 14: - 15: |
| | 54. 부 활 절 | | | 부활은 우리 생명의 보증 | 마 28:1-10 | 마 28:10 | 마 27:- 28: |

*절기공과 내용은 분문내용의 마지막 부분에 있습니다.

## 구역공과 교육과정(제 3, 4 학기)

| 학기 | 월 | 목표 | 과 | 제 목 | 본 문 | 요 절 | 묵상의 말씀 |
|---|---|---|---|---|---|---|---|
| 3 학기 | 7 | 교육 정진의 달 | 27 | 인생을 소성케 하는 말씀 | 마 4 :1-14 | 마 4 : 4 | 마 1 : - 7: |
| | | | 28 | 생명의 원천은 십자가 보혈 | 요일 1:1-10 | 요일 1: 7 | 벧후2:-요일5: |
| | | | 29 | 말씀은 생명의 양식 | 마 8 :5-17 | 마 8 : 16 | 마 8 :- 14: |
| | | | 30 | 말씀 교육이 영생의 입문 | 마 19:16-26 | 마 19: 17 | 마 15:- 21: |
| | 8 | 환경 생명의 달 | 31 | 하나님이 주신 생명건강 | 창 1 :1- 31 | 창 1 : 28 | 창 1 : - 7: |
| | | | 32 | 창조질서를 회복하자 | 창 8 :13-22 | 창 8 : 22 | 창 8: - 14: |
| | | | 33 | 신앙의 건강은 말씀으로 | 창15 : 1- 6 | 창 15 : 6 | 창 15:- 21: |
| | | | 34 | 택한 백성을 통한 섭리 | 창 22: 1-14 | 창 22: 14 | 창 22: -28: |
| | | | 35 | 영적 생명을 위해 투자하라 | 창 28:10-22 | 창 28: 22 | 창 29: -35: |
| | 9 | 영성 회복의 달 | 36 | 영적 생명의 성취 조건 | 창 35 :1-15 | 창 35 :15 | 창 36: -42: |
| | | | 37 | 영생을 위한 삶의 자세 | 창 43: 1-15 | 창 43 : 9 | 창 43: -50: |
| | | | 38 | 신앙의 리듬을 회복하자 | 출 2 :11-25 | 출 2 : 24 | 출 1 :- 7: |
| | | | 39 | 잃은 생명력을 회복하자 | 출 12: 1-14 | 출 12: 14 | 출 8: -14: |
| 4 학기 | 10 | 말씀 충만의 달 | 40 | 말씀은 믿음의 초석 | 시 1 : 1- 6 | 시 1 : 2 | 시 1 :- 7: |
| | | | 41 | 말씀 신앙은 기적을 낳는다 | 시 13 :1- 6 | 시 13: 3 | 시 8 :-14: |
| | | | 42 | 말씀이 드러나는 세상 | 시 19 :1-14 | 시 19 : 8 | 시 15:-21: |
| | | | 43 | 고난을 극복케 하는 말씀 | 시 22 :1-31 | 시 22: 25 | 시 22:-28: |
| | | | 44 | 찬송은 말씀의 결실이다 | 시 33 :1-22 | 시 33 : 1 | 시 29:-35: |
| | 11 | 감사 축제의 달 | 45 | 감사는 하나님께 큰 영광 | 시 37 :1-16 | 시 37 : 4 | 시 36:-42: |
| | | | 46 | 감사는 응답의 촉진제 | 시 43 :1- 5 | 시 43 : 5 | 시 43:-49: |
| | | | 47 | 감사는 환난의 비상구 | 시 50 :1-15 | 시 50 :15 | 시 50:-56: |
| | | | 48 | 감사는 생명의 노래 | 시 59: 1-17 | 시 59: 16 | 시 57:-63: |
| | 12 | 생명 비전의 달 | 49 | 훈계는 생명의 지식 | 잠 1 : 1- 9 | 잠 1 : 7 | 잠언 1:- 7: |
| | | | 50 | 하나님의 지혜를 사모하라! | 잠 8 :17-36 | 잠 8 : 17 | 잠언 8:-14: |
| | | | 51 | 지혜로운 선택이 생명 | 잠 19: 8-22 | 잠 19: 14 | 잠언15:-21: |
| | | | 52 | 참된 기쁨의 소식인 생명 잉태 | 잠 25:11-22 | 잠 25: 25 | 잠언22:-28: |
| 절기 | 55. 감 사 절 | | | 신앙고백적인 감사와 찬양 | 시 95: 1-11 | 시 95 : 2 | 시 92:-98: |
| | 56. 성 탄 절 | | | 구원의 감격으로 임하는 성탄! | 사 7: 10-17 | 사 7 :14 | 사 1:- 7: |

절기공과 내용은 분문 내용의 마지막 부분에 있습니다.

생명을 살리는 구역
성장하는 교회

세상을 변화시키는 52주 구역공과

# 생명을 살리는 구역

생명을 살리는 구역

구역부흥은 교회부흥

1단원 새 생명의 달

제1과

# 생명의 태동, 그리스도

찬송 / 544, 357, 354 / 통일 343, 397, 394

성경 / 요한복음 1:1-14

요절 / 요한복음 1:14

"말씀이 육신이 되어 우리 가운데 거하시매 우리가 그의 영광을 보니 아버지의 독생자의 영광이요 은혜와 진리가 충만하더라."

목표/ 거룩한 생명의 태동, 그리스도로 인하여 살아감으로 감사하는 태도를 가진다.

## 시작하는 말

오늘날 많은 사람들이 웰빙을 위해서 무공해의 자연으로부터 신선하고 좋은 공기, 물, 음식을 취하려고 하는 것은 건강한 육신적인 생명, 곧 생리적인 생명을 위해서입니다. 그러나 정작 가장 소중한 영적인 생명은 소홀히 하고 있습니다. 인간이 자연적인 상태에서 가질 수 없는 소중한 생명은 최초의 인간 아담을 만드실 때 하나님께서 친히 아담의 코에 생기(루아흐 : רוח)를 불어 넣으셔서 생령(living soul)이 되게 하셨습니다. 인간은 하나님 자신의 숨, 즉 하나님의 영(Spirit)과 생명을 부여 받았습니다. 사랑하는 성도 여러분! 이 영적인 생명을 소중히 여기며 사랑하고 감사하며 살아가는 한 해가 되시기를 바랍니다.

## 오늘의 말씀

### 1. 예수 그리스도는, 곧 말씀이십니다(요 1:1~2).

본문 1절 말씀을 함께 읽겠습니다. "태초에 말씀이 계시니라 이 말씀이 하나님과 함께 계셨으니 이 말씀은 곧 하나님이시니라". 그렇습니다. 말씀이 곧 하나님이신 것입니다. 창세기 1장 1절의 태초는 '세상의 시초'를 의미하지만 본문의 태초는 영원 전부터 계신 신(神)의 기원의 태초이니 훨씬 앞섭니다. 성경에서 '하나님의 말씀'은 하나님의 창조의 권능, 곧 세상을 만드시고 모든 이에게 빛과 생명을 주는 권능으로 나타납니다(창 1:3, 시 33:6, 사 55:11). 이방인들이나 헬라인들은 말씀을 보다 철학적으로 이해했습니다. 자연계의 질서 속에 나타난 이성, 무한한 힘을 곧 말씀(*λόγος*: 로고스)으로 보았고, 이런 공통적인 관념에서 요한은 그리스도는 '말씀'이시라고 선포하고 있는 것입니다. 예수님은 기록된 하나님의 말씀 그대로 살고자 이 땅에 오신 '하나님의 말씀' 자체이십니다.

· 함께 읽어요 : 요한일서 1장 1~2절

"1 태초부터 있는 생명의 말씀에 관하여는 우리가 들은 바요, 눈으로 본 바요, 자세히 보고 우리의 손으로 만진 바라. 2 이 생명이 나타내신바 된지라 이 영원한 생명을 우리가 보았고, 증언하여 너희에게 전하노니 이는 아버지와 함께 계시다가 우리에게 나타내신바 된 이시니라."

## 2. 예수 그리스도는 생명의 창조자이십니다(요 1:3).

3절을 함께 읽습니다. "만물이 그로 말미암아 지은 바 되었으니 지은 것이 하나도 그가 없이는 된 것이 없느니라". 그리스도는 창조의 중재자이시며 창조의 당사자 이십니다. 예수님은 만물을 무(無)로부터 하나씩, 하나씩 차례대로 창조하셨던 분이십니다. 창조는 성부의 계획에 의해서 성자 하나님의 역할과 사역으로 이루어진 것입니다. 삼위일체의 신성 가운데 그분은 능동적인 행위자로서 만물을 창조하셨던 위격이십니다. 창조가 그분의 역할이요, 사역이었습니다. 인간들은 스스로가 살고 생명을 유지한다고 생각하지만 우리는 예수님이 없이는 어느 피조물도 그 존재를 유지, 보존할 수 없는 것임을 알아야 합니다.

· 함께 읽어요 : 고린도전서 8장 6절

"그러나 우리에게는 한 하나님 곧 아버지가 계시니 만물이 그에게서 났고, 우리도 그를 위하여 있고, 또한 한 주 예수 그리스도께서 계시니 만물이 그로 말미암고 우리도 그로 말미암아 있느니라."

## 3. 예수 그리스도는 '생명' 그 자체이며 본질이십니다(요 1:4~5).

본문 4-5절을 함께 읽겠습니다. "그 안에 생명이 있었으니 이 생명은 사람들의 빛이라. 빛이 어두움에 비춰되 어둠이 깨닫지 못하더라". 이 말씀은 예수 그리스도를 대변하는 말씀입니다. 예수 그리스도의 생명은 사람들의 빛이십니다. "예수께서 또 말씀하여 이르시되 나는 세상의 빛이니 나를 따르는 자는 어둠에 다니지 아니하고 생명의 빛을 얻으리라"(요 8:12)고 말씀하셨습니다. 태초로부터 사람은 하나님의 형상으로 창조되므로, 하나님을 인격적으로 알게 창조되었습니다. 그리스도의 생명에 대한 지식이 사람들에게는 구원을 밝혀줄 빛인 것입니다. 그 빛은 우리에게 "풍성하고도 영원한 생명, 의당 가야 할 길을 감당 할 수 있도록 해주는 힘과 동기"를 부여합니다. 생명이신 그리스도는 사람이 이 땅에서 살아감에 있어서 참된 목적, 의미, 그리고 소망이 되시는 것입니다. 예수 그리스도는 생명이요, 진리입니다. 그리스도가 없이는 그 어떤 참된 생명도 있을 수 없습니다. 그분은 우리의 생사화복을 주장하시는 생명의 궁극적인 창조자요, 통치자요, 섭리자인 것입니다. 우리가 영원한 생명을 누리고 행복한 삶을 살려면 그리스도를 확실하게 믿고 좇아야 하는 것임을 명심하시기 바랍니다.

· 함께 읽어요 : 요한복음 11장 25~26절

"25 예수께서 이르시되 나는 부활이요 생명이니 나를 믿는 자는 죽어도 살겠고,
26 무릇 살아서 나를 믿는 자는 영원히 죽지 아니하리니 이것을 네가 믿느냐?"

## 정리하는 말

거룩한 생명의 태동은 '생명이요, 빛이신 예수 그리스도'를 통하여 이루어지는 것이며, 말씀이 육신이 되어 우리 가운데 거하신 하나님 아버지의 독생자로 말미암아 완성되는 것입니다. 이는 하나님의 영광과 은혜와 진리가 충만하도록 나타내셨습니다. 사랑하는 성도 여러분! 새해에는 여러분들의 삶의 현장에서 '그리스도의 생명'을 소유하셔서 부활의 기쁨과 영원한 생명으로 힘차게 살아가시기 소원합니다.

## 평가와 결심

1. 기록된 하나님의 말씀 그대로 살고자 이 땅에 오신 분은?(2)
   ① 마호메트 ② 예수 그리스도 ③ 석가 ④ 공자
2. 생명의 창조자는 누구이신가? (요 11:25, 예수 그리스도)
3. 본문에서 악한 행위를 드러내고, 혼돈을 극복하며 길을 인도 하는 것은 무엇일까요?(1) ① 빛 ② 어두움 ③ 악 ④ 에너지

## 주간 경건의 시간 <1> · 날마다 말씀과 함께

| 요일 / 내용 | 월(Mon) | 화(Tue) | 수(Wed) | 목(Thu) | 금(Fri) | 토(Sat) |
|---|---|---|---|---|---|---|
| 찬송 | 90 / 98 | 91 / 91 | 94 / 102 | 95 / 82 | 104 / 104 | 105 / 105 |
| 성경 | 요 2: | 요 3: | 요 4: | 요 5: | 요 6: | 요 7: |
| 적용 | 물로 된 포도주 | 이처럼 사랑하사 | 하나님의 선물 | 일어나 걸어가라 | 보내신 이 믿는 것 | 내게로 와서 마셔라 |

* 생명이 있는 곳에 희망이 있다. <영국 격언>

*매일 찬송 숫자에서, 앞 숫자는 새로운 찬송가 / 뒤는 통일찬송가 장수입니다.

1단원 새 생명의 달

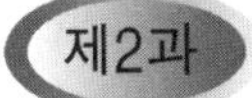


# 인간을 구원하신 예수

찬송 / 325, 280, 279 / 통 359, 338, 337

성경 / 요한복음 11:1-16

요절 / 요한복음 11:4

"예수께서 들으시고 이르시되 이 병은 죽을병이 아니라 하나님의 영광을 위함이요. 하나님의 아들이 이로 말미암아 영광을 받게 하려 함이라 하시더라."

목표/ 주님이 우리를 구원하시기 위하여 오셨음을 알도록 한다.

## 시작하는 말

현대 사회는 생활을 비관하여 자살하는 사람이 늘어나고 있습니다. 신경정신과 전문의에 따르면 자살자의 대부분이 우울증과 고독감 속에서 자살충동을 느낀다고 합니다. 성도들의 삶은 하나님이 허락하신 것으로 거룩한 생명을 받은 감격을 가지고 살아가야 합니다. 창조주 하나님께서는 만물 중에 최고의 가치를 지닌 인간을 맨 나중에 가장 고귀하게 창조하셨습니다. 본문에서 나사로의 죽음은 부활이요 생명이신 예수님 자신을 들어내실 기회를 제공했습니다. 주님은 죄악으로 사망의 그늘이 드리워진 인간에게 찾아오셔서 생명의 맥박 소리를 들려주시려고 오셨습니다.

## 오늘의 말씀

### 1. 생명의 복음을 하나님께 강권적으로 요청해야 합니다(요 11:1~4).

예수님이 전도 여행에서 늘 피곤한 몸을 쉴 수 있는 유일한 곳은 마르다와 마리아의 가정이었습니다. 그들은 예루살렘 외곽 약 2마일

(=3.2km) 떨어져 있는 교외의 베다니에서 살고 있었습니다. 그 누이들은 병든 오라버니를 도와달라고 거리낌 없이 요청하여 전도여행을 중단시킬 만큼 관계가 가까웠습니다. 여러분! 여러분도 예수님과 이러한 관계가 형성되어야 합니다. 예수님의 위대한 사랑은 죽음의 그늘이 드리워진 나사로의 가정에 희망과 소망을 안겨주었던 것입니다. 예수 사랑을 통한 사랑의 교제는 꺼져가는 '생명의 맥박'도 되살리는 역사가 일어나는 것입니다. 사랑하는 성도 여러분! 하나님과의 은밀한 기도의 밀어(密語)로 사랑의 관계를 회복하시기 바랍니다. 하나님과의 긴밀한 관계를 통해 치유함을 받으시고 영광을 돌리시기 바랍니다.

· 함께 읽어요 : 요한복음 11장 4절

"예수께서 들으시고 이르시되 이 병은 죽을병이 아니라 하나님의 영광을 위함이요. 하나님의 아들이 이로 말미암아 영광을 받게 하려 함이라 하시더라."

## 2. 간절한 믿음의 소유자에게 생명의 맥박을 되돌려 주십니다(요 11:5~6).

예수님이 이틀이나 지체하신 것은, 예수님은 나사로가 이미 죽은 사실을 아셨고, 사람들이 나사로의 병든 소식을 가져온 바로 그날 그가 죽게 될 것을 아셨기 때문입니다. 이는 예수께서 베다니에 도착하셨을 때, 이미 나사로는 장사 지낸 지 나흘이나 되었다는 사실로서 알 수 있습니다(17, 39절).

소식을 전하러 오는 데까지 하루요, 예수님이 사역을 마치시는데 소요된 시간이 하루나 이틀이요, 예수님이 베다니로 여행하는데 하루 또는 이틀을 계산하면 마르다나 마리아 편에서 생각하면 너무한다는 생각조차 들었을 것입니다. 그러나 마르다와 마리아는 이 모든 경험을 통해서 '하나님의 기다림'에 대해서 배우고 있었습니다. 예수님은 행하실 때를 알고 계셨습니다. 우리는 최적의 때를 위해 기다림의 시간을 지겨워하거나 초조해 하지 말아야 합니다. 이 시간이야말로 어렵고 힘든 터널을 통과하기 위한 기도할 시간으로, 하나님의 위대한 손길을 끌어들이기 위한 최선의 시간으로 활용·재생산해야 하는 것입니다. 위기를 당했을 때는 "하필이면 왜 나에게 덮치느냐? 세상에 내가 만만하냐?" 하면서 불평하고 당황해하거나 원망하지 말아야 합니다. 일단 인생의 어두운 터널을 통과하게 되면 차선을 바꾸려 들거나, 우왕좌왕하지 말고, 빛의 시각을 되찾을 때까지 상황의 변화를 지켜보면서 기다려봐야 합니다.

· 함께 읽어요 : 예레미야 33장 2~3절

"2 일을 행하시는 여호와, 그것을 만들며 성취하시는 여호와, 그의 이름을 여호와라 하는 이가 이와 같이 이르시도다. 3 너는 내게 부르짖으라. 내가 네게 응답하겠고 네가 알지 못하는 크고 은밀한 일을 네게 보이리라."

### 3. 생명의 복음은 하나님의 영광이 드러나야 합니다(요 11:7-10).

나사로가 병든 목적은 죽음까지 다스리시는 예수님의 크신 능력을 보여주기 위함이었습니다. 예수님은 자신이 하실 일을 매우 분명하게 말씀하셨습니다. 나사로가 자고 있으므로 잠자는 나사로를 깨우러 간다고 말씀하셨습니다. 그러나 제자들은 예수님의 하시는 말씀을 이해하지 못했습니다. 예수님은 나사로가 죽은 것을 잠자는 것으로 표현하셨습니다. 그러나 제자들은 나사로가 잠들어 쉬고 있다고 말씀하시는 것으로 생각했습니다. 사랑하는 성도 여러분! 여러분들이 주변에서 어렵고 힘든 상황을 만나십니까? 여러분들의 힘으로 도저히 해결할 수 없을 만한 사건들이 일어나고 있습니까? 바로 그 때가 주님이 일하실 때요, 하나님의 손길이 개입하실 때임을 아시기 바랍니다. "너희 중에 고난당하는 자가 있느냐 저는 기도할 것이요"(약 5:13상). 이 말씀을 기억하면서 주께 간절히 기도하며, 섬김과 봉사할 수 있는 기회를 열어 가시기를 바랍니다.

· 함께 읽어요 : 시편 50편 15절

"환난 날에 나를 부르라 내가 너를 건지리니 네가 나를 영화롭게 하리로다."

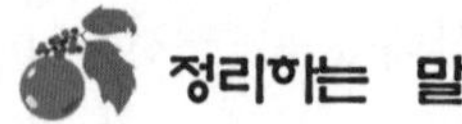

## 정리하는 말

많은 현대인들은 영적인 생명의 맥박을 잊고 살아갑니다. 나사로에게 끊어진 호흡과 생명을 되살려 주심은 "나사로 때문에 많은 유대인이 가서 예수를 믿음 이러라"(요 12:11). 이 말씀처럼 예수님이 하나님의 아들이심을 믿고 증거하게 하려 하심입니다. 사랑하는 성도 여러분! 위기를 당할 때 말씀과 기도, 찬송생활로 위기를 기회로 바꾸셔서 날마다 어디서든 생명의 맥박을 느끼며 현대인의 고독과 우울증을 이기시고 하늘나라에 소망을 두시고 섬기며 살아가시기 바랍니다.

## 평가와 결심

1. '하나님의 구원'을 통해 바로 누구를 증거 해야 합니까?
   (요 11:1-4, 예수님이 하나님의 아들이심을 증거 함)
2. 신앙의 위기에서 취해야 할 하나의 좋은 방법은 무엇입니까?
   (요 11:5-6, 기도하면서 조용히 기다림이 필요함)
3. '생명의 복음'을 통해 성도들이 해야 할 일이 무엇입니까?
   (요 11:7-20, 감사하며 섬김의 기회로 삼아야 함)

## 주간 경건의 시간 <2> · 날마다 말씀과 함께

| 요일 / 내용 | 월(Mon) | 화(Tue) | 수(Wed) | 목(Thu) | 금(Fri) | 토(Sat) |
|---|---|---|---|---|---|---|
| 찬송 | 417 / 476 | 411 / 473 | 410 / 468 | 397 / 454 | 204 / 379 | 174 / 161 |
| 성경 | 요 9: | 요 10: | 요 11: | 요 12: | 요 13: | 요 14: |
| 적용 | 주여 내가 믿나이다 | 내 양을 알고 | 부활이요 생명이니 | 한 알의 밀이 썩어 | 끝까지 사랑하리니 | 내게로 영접하여 |

* 어떤 사람도 생명이 짧은 것을 믿지 않는다. <사무엘 존슨(1709~1784), 영국저술가>

1단원 새 생명의 달

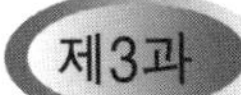


# 신앙 성장의 용광로

찬송 / 211, 9, 550 / 통 346, 53, 248

성경 / 요한복음 15:1-17

요절 / 요한복음 15:10

"내가 아버지의 계명을 지켜 그의 사랑 안에 거하는 것 같이 너희도 내 계명을 지키면 내 사랑 안에 거하리라."

목표/ 생명은 용광로 안에 거함으로 재창조되고 성장함을 알게 한다.

## 시작하는 말

예수님은 자신이 포도나무요 성도는 가지라고 비유하여 말씀했습니다. 또한 하나님은 농부이신데, 열매 맺지 아니하는 가지마다 제하여 버리신다고 했습니다. 농부가 씨를 뿌리고 열매를 거두기 위해 기다리듯 포도나무를 심고 가꾸시는 것은 열매를 맺게 하기 위함입니다. 열매를 맺어야 하나님께 영광을 돌리게 되는 것입니다. 열매를 맺지 아니하고 땅만 차지하고 입만 무성하다면 농부는 그런 가지를 베어버릴 수밖에 없습니다. 그리스도인은 열매를 맺어야 합니다. 자신이 더 의로워지고, 새로운 회심자를 얻도록 해야 하며, 성령의 열매를 맺어야 합니다. 그러면 어떻게 해야 열매를 맺을 수 있겠습니까?

## 오늘의 말씀

1. 자신을 먼저 깨끗하게 정화해야 합니다(요 15:2~3).

포도나무 가지가 병들어 있으면 열매를 맺을 수 없습니다. 나무도 가지도 건강해야 됩니다. 마찬가지로 우리 성도들이 열매를 많이 맺어 하나님께 영광을 돌리려면 먼저 자신이 깨끗해야 합니다. 더러운 죄악에 물들어 있으면 열매를 맺을 수 없습니다. 포도나무이신 예수님과 관계하고 있다는 말은, 그분의 심장의 더운 피가 흐르는 용광로에 우리 자신을 잠그면 모든 죄악이 소멸되고 깨끗함을 얻으며 새 생명을 소유하게 된다는 말입니다. 우리 심령이 성령의 용광로에서 불순물들이 태워지고 심령이 거듭나야, 새 순이 돋고 새 순에서 열매를 많이 맺게 되는 것입니다. 이미 깨끗함을 받았으면 날마다 회개를 통하여 깨끗함을 유지해야 더 많은 열매를 맺게 되는 것입니다.

· 함께 읽어요 : 요한복음 15장 8절
"너희가 열매를 많이 맺으면 내 아버지께서 영광을 받으실 것이요. 너희는 내 제자가 되리라."

## 2. 주님과 올바른 관계가 유지되어야 합니다(요 15:4~6).

콘크리트 건물이 무너지는 것은 위부의 충격보다 내부 철근에서 생기는 녹이라고 합니다. 튼튼하던 콘크리트 벽에 철근이 튀어나온 데서부터 녹이 슬고 나중에는 큰 건물이 힘없이 주저앉는 것입니다. 이미 중생의 체험으로 깨끗해진 성도는 날마다 죄악이라는 녹이 슬지 않도록 신앙이 건강하도록 보존해야만 하는 것입니다. 또한 녹이 슬었다면 주님의 뜨거운 보혈의 용광로에서 회개를 통하여 죄악의 녹을 제거하든지 성령의 용광로에 던져져 우리 내면의 녹까지 다 태워져 깨끗해져야 하는 것입니다. 많은 성도들이 처음 믿을 때는 주님과 늘 동행하면서 기쁨으로 신앙생활을 합니다만 시간이 지나면서 규칙적인 기도생활도 뜸해지고, 기쁜 찬송생활도 멀리하면서 세속화로 신앙에도 녹이 슬어 자신의 신앙을 자꾸 잠식하게 되는 것입니다.

주님을 멀리하면 구심력이 약해지듯이 '주 바라기' 신앙이 명예나 바라고, 돈이나 바라는 세속신앙으로 전락되기 시작합니다. 그 때부터 마음에 갈등이 심화되면서 세상을 사랑하는 데 빠집니다. 돈을 사랑하는 데 빠집니다. 명예를 주님보다 더 사랑합니다. 주일 성수 제대로 하지 못하고, 성경읽기도 뜸해집니다. 세상 친구들이 많아지면서 교회 가기가 싫어집니다. 사랑하는 성도 여러분! 포도나무인 주님께 가지인 우리가 온전히 붙어있어 생명이 부지되고 열매를 많이 맺히시기를 바랍니다.

· 함께 읽어요 : 요한복음 15장 5절
"나는 포도나무요 너희는 가지라 그가 내 안에, 내가 그 안에 거하면 사람이 열매를 많이 맺나니 나를 떠나서는 너희가 아무 것도 할 수 없음이라."

### 3. 주님으로부터 말씀의 자양분을 공급받아야 합니다(요 15:7~10).

식물은 뿌리를 통해서 수분과 자양분을 빨아 먹어야 삽니다. 과일나무도 땅에 심겨지지 않으면 건재하기 어렵습니다. 나무는 가지와 잎이 펴진 넓은 공간까지 뿌리를 내린다고 합니다. 주님의 넓은 가슴은 오대양 육대주 그보다 천하에 펼쳐져 있습니다. 십자가의 보혈은 예부터 오고 오는 만백성들의 죄악의 깊은 암 덩어리의 근본적인 문제를 해결해 주셨습니다. 넓은 주님의 가슴이야말로 온 인류가 안길 수 있는 넓고 넓은 품입니다. 추운 겨울에는 따스함이 무더운 여름에는 시원함이 준비되어 있는 생명의 품입니다. 사도 바울은 하나님 아버지와 주 예수 그리스도로 좇아오는 은혜와 평강, 야고보 사도는 '각양 좋은 은사와 온전한 선물'(약 1:17)이라 했으니, 그 자양분을 빨아 먹고 건강 하십시다.

· 함께 읽어요 : 요한복음 15장 7절
"너희가 내 안에 거하고 내 말이 너희 안에 거하면 무엇이든지 원하는 대로 구하라 그리하면 이루리라."

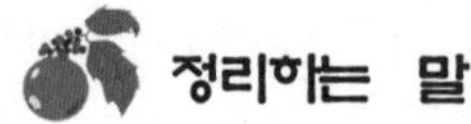

## 정리하는 말

오늘날 춤을 추는 젊은이들을 보면 꼭 미친 것처럼 보입니다. 정말 미치지 않고는 누구도 그렇게 춤을 출 수가 없습니다. 우리는 예수 그리스도 십자가의 원색적인 보혈의 복음에 자신을 염색해야 할 때입니다. 세속의 껍질을 벗고 그리스도 안에서 새로운 피조물로 거듭나기 바랍니다. 예수 그리스도의 살을 먹고 피를 마셔야 영생을 가진다(요 6:54)는 말씀을 기억하십시오. 현대인의 갈증은 사마리아 여인처럼 헛된 것을 구함입니다. 생명의 용광로 속에 곤한 영혼을 잠그십시오. 영혼의 불순물들을 제거하시고, 그리스도의 새 생명으로 거듭나시기 바랍니다.

## 평가와 결심

1. 생명의 용광로에서 무엇이 먼저 깨끗해 져야 합니까?
   (요 15:2-3, 자신의 심령과 행실)
2. 열매를 많이 맺으려면 어떻게 해야 합니까?
   (요 15:4, 주 예수 그리스도께 꽉 붙어 있어야 함)
3. 가지가 건강하고 열매 많이 맺는 방법은 무엇입니까?
   (요 15:5, 주님 품에서 자양분을 공급받아야 함)

### 주간 경건의 시간 <3> · 날마다 말씀과 함께

| 요일 / 내용 | 월(Mon) | 화(Tue) | 수(Wed) | 목(Thu) | 금(Fri) | 토(Sat) |
|---|---|---|---|---|---|---|
| 찬송 | 423/ 213 | 298/ 35 | 184/ 173 | 365/ 484 | 426/ 215 | 421/ 210 |
| 성경 | 요 16: | 요 17: | 요 18: | 요 19: | 요 20: | 요 21: |
| 적용 | 내 이름으로 | 영생은 아는 것 | 내로라! | 유대인의 왕 | 나의 주시며 | 내 양을 먹이라 |

* 인간의 생명은 나뭇잎과도 같다. <호메로스, B. C. 8세기경, 그리스 서사시인>

1단원 새 생명의 달

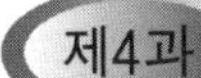


# 거룩한 생명의 꿈과 비전

찬송 / 338, 354, 186 / 통 364, 394, 176

성경 / 마가복음 1:35-45

요절 / 마가복음 1:35

"새벽 아직도 밝기 전에 예수께서 일어나 나가 한적한 곳으로 가사 거기서 기도하시더니"

목표/ 주안에서 '거룩한 생명의 꿈'을 가지고 살아가는 태도를 기른다.

## 시작하는 말

세상을 살아가는 인생의 패턴은 여러 가지입니다. 예수 그리스도께서는 영혼들을 구원하시기 위한 '거룩한 생명의 꿈'을 가지시고 이를 이루시려고 세상에 오셨습니다. 오늘날 영혼을 구하고자 주님의 발자취를 따라가는 많은 사역자들에게 모범을 보여주셨습니다. 교회의 부흥을 위해 다른 어떤 계획이나 프로그램들, 그 방법들이라도 주님이 보여주신 방법보다 중요시 될 수 없습니다. 본문은 예수 그리스도께서 가지셨던 '거룩한 생명의 꿈'과 보이신 방법을 명쾌하게 나태내고 있습니다. 주님께서 보여주신 그 방법을 이 시간 함께 공부함으로써 시대적인 성도의 사명을 다하시기를 바랍니다.

## 오늘의 말씀

### 1. '거룩한 생명의 꿈'은 기도에서 잉태됩니다(막 1:35, 창 28:10-11).

창세기 28장 11절 말씀을 보면 야곱이 처한 곤핍한 정황을 잘 설명해 주고 있습니다. “한 곳에 이르러는 해가 진지라 거기서 유숙하려고 그곳의 한 돌을 가져다가 베개로 삼고 거기 누워 자더니”라고 말입니다. 야곱은 아버지 이삭을 속이고, 형님 에서가 받을 축복을 빼앗고, 형의 분노를 피하여 피난 가는 매우 고달픈 여정에 처해 있었습니다. 밤이 되어 한 곳에 이르렀습니다. 야곱은 여기 ‘한 곳’ 루스, 곧 ‘벧엘’이란 장소에서 뜻밖의 경험을 하게 됩니다. 인생은 누구에게나 이런 장소가 있습니다. 이곳이 하나님께서 만나주시는 장소요. 기도의 장소인 것입니다. 사랑하는 성도 여러분! 주님은 ‘거룩한 생명의 꿈’을 이루시기 위해 습관적으로 ‘새벽기도’(막 1:35)를 하셨습니다. 오늘날 많은 성공한 인생들이 ‘새벽 형 인간’이었음을 고백합니다. 당신의 거룩한 꿈을 이루기 위해 새벽에 조용히 주님께 부르짖으세요. 고달픈 나그네 인생길에서는 주님의 도움의 손길이 사닥다리로서 하늘에 펼쳐질 것입니다. 어렵고 힘들 때 기도의 무릎을 꿇으시오. 주님께 무릎을 꿇으면 사람에게 무릎을 꿇을 일이 없어질 것입니다.

· 함께 읽어요 : 창세기 28장 12절

“꿈에 본즌 사닥다리가 땅 위에 서 있는데, 그 꼭대기가 하늘에 닿았고, 또 본즉 하나님의 사자들이 그 위에서 오르락 내리락 하고”

## 2. 꿈의 성취를 위해 사람들도 만나고 찾아가십시오(막 1:36~39).

주님은 분명하게 거룩한 생명의 꿈을 지니시고, 그 꿈을 이루시기 위해서 새벽에는 한적한 곳, 사람들이 모이지 않는 곳으로 가셔서 기도하셨습니다. 전 날에 많은 병자들을 돌보시고, 전도 다니셨지만 새벽시간만은 한적한 곳에 가셔서 꼭 기도하셨습니다. 말하자면 한 날에 필요한 영적 능력을 충전시키는 시간을 가지셨던 것입니다. 제자들이 기도하시는 주님을 한적한 곳에서 만나 ‘사람이 주를 찾나이다.’라고 보고하였을 때, 예수님은 이런 반응을 하셨습니다. 본문 38절에 "우리가 다른 가까운 마을들로 가자 거기서도 전도하리니 내가 이를 위하여 왔노라". 주님은 온 갈릴리에 다니시며, 여러 회당에서 전도 하셨습니다. 귀신들을 내쫓으셨습니다. 나명환자를 고쳐주셨습니다. '거룩한 생명의 꿈'을 가지신 분들이여! 생명을 살리시려면 사람을 찾아가십시오. 그리고 '예수 그리스도는 바로 인생의 등불이요. 희망이요. 꿈'이라고 전하십시오. 전하시는 여러분이나 들으신 모든 분들이 인생길에 예수 그리스도를 만나 '거룩한 생명의 꿈'을 성취해 가실 것입니다.

· 함께 읽어요 : 마태복음 28장 19~20절

"19 그러므로 너희는 가서 모든 민족을 제자로 삼아 아버지와 아들과 성령의 이름으로 세례를 베풀고, 20 내가 너희에게 분부한 모든 것을 가르쳐 지키게 하라 2 볼지어다. 내가 세상 끝날 까지 너희와 항상 함께 있으리라 하시니라."

### 3. 꿈을 이루기 위해 전도와 교육을 병행하십시오(마 28:19~20).

주님은 전도하기 위해 말씀을 선포하셨고, 제자들을 가르치시며 훈련을 병행하셨습니다. 주님이 전도만 하셨더라면 주님이 전도활동을 전개하신 3년여 동안 전도하신 결과뿐이었을 것입니다. 주님은 열두 제자와 70인을 세우셔서 전도의 일을 맡기고 훈련시키셨기에 복음이 널리 전파된 것입니다. 미국 리더십 훈련기관 <L. M. I.>의 창시자인 폴 마이어 회장은 '백만 불의 성공계획 5단계'를 제시했습니다. "① 생각을 선명하게 하라. ② 목표를 달성하기 위한 계획을 세우고 그 달성시한을 정하라. ③ 마음에 그린 인생의 꿈에 대해 진지한 열망을 불태워라. ④ 자기가 가진 훌륭한 능력을 절대적으로 신뢰하라. ⑤ 장애와 비판 그리고 주위의 환경에 현혹되지 말고 굳은 결의를 가지고 자신의 계획을 관철시켜라. 거룩한 생명의 꿈과 목표 달성을 위한 성공 전략을 위해 적용하시기를 바랍니다.

· 함께 읽어요 : 잠언 16장 3절
"너의 행사를 여호와께 맡기라 그리하면 네가 경경하는 것이 이루어지리라."

## 정리하는 말

거룩한 생명의 꿈을 이루기 원하는 사람은 하루의 시작, 그리고 살아가는 과정이 세상에 속한 사람들과 달라야 합니다. 오늘날 성도의 삶을 보면 마땅히 가야할 길, 지켜야 할 거룩한 약속과 말씀을 어기고 어긋난 길로, 진리요 생명이신 그리스도를 등지고 걸어가도 아무런 부담을 느끼지 않습니다. 사랑하는 성도 여러분! 거룩한 생명의 꿈을 향해 희망과 목표를 분명히 가지고 당차고 알찬 인생으로 살아가시기를 바랍니다.

## 평가와 결심

1. 거룩한 인생의 꿈은 언제 잉태됩니까?
(마가복음 1:35, 새벽 곧 기도 시간에)
2. 거룩한 꿈을 이루기 위해 간과하지 말아야 할 것은?
(마가복음 1:38, 사람을 찾아 만나는 일)
3. 꿈을 이루기 위해 병행할 것은?(마 28:19-20, 전도와 교육)

## 주간 경건의 시간 <4> · 날마다 말씀과 함께

| 요일 / 내용 | 월(Mon) | 화(Tue) | 수(Wed) | 목(Thu) | 금(Fri) | 토(Sat) |
|---|---|---|---|---|---|---|
| 찬송 | 268 / 202 | 266 / 200 | 250 / 182 | 240 / 231 | 217 / 362 | 218 / 369 |
| 성경 | 막 2: | 막 3: | 막 4: | 막 5: | 막 6: | 막 7: |
| 적용 | 죄 사함을 받았느니라 | 식사할 겨를도 | 잠잠하라 고요하라 | 네 믿음이 너를 | 기름 발라 고치심 | 에바다 열리라! |

* 인간이 자연으로부터 받은 수명은 짧은 것이지만, 잘 소비된 일생의 기억은 영원하다.
<마르쿠스 툴리우스 키케로(B.C. 106~43) 로마 웅변가, 정치가, 철학자>

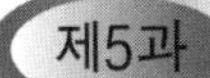
제5과

# 생명을 위한 투자

찬송 / 68, 31, 50 / 통 33, 46, 71

성경 / 마가복음 8:1-10

요절 / 마가복음 8:5

"예수께서 물으시되 너희에게 떡 몇 개나 있느냐 이르되 일곱이로소이다 하거늘"

목표/ 거룩한 생명을 위한 투자가 필요함을 알고 실천하는 태도를 기른다.

## 시작하는 말

여러분! 세상의 투자와 생명을 위한 투자는 다릅니다. 사업이나 기업은 창업하고 얼마나 투자하느냐에 따라 그 사업의 성패가 결정되고, 많은 이익을 창출할 수 있는 것입니다. 어떤 분은 직장에서 퇴직을 하고서 퇴직금 전부를 증권에 투자했다가 망한 경우도 있습니다. 투자는 그만큼 위험 부담을 안고 있는 것이지만 투자에 따라서 엄청난 부를 창출할 수도 있는 것입니다. 벼농사나 밭농사 같이 전통적인 방법으로서는 큰 이익을 창출하기가 어렵습니다. 위험 부담은 있지만 특용작물이나 원예 등에 전문기술을 가지고 투자한다면 일반 농사보다 소득이 훨씬 많은 것입니다. 우리 성도들의 과제인 영적 굶주림으로 '거룩한 생명'을 위해 가치 있는 투자를 해 보시지 않겠습니까?

## 오늘의 말씀

1. 세상에는 영 · 육간에 갈급한 '생명'들이 있습니다(막 8:1~3).

예수님의 주위에는 항상 많은 사람들이 모여들었습니다. 갈릴리 바다 건너편 데가볼리 지방에서의 일입니다. 예수님은 귀머거리이며 말더듬이인 장애인을 고쳐주셨습니다. 이 소문을 듣고서 4천명이나 모여 들었습니다. 이 군중들은 떠날 줄 모르고 사흘 동안이나 예수님의 말씀을 들었습니다. 그러나 문제가 생겼습니다. 가지고 온 음식들도 다 떨어졌습니다. 날이 어두워지자 춥고 배도 몹시 고팠을 것입니다.

말씀도 좋지만 당장 이들에게는 배고픔을 해결하는 문제가 현실로 들어난 것입니다. 이들을 굶겨서 집으로 돌려보낸다는 것은 가다가 기진맥진해 쓰러질 위험도 있었습니다. 예수님은 이들의 형편과 필요를 아시고, 떡 일곱 개와 물고기 두 마리를 투자의 밑거름으로 삼아 축사 하시고, 굶주린 사람들에게 나눠주도록 했습니다. 거기에는 놀라운 기적의 결과가 나타났습니다. 이는 주님이 보여주신 생명을 위한 투자였습니다.

· 함께 읽어요 : 마가복음 8장 5절
"예수께서 물으시되 너희에게 떡 몇 개나 있느냐 이르되 일곱이로소이다 하거늘"

## 2. 세상의 생명을 위해 시간과 물질의 투자가 필요합니다(막 8:4~7).

주님은 사람들이 데려온 귀 먹고, 말 더듬는 자를 고쳐주셨습니다. 주님은 거룩한 생명의 꿈을 지니시고, 그 꿈을 이루시기 위해서 자신을 돌보시지 않으시고, 몸으로 봉사하시고, 시간을 투자하셨습니다. 많은 병자들을 돌보시고, 전도하시느라 지쳤건만 새벽시간만은 조용한 곳에 가셔서 기도에 투자하셨습니다. 한 날에 필요한 영적 능력을 충전시키는 시간을 가지셨던 것입니다.

많은 사람들이 예수님의 말씀을 듣느라고 사흘이나 지났지만 시간 가는 줄 몰랐습니다. 그들이 가지고 왔던 식품이 다 떨어졌습니다. 그래도 떠나지 않고 말씀을 듣는 일에 몰두하였습니다. 은혜 받는 사람 입장에서 이런 귀한 투자가 필요한 것입니다. 은혜의 집회 후에 배고파 기진한 이들에게는 먹을 것을 몽땅 내어놓아 투자를 했기에 주님의 기적의 역사가 일어난 것입니다. 사랑하는 성도 여러분! 우리가 인생길을 살아가다 보면 거룩한 생명을 위해 시간과 물질의 투자가 필요한 때가 있습니다. 이런 때에 '생명을 위한 투자' 곧 내가 가진 시간과 물질을 투자를 할 수 있기를 바랍니다. 반드시 주님께서 보상해 주실 것입니다.

· 함께 읽어요 : 마가복음 8장 6절
"예수께서 무리를 명하여 땅에 앉게 하시고 떡 일 곱 개를 가지사 축사하시고 떼어 제자들에게 주어 나누어 주게 하시니 제자들이 무리에게 나누어 주더라."

### 3. 이방의 땅도 거룩한 생명의 투자가 필요한 곳입니다(막 8:10).

주님께서는 복음전도와 거룩한 생명을 위한 투자의 발걸음으로 분주하기 그지없었습니다. 전도하기 위해 말씀을 선포하셨고, 또한 제자들을 가르치시며 훈련을 병행하셨습니다. 사나흘 계속된 전도에 지치셨을 법도 한데, 많은 사람들은 하나님의 말씀에 주려있었고, 육신적인 것보다 영의 양식에 갈급해 하고 있었습니다. 이제 예수께서는 그들 무리들을 흩어 보내셨습니다. 주님은 달마누다(마 15:39에는 마가단 : 막달라와 인접한 곳일 가능성이 큼) 지방으로 가셨습니다. 이곳의 이름과 위치는 어떠한 고대 문헌에도 언급되지 않기 때문에 자세한 지리적인 설명을 드릴 수 없는 곳이지만 주님이 가신 목적은 오직 거기에도 '생명을 위한 투자'가 필요하였기 때문일 것입니다. 이방의 땅이든 유대지방이든 오직 주님의 관심은 어느 곳이나 '생명을 위한 관심과 투자'는 동일하신 것입니다.

· 함께 읽어요 : 마가복음 1장 38절
"이르시되 우리가 다른 가까운 마을들로 가자 거기서도 전도하리니 내가 이를 위하여 왔노라 하시고"

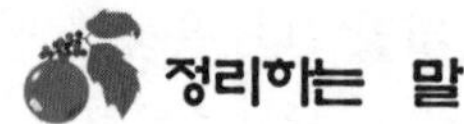

## 정리하는 말

사랑하는 성도 여러분! 생명을 위한 투자는 무엇보다도 귀중합니다. 이 일을 위해서 주님은 하늘 보좌를 버리시고 이 땅에 오신 것입니다. 거룩한 생명을 건지시기 원하시는 거룩한 뜻은 하늘 아버지의 뜻일 것입니다. 본문에 떡과 물고기를 제공한 인물은 5병 2어의 경우처럼 아무 신원이 밝혀지지 않은 무명의 인물이기에 더 돋보입니다. 가정과 하나님의 교회에서 봉사하시면서 이런 무명의 헌신 자들처럼 '생명을 위한 투자', 아름다운 봉사로 주님의 교회를 섬기시기를 바랍니다.

## 평가와 결심

1. 생명을 위해 투자해야 할 이유가 무엇입니까?
   (막 8:1-3, 세상엔 굶주린 거룩한 생명이 있기에)
2. 분문에서 생명을 위해서 무엇을 투자했습니까?
   (마가복음 8:4-7, 떡과 물고기를 바침, 시간과 물질)
3. 거룩한 생명을 위해 투자가 필요한 곳은 어디입니까?
   (막 8:10, 이방 땅이나 또 어디든지)

## 주간 경건의 시간 <5> · 날마다 말씀과 함께

| 요일 / 내용 | 월(Mon) | 화(Tue) | 수(Wed) | 목(Thu) | 금(Fri) | 토(Sat) |
|---|---|---|---|---|---|---|
| 찬송 | 268 / 202 | 266 / 200 | 250 / 182 | 240 / 231 | 217 / 362 | 218 / 369 |
| 성경 | 막 9: | 막 10: | 막 11: | 막 12: | 막 13: | 막 14: |
| 적용 | 주를 위하여 | 어린아이와 같이 | 하나님을 믿으라 | 하나님의 것 | 구름을 타고 | 향유 한 옥합 |

* 장수에 급급한 자는 평화로운 생활을 누릴 수 없다.
<루시우스 아나이우스 세네카(B. C. 4~A. D. 65) 로마 스토아 철학자, 정치가>

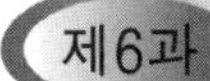


# 생명의 호흡인 기도

찬송 / 208, 196, 539 / 통일 246, 174, 483

성경 / 마가복음 15:29-41

요절 / 마가복음 15:34

"제 구시에 예수께서 크게 소리 지르시되 엘리 엘리 라마 사박다니 하시니 이를 번역하면 나의 하나님, 나의 하나님 어찌하여 나를 버리셨나이까 하는 뜻이라."

목표 / 기도는 생명의 호흡임을 알고 깨어 기도하는 태도를 가지게 한다.

## 시작하는 말

칼빈은 "하나님의 구원 은혜야말로 성도로 하여금 강권적으로 기도하게 만든다"라고 했습니다. 인생이 그리스도를 구주로 고백하는 기도를 통해서 하늘의 구원의 문이 열리며, 또한 이로 인하여 하나님께 영광을 돌리게 됩니다. 요즘 '하느님, 부처님'을 동시에 부르는 망측한 기도가 나돕니다. 오늘 구세주의 십자가상 기도를 통해 만백성을 구원하시려 오신, 주님의 거룩하고 생명을 건지시려는 기도를 배우십시오. 주님의 십자가상의 기도를 뜻 깊이 통찰하면서 참된 신앙고백의 기도를 드리시기를 바랍니다.

### 1. 구원의 감격으로 고백하는 기도를 드립시다(요 20:38).

제자들이 부활하신 예수님을 뵈었다는 이야기를 들은 도마는, "내가 그의 손의 못 자국을 보며 내 손가락을 그 못 자국에 넣으며 내 손을 그 옆구리에 넣어 보지 않고는 믿지 아니하겠노라"고 말합니다. 그러나 주님은 도마에게 "네 손가락을 이리 내밀어 내 손을 보고 네 손을 내밀어 내 옆구리에 넣어보라 그리하여 믿음 없는 자가 되지 말고 믿는 자가 되라"고 하셨습니다. 그때 도마는 "나의 주님이시요 나의 하나님이시니이다"라고 고백적인 기도를 드리게 됩니다. 여러분! 의심을 버리시고 이런 확실한 고백적인 기도를 드리시기를 바랍니다.

· 함께 읽어요 : 요한복음 20장 29절
"예수께서 이르시되 너는 나를 본 고로 믿느냐 보지 못하고 믿는 자들은 복 되도다 하시니라."

## 2. 변치 않으시는 구주로 고백하는 기도를 드립시다(롬 8:26~27).

기도는 성도 자신의 신앙고백입니다. 그래서 신앙고백이 담긴 구약의 시편이 '예배 찬송가'의 가사로 그렇게 중요시 되는 것입니다. 우리 인간은 하루에도 수 백 번 거짓말을 한다고 합니다. "쉬지 말고 기도하라"는 말씀처럼 기도하시기 바랍니다.

1893년 시카고에서 개최된 세계 콜롬비아 박람회가 열리는 동안 영국의 평신도 설교자 헨리 바알리는 휘틀에게 "나는 '매시간 당신을 원합니다'(통일 500장 새 446장)라는 찬송을 싫어합니다. 매순간 주님을 필요로 하기 때문입니다."라는 이야기를 듣고서 영감을 얻어 지은 찬송이 "구주와 함께"(moment by moment)라는 찬송입니다. "언제나 주는 날 사랑하사 언제나 새 생명주시나니···· 언제나 주만 바라봅니다"(통일 465장, 새 407장)라고 찬송합니다. 사랑하는 성도 여러분! 항상 구주로 고백하시고 사랑을 확인하세요. 주님은 여러분 한 사람 한 사람을 변치 않으시고 사랑하시며 구원해 주십니다. 그러기에 성도는 항상 성령의 인도함을 받아 구주로 고백하는 기도를 드리시기를 바랍니다.

· 함께 읽어요 : 로마서 8장 26-27절
"26 이와 같이 성령도 우리 연약함을 도우시나니 우리가 마땅히 빌 바를 알지 못하나 오직 성령이 말할 수 없는 탄식으로 우리를 위하여 친히 간구하시느니라. 27 마음을 감찰하시는 이가 성령의 생각을 아시나니 이는 성령이 하나님의 뜻대로 성도를 위하여 간구하심이니라."

## 3. 교회의 구주로서 고백하는 기도를 드립시다(행 4:29~31).

사도행전 4장 29절부터 31절까지 보겠습니다. "29 주여 이제도 그들의 위협함을 굽어보시옵고 또 종들로 하여금 담대히 하나님의 말씀을 전하게 하여 주시오며 30 손을 내밀어 병을 낫게 하시옵고 표적과 기사가 거룩한 종 예수의 이름으로 이루어지게 하옵소서하더라. 31 빌기를 다하매 모인 곳이 진동하더니 무리가 다 성령이 충만하여 담대히 하나님의 말씀을 전하니라". 성도들은 이같이 교회의 모든 일과 문제에 먼저 그리스도께서 교회의 머리와 구주가 되심을 인정하고 기도할 수 있어야 합니다. 그리스도만이 교회의 구주가 되심을 고백하며 그 주권과 권세 아래 나를 두게 될 때 어려운 중에도 희망을 보게 됩니다. 교회가 무기력하고 말썽이 많은 까닭은 그리스도를 교회의 구주로 진심으로 고백하며 기도하지 않는 까닭입니다. 초대교회가 로마의 대 박해에서도 견디고 이긴 것은 "그리스도는 주님이시다"라는 고백의 기도로 믿음을 지켰기 때문입니다. 주님의 혈육의 동생 야고보 사도도 교회에서 깍듯이 그리스도를 '주님'으로 고백함으로써 교회를 결속시켰던 것입니다. 이런 참된 신앙고백을 통하여 교회와 나를 위기에서 건지시기를 바랍니다.

· 함께 읽어요 : 야고보서 1장 1절
"하나님과 주 예수 그리스도의 종 야고보는 흩어져 있는 열 두 지파에게 문안하노라."

## 정리하는 말

생명의 호흡은 그리스도에 대한 확실한 신앙고백의 기도에 의해서 시작되고 유지됩니다. 요즘 '나무아비타불, 성모 마리아'를 부르는 괴상망측한 기도가 나돕니다. 예수 외에 그 어떤 이름으로도 기도가 성립되거나 응답되지 않습니다. 성경에 명한 기도 외에 그 어떤 방법이나 이름으로 기도가 대체되지 않습니다. 사랑하는 성도 여러분! 말세에 악한 사탄마귀와 대치하여 싸우려면 예수 그리스도의 이름과 성령의 도우심을 얻어 항상 쉬지 말고 생명의 호흡인 기도를 드리시기를 부탁드립니다.

## 평가와 결심

1. 생명의 호흡인 기도는 첫째 어떻게 드려야 하는가?
   (요 20:38, 구원의 조건으로 고백하는 기도를 드려야 함)
2. 생명의 호흡인 기도는 둘째 어떻게 드려야 하는가?
   (롬 8:26-27, 변치 않으시는 구주로 고백하는 기도를 드려야 함)
3. 생명의 호흡인 기도는 셋째 어떻게 드려야 하는가?
   (행 4:29-31, 교회의 구주로서 고백하는 기도를 드려야 함)

## 주간 경건의 시간 <6> · 날마다 말씀과 함께

| 요일 / 내용 | 월(Mon) | 화(Tue) | 수(Wed) | 목(Thu) | 금(Fri) | 토(Sat) |
|---|---|---|---|---|---|---|
| 찬송 | 492 / 544 | 491 / 543 | 486 / 474 | 482 / 49 | 483 / 532 | 174 / 161 |
| 성경 | 막 16: | 눅 1: | 눅 2: | 눅 3: | 눅 4: | 눅 5: |
| 적용 | 인자가 오시는 날 | 최후의 만찬 | 잡히신 예수 | 십자가상의 예수 | 부활하신 예수 | 승천하시는 예수 |

* 기도는 모든 유혹을 물리치는 효능을 가지고 있다.

<성 베르나르, 1091-1153, 프랑스 성직자>

2단원 기도 총력의 달

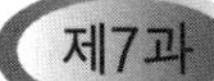


# 총력 기도와 생명 전도

찬송 / 511, 512, 524 / 通 263, 328, 313
성경 / 누가복음 6:12-19
요절 / 누가복음 6:12
"이 때에 예수께서 기도하시러 산으로 가사 밤이 새도록 하나님께 기도하시고"
목표 / 한 생명을 구원하기 위해 총력 기도하는 태도를 기른다.

## 시작하는 말

신·구약의 선지자들이나 사도들은 교회가 급하고 중대한 문제가 발생했을 때, 큰 고뇌가 있을 때 철야기도를 드렸습니다. 날이 밝기 전 밤을 새워 드리는 '철야기도'를 통해서 성도들은 하나님의 중대한 계시를 받기도 하였고, 자기 삶의 전환점을 맞기도 했으며, 하나님의 놀라우신 권능을 체험하기 도 했습니다. 분문에서 그리스도께서는 열두 명의 사도를 택하시기 전에 철야기도를 드렸습니다. 예수님의 이 기도를 분기점으로 하여 이전은 제자들이었고, 이후는 사도가 됩니다. '제자'보다 '사도'는 부활하신 그리스도를 목격하고 그 사실을 선포를 부여 받은 자들입니다. 한 생명 한 생명을 구원하기 위한 '생명전도'를 위한 '철야기도'의 중요성을 알고 실천하는 태도를 배우시기 바랍니다.

## 오늘의 말씀

1. 생명을 위한 '철야기도'의 실례들이 있습니다(삼상 15:11).

창세기 32장 24-29에는 야곱이 날이 새도록 천사와 씨름하듯 기도할 때 야곱(모진 사람, 사기꾼)이 변하여 '이스라엘'(하나님의 사람)이 되었습니다. 그의 외부의 문제를 해결해 주시기 전에 먼저 믿음의 사람으로 변화시켰습니다. 이스라엘 초대 사울왕의 변질로 인하여 선지자 사무엘은 이스라엘 국가의 장래가 근심되어 밤새도록 하나님께 철야기도를 드렸습니다. 사랑하는 성도 여러분! 문제가 있습니까? 철야하며 기도드리시기 바랍니다. 여러분들의 문제를 꼭 해결해 주실 것입니다.

· 함께 읽어요 : 사무엘상 15장 11절

"내가 사울을 왕으로 세운 것을 후회하노니 그가 돌이켜서 나를 따르지 아니하며 내 명령을 행하지 아니하였음이니라 하신지라 사무엘이 근심하여 온 밤을 여호와께 부르짖으니라."

## 2. 철야기도는 하나님의 생명을 드러내는 영적인 의미가 있습니다(렘 1:8~15).

우리 성도들의 삶 가운데 기도는 생명의 호흡과 같다고 했습니다. 숨을 잠시라도 멈추면 답답합니다. 신앙생활에서 하나님과의 영적 안테나가 고장이 난 것처럼 갑갑한 것도 없습니다. 영적 생활에 있어서 철야기도는 바로 이런 보완기능을 가지고 있습니다.

① 간절한 기도이기 때문입니다. 누가복음 18장에서 과부의 끈질긴 성화에 재판장이 그 원한을 풀어주신 것처럼 주님은 "하물며 하나님께서 그 밤낮 부르짖는 택하신 자들의 원한을 풀어주시지 않겠느냐? 그들에게 오래 참으시겠느냐?"라고 하셨습니다. 한낮에 고된 일을 하고서 밤에 쉬어야할 인간이 그와 같은 휴식도 유보하고 하나님께 간절하게 기도하는 것이 철야기도입니다. 이런 철야기도에는 성도들의 간절함이 있기에 하나님께서는 그런 기도를 응답해 주신다는 것입니다.

② 철야기도는 그리스도의 고난에 동참하는 기도이기도 합니다. 하나님은 졸지도 주무시지도 아니하신다고 했습니다(시 121:4). 또 그리스도

께서도 하나님 우편에서 성도들과 교회를 위하여 밤낮으로 간구하신다고 했습니다(히 8:24, 25). 주님은 마태복음 26장 겟세마네 기도의 현장에서 "제자들에게 오사 그 자는 것을 보시고 베드로에게 말씀하시되 너희가 나와 함께 한 시간도 이렇게 깨어 있을 수 없더냐? 시험에 들지 않게 깨어 기도하라…."고 하셨습니다. 다음 성경구절을 깊이 음미해 보시면서 철야기도에 동참하셔서 부르짖어 기도하시기 바랍니다.

· 함께 읽어요 : 예레미야 15장 11절

"여호와께서 이르시되 내가 진실로 너를 강하게 할 것이요 너에게 복을 받게 할 것이며 내가 진실로 네 원수로 재앙과 환난의 때에 네게 간구하게 하리라."

### 3. 철야기도는 하나님의 가호와 믿음에 큰 유익이 있습니다(단 6:13).

기도에서 한적한 곳에서 드려지는 새벽기도가 힘 빠진 영혼에 영적인 재충전을 해주는 것입니다. 기도와 믿음의 용장들은 다 인적이 드믄 광야라든가 한적한 장소를 찾아 기도한 사람들이었습니다. 시간적으로 밤은 인적이 드믄 광야이기도 하고, 한적한 곳을 제공합니다. 세상은 죄악의 밤으로 깊어가지만 영의 사람들에게는 다음과 같은 유익을 줍니다.

① 밤에 인간의 양심의 소리를 들을 수 있습니다. 시편 기자는 "나를 훈계하신 여호와를 송축할지라. 밤마다 양심이 나를 교훈하도다"(시 16:7)라고 했습니다. ② 철야기도 하는 이들에게는 밤의 유혹과 죄악을 피할 수 있습니다. ③ 밤에 하나님의 계시와 활동이 풍성합니다. 조용한 밤에 시간을 정해 놓고, 기도의 창문을 열어놓고 하나님을 향해 우러러 기도하면 반드시 승리를 주실 줄 믿으시기 바랍니다.

· 함께 읽어요 : 욥기 35장 10절

"나를 지으신 하나님은 어디 계시냐고 하며 밤에 노래를 주시는 자가 어디 계시냐고 말하는 자가 없구나!"

## 정리하는 말

성도의 영혼이 가장 맑은 밤, 철야기도에 하나님께서 놀라운 뜻을 풍성하게 보여주십니다. 영적으로 가장 곤고한 때에 밤을 새워 하나님께 부르짖어 기도해 보세요. 예수께서는 12사도를 세우기 전 밤새 기도하셨습니다. 그리고 제자들을 불러 '사도'로 세우셔서 세계복음화의 사명을 맡겨주셨습니다. 아브라함에 대한 언약(창 15:5-6, 12-21), 사무엘 선지자에 대한 언약(삼상 3:1), 메시아 탄생을 목자들에게 알리신 일(눅 2:1-14) 등이 밤중에 되어졌습니다. 한 생명이 천하보다 귀하다고 하셨는데, 한 생명을 위해 한밤을 투자해 보세요. 성경은 "너는 내게 부르짖으라. 내가 네게 응답하겠고"(렘 33:3)라고 말씀합니다. 이를 믿고 온 밤을 투자해 기도하시기 바랍니다.

## 평가와 결심

1. 구약성경에서 철야기도의 실례를 들어보세요.
   (창 32:24-29, 삼상 15:11, 야곱 사무엘)
2. 철야기도의 영적의미는 무엇이라고 생각하십니까?
   (눅 18:7, 히 8:24-25, ① 간절성, ② 그리스도 고난에 동참)
3. 철야기도의 유익이 무엇이라고 생각하십니까?
   (시 16:7, 롬 13:12-14, 창 15:5-6, 양심의 소리 들음, 죄악 피함, 계시 주심)

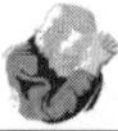

## 주간 경건의 시간 <7> · 날마다 말씀과 함께

| 요일 / 내용 | 월(Mon) | 화(Tue) | 수(Wed) | 목(Thu) | 금(Fri) | 토(Sat) |
|---|---|---|---|---|---|---|
| 찬송 | 287 / 205 | 288 / 204 | 300 / 406 | 299 / 418 | 251 / 137 | 252 / 184 |
| 성경 | 눅 7: | 눅 8: | 눅 9: | 눅 10: | 눅 11: | 눅 12: |
| 적용 | 백부장의 믿음 | 예수님의 도우미들 | 베드로의 신앙고백 | 칠십 제자 파송 | 참된 행복 | 성령의 가르치심 |

* 말이 적으면 적을수록 훌륭한 기도다. <마르틴 루터(1483-1546), 독일 종교개혁자>

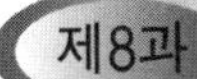
제8과

# 기적으로 이끄는 기도

찬송 / 333, 375, 374 / 통 381, 421, 423

성경 / 누가복음 13:10-17

요절 / 누가복음 13:12

"예수께서 보시고 불러 이르시되 여자여 네가 네 병에서 놓였다 하시고"

목표 / 기도는 생명 양육의 기초이며 기적으로 이끌게 함을 알게 한다.

## 시작하는 말

본문을 보면, 예수님은 안식일을 지키시고, 형식적으로 안식일을 지키는 유대 지도자들의 예를 책망하시며, 회당에서 예배와 믿음의 도리를 가르쳐 주셨습니다. 그때에 열여덟 해 동안이나 귀신 들려 앓으며 고통당하는 한 여자를 불러 고쳐 주셨습니다. 이는 안식일의 기본적인 의미를 잘 들어내신 것입니다. 그런데, 유대의 종교지도자들은 치유행위 자체를 '율법을 깨뜨렸다'는 범법자로 몰아 다시는 회당에서 가르치지 못하도록 했지만, 예수님은 이에 굴하지 아니 하시고 복음의 사역을 강행했습니다. 예배와 기도는 인간 힘으로는 도저히 해결할 수 없는 한계 상황과 절망 앞에서도 성도가 취해야 될 태도인 것을 깨달아야 합니다.

## 오늘의 말씀

1. 믿음과 진심으로 하나님만 찾는 기도여야 합니다(눅 13:11~13).

꼬부라져 펴지 못하는 이 여자는 예배를 드리는 일 외에 할 수 있는 일이란 없었습니다. 늘 회당을 맴돌며 기도를 드리면서, 자신의 고달픈 삶을 돌보아 주시도록 하나님의 얼굴을 구하는 것이 그녀의 생활이었습니다. 안식일에도 언제나 평상처럼 회당에 있었습니다. 그러기에 그녀는 매우 특별한 하나님의 보살핌을 받을 수 있었습니다. 주님께서 왜 그녀를 특별히 고쳐주셨습니까? 그녀는 신실하게, 계속적으로 하나님께 그분의 보살핌을 구하는 데 충실했기 때문입니다. 그녀의 삶 자체가 구걸하는 삶이 아니라 '기도하는 삶'이었기 때문입니다. 주님이 인정할 만한 믿음의 여자였기 때문입니다. 여러분도 주님이 인정하는 주인공이 되시기 바랍니다.

· 함께 읽어요 : 시편 91장 14절
"하나님이 이르시되 그가 나를 사랑한즉 내가 그를 건지리라 그가 내 이름을 안즉 내가 그를 높이리라."

## 2. 자신이 처한 환경을 초월한 기도여야 합니다(시 84:2, 10).

시편 기자는 "내 영혼이 여호와의 궁정을 사모하여 쇠약함이여 내 마음과 육체가 살아 계시는 하나님께 부르짖나이다"라고 했습니다. 어떤 성도는 '나는 교회가 너무 멀어서 자주 올 수 없다'라고 하시는 분들이 있습니다. 그러나 우리는 사나흘 양식을 준비해서 예배드리려고 먼길을 마다하지 않던 초대 한국교회의 성도들의 이야기에 도전을 받아야 합니다. 본문에 나오는 이 여자는 척추의 관절이 일그러져 18년 동안 고통을 당하고 있었습니다. 그러한 환자임에도 불구하고 하나님을 예배하는 일에 최선을 다했다는 것입니다. 그녀는 '질병의 영'에 의해 고통을 받고 사탄에게 매인 바 된 아브라함의 딸이며, 일어설 수도 없는 몸으로 성전 기둥을 붙잡고 예배드렸을 것입니다. 하나님의 아들 예수께서 다 아시고, 매임에서 풀어주신 것이 오히려 당연하지 않겠습니까? 사랑하는 성도 여러분! 예배와 기도를 생명처럼 여기면서 환경을 초월하여 뜨거운 열심을 다해 예배와 기도드림으로써 치유함을 받고 승리하시기 바랍니다.

· 함께 읽어요 : 시편 91장 15절

"저가 내게 간구하리니 내가 응답하리라 저희 환난 때에 내가 저와 함께하여 저를 건지고 영화롭게 하리라."

### 3. 하나님만이 '문제의 해결자요, 치유자'임을 믿고 간구하라(시 103:13, 17).

그녀의 마음속에는 늘 "너희는 먼저 그의 나라와 그의 의를 구하라 그리하면 이 모든 것을 너희에게 주시리라"(마 6:33)는 말씀이 마음에 새겨있었을 것입니다. 그러한 '생활 현장의 믿음'이 바로 예수님을 만나 해결 받은 것입니다. 왜 나에게는 그런 좋은 기회가 오지를 않는가? 라고 한탄만 하지 마십시오. 그녀는 할 수 없는 장애인의 몸으로도 회당을 지키면서 예배를 드렸다면 오늘 우리에게는 환경을 탓할 수 없을 정도로 넉넉하고 풍부합니다. 그러나 세상적인 그 어느 것에 해결의 방법을 찾으려고 헤매기 때문에 주님을 만날 수 없는 것입니다.

질병의 고통에도 불구하고, 삶 자체로 예배하던 그 여인은 예수님의 관심을 끌게 되었고, 발견되어 부름을 받았습니다. 예수님은 그분께로 오도록 부르셨습니다. 그녀가 순종하자 예수님은 그녀에게 복된 소식 "여자여, 네가 네 병에서 놓였다"라고 손을 뻗치셔서 안수하셨고, 그녀는 곧 온전케 되어 하나님께 영광을 돌렸습니다. 주님은 이렇게 말씀합니다. "구하라 그러면 너희에게 주실 것이요 찾으라. 그러면 찾아낼 것이요 문을 두드리라 그러면 너희에게 열릴 것이니"(눅 11:9). 그렇습니다. 문제를 해결하실 유일한 분 하나님! 그분에게 감사하시기 바랍니다.

· 함께 읽어요 : 고린도전서 15장 57~58절

"57 우리 주 예수 그리스도로 말미암아 우리에게 승리를 주시는 하나님께 감사하노니, 58 그러므로 내 사랑하는 형제들아 견실하며 흔들리지 말고 항상 주의 일에 더욱 힘쓰는 자들이 되라 이는 저희 수고가 주 안에서 헛되지 않은 줄 앎이니라."

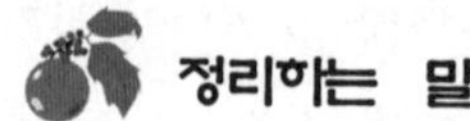

## 정리하는 말

사랑하는 성도 여러분! 바울 사도는 "범사에 우리 주 예수 그리스도의 이름으로 항상 아버지 하나님께 감사하며"(엡 5:20)라고 했습니다. 꼬부라져 늘 허리를 펴지 못하는 한 여자가 예수를 만나 고침 받고 새로운 세상을 열고, 하나님께 영광을 돌렸습니다. 오늘 여러분들의 모든 문제를 해결해 주실 분은 전능하신 하나님뿐이십니다. 여러분! 마음과 뜻과 정성을 다해 기도하시면서, 문제를 해결 받으시고, 거룩한 생명을 양육해 가시는 여러분 되시기를 바랍니다.

## 평가와 결심

1. 여인이 하나님께 가까이 나올 수 있었던 길은 무엇이었습니까?
   (눅 13:10-11, 예배와 기도를 통해서 )
2. 이 여인의 예배와 기도의 특성은 무엇입니까?
   (시편 84:2, 10, 환경을 초월한 예배와 기도임)
3. 인생의 영육간의 근본적인 문제 해결 자는 누구십니까?
   (전능하신 하나님, 안식일의 주인이신 예수님)

## 주간 경건의 시간 <8> · 날마다 말씀과 함께

| 요일 / 내용 | 월(Mon) | 화(Tue) | 수(Wed) | 목(Thu) | 금(Fri) | 토(Sat) |
|---|---|---|---|---|---|---|
| 찬송 | 186 / 176 | 196 / 174 | 215 / 354 | 216 / 356 | 237 / 226 | 240 / 231 |
| 성경 | 눅 14: | 눅 15: | 눅 16: | 눅 17: | 눅 18: | 눅 19: |
| 적용 | 맛 잃은 소금 | 잃었던 아들 | 부자와 나사로 | 나환자 열 사람 | 어린이 축복하심 | 므나의 비유 |

* 사랑으로 거리낌 없이 구하는 소박한 심령은 응답을 받는다.

<존 그린리프 위티어, 미국 시인>

# 영안이 열리는 기도의 충전

찬송 / 441, 440, 439 / 통 498, 497, 496

성경 / 누가복음 24:30-49

요절 / 누가복음 24:30

"그들과 함께 음식 잡수실 때에 떡을 가지사 축사하시고 떼어 그들에게 주시니"

목표 / 기도를 통하여 영안이 열리고 생명을 유지하고 부지해 감을 알게 한다.

## 시작하는 말

예수께서 십자가에 못 박혀 죽으시자 그를 따르던 많은 사람들과 그의 제자들마저 하나같이 실망하여 두렵고 떨면서 각기 제 길로 흩어졌습니다. 그 중에 엠마오로 내려가던 제자 두 사람의 이야기입니다.

두 제자는 불신앙 때문에 슬픔과 절망, 낙심과 혼돈 가운데 빠져 있었습니다. 기도 드려야 할 때, 육신적인 생각으로 가득차 있었는지도 모릅니다. 대부분 인간의 나약함은 하나님과의 교통이 두절 될 때 나타납니다. 주님을 만났지만 주님인 줄 몰라 본 것은 이들의 상태를 대변합니다. 기도의 숨통이 터져야 비로소 신앙의 생명이 활동을 시작하는 것입니다. 확신에 찬 믿음의 기도로 생명을 유지해 가시기를 바랍니다.

## 오늘의 말씀

### 1. 하나님과의 관계 단절은 영적 눈을 닫히게 합니다(눅 24:13~16).

두 제자는 예루살렘에서 엠마오로 내려가고 있었습니다. 여러분의 신앙에도 고난과 위기가 오게 됩니다. 이 때에 아래를 보고 걷지 마시고, 위를 보고 걸으시기를 바랍니다. 모든 것을 하나님께 의지하시기 바랍니다. 히브리서 기자는 "믿음의 주요 온전하게 하시는 예수를 바라보자"(히 12:2)라고 했습니다. 성도가 하나님과의 교통을 하는 안테나가 듣지 않으면 영적 교제가 끊어집니다. 그러면 어디로 가야할 지 방향을 잃게 됩니다. 다행히도 엠마오로 가는 두 제자에게 예수님께서 찾아오셔서 동행했습니다. 예수께서 말을 붙이셨지만 알아보지 못했습니다. 주님이 '주고받은 이야기가 무엇이냐?' 하시니 두 사람이 슬픈 빛을 띠고 머물러섭니다. 여러분은 지금 주님과 단절되지는 않았습니까? 기도로 선명한 영안을 열고 끊임없이 영적교제를 하시기 바랍니다.

· 함께 읽어요 : 요한복음 15장 7절

"너희가 내 안에 거하고 내 말이 너희 안에 거하면 무엇이든지 원하는 대로 구하라 그리하면 이루리라."

## 2. 말씀을 풀어 주실 때에 그들의 눈이 밝아졌습니다(눅 24:25-30).

예수님의 제자라고 하는 자들이 예수를 도상에서 만났지만 알아보지 못할 정도로 기도는 사라지고 실망에 젖어 그들의 눈이 어두워졌습니다. 그러나 그들에게 변화가 생겼습니다. 예수님께서 성경을 풀어주실 때에 변화가 일어났습니다. 불같은 말씀, 방망이 같은 말씀을 들을 때에 제자들의 가슴이 뜨거워짐을 느꼈으며 함께 떡을 떼게 될 때에 비로소 예수 그리스도를 알아보게 되었던 것입니다. '믿음'이라는 눈이 열리면 '기도의 문'도 열리고 '찬송의 문'도 열리는 것입니다. 주님께서 평소 하시던 말씀 "구하라 그러면 너희에게 주실 것이요, 찾으라. 그러면 찾을 것이요, 문을 두드리라 그러면 너희에게 열릴 것이니"(마 7:7)라는 확실한 기도응답의 3단계가 저들을 사로잡기 시작합니다. "너희가 악한 자라도 좋은 것으로 자식에게 줄줄 알거든 하물며 하늘에 계신 너희 아버지께서 구하는 자에게 좋은 것으로 주시지 않겠느냐?"(마 7:11)고 '좋은 것'을 위해 기도하라 하셨습니다. 따라서 성도들은 후히 주시고 꾸짖지 아니하시는 하나님께 기도드리고 반드시 말씀에 의지하여 기도해야 합니다. 그러면 응답이 속히 임할 것입니다. 우리는 말씀을 묵상하고 항상 이를 기반으로 하는 기도가 필요합니다. 하나님의 귀한 응답은 이를 통하여 임하는 줄을 믿으시기 바랍니다.

· 함께 읽어요 : 야고보서 1:5절
"너희 중에 누구든지 지혜가 부족하거든 모든 사람에게 후히 주시고 꾸짖지 아니하시는 하나님께 구하라 그리하면 주시리라."

### 3. 영안을 회복하여 하나님을 기쁨으로 증거하십시오(눅 24:33-35).

성경을 풀어주시면서 마음이 뜨거워진 두 제자는 이제 새로운 발걸음을 떼기 시작했습니다. '일어나 예루살렘으로' 다시 올라갔습니다. 그리고 열 한 제자를 만났습니다. 그리고 분명한 증거, "주께서 과연 살아나시고, 보이셨다"는 증언을 듣고 두 제자는 가슴이 터질 것만 같았습니다. 그리고 자신들이 엠마오 길에서 만나 동행하시면서 성경을 풀어 설명해 주시고 함께 떡을 떼어주시던 주님을 감격 중에 증언했습니다. 그 때 그곳에 주님이 나타나셔서 "평강이 있을지어다"라고 말씀하십니다. 모두 놀랐지만 주님은 그때에 손과 발을 보이시면서 "여기 무슨 먹을 것이 있느냐?" 하십니다. 구운 생선 한 토막을 드리니 잡수시면서 "영은 살과 뼈가 없으되 나는 있느니라" 하셨습니다. 살아계신 주님을 기쁨으로 증거하시기 바랍니다. 그럴 때, 하나님의 영광이 드러날 것입니다.

· 함께 읽어요 : 누가복음 24장 39절
"내 손과 발을 보고 나인 줄 알라 또 나를 만져보라 영은 살과 뼈가 없으되 너희 보는 바와 같이 나는 있느니라."

## 정리하는 말

기도의 생명이 얼마나 소중합니까? 사도 요한은 "태초부터 있는 생명의 말씀에 관하여는 우리가 들은 바요 눈으로 본 바요 자세히 보고 우리의 손으로 만진 바라"(요1 1:1)고 했습니다. 생명은 허공에 떠다니는 혼령이 아닙니다. 사도 요한의 증거대로 "우리가 보고 들은 바를 너희에게도 전함은 너희로 우리와 사귐이 있게 하려함이니 우리의 사귐은 아버지와 그의 아들 예수 그리스도와 더불어 누림이라"(요1 1:3)고 했습니다. 신앙생활은 기도원에서 어쩌다 받은 응답으로 그럭저럭 살아가는 것 아닙니다. 날마다 순간순간마다 기도의 호흡으로 살아가는 생명이어야 합니다. 한 순간이라도 기도하지 않으면 답답하여 견딜 수 없는 그런 마음으로 생명의 기도의 호흡을 하시면서 살아가시기를 바랍니다.

## 평가와 결심

1. 하나님과의 영적 두절의 결과는 무엇입니까? (:13-16, 영적 소경됨)
2. 영적 눈이 밝아지는 방법은 무엇입니까? (:25-30, 말씀을 먹어야함)
3. 기도의 영적소통의 결과는 무엇입니까? (:33-49, 영적 눈이 밝아짐)

## 주간 경건의 시간 <9> · 날마다 말씀과 함께

| 요일 / 내용 | 월(Mon) | 화(Tue) | 수(Wed) | 목(Thu) | 금(Fri) | 토(Sat) |
|---|---|---|---|---|---|---|
| 찬송 | 515 / 256 | 518 / 252 | 250 / 182 | 249 / 249 | 208 / 246 | 215 / 354 |
| 성경 | 눅 21: | 눅 22: | 눅 22: | 눅 23: | 눅 24: | 눅 24: |
| 적용 | 인자가 오시는 날 | 최후의 만찬 | 잡히신 예수 | 십자가상의 예수 | 부활하신 예수 | 승천하시는 예수 |

* 인간의 삶은 궁핍의 연속이므로 끊임없이 간구함이 당연하다.

<사무엘 오스굿 (1812~1850), 미국 목사 비평가>

3단원 생명 전도의 달

제10과

# 전도는 생명의 참된 증언

찬송 / 380, 381, 386 / 통 424, 425, 439

성경 / 사도행전 1:1-14

요절 / 사도행전 1:8

"오직 성령이 너희에게 임하시면 너희가 권능을 받고 예루살렘과 온 유대와 사마리아와 땅 끝까지 이르러 내 증인이 되리라 하시니라."

목표 / 전도는 생명의 증인 되는 것임을 알고 실천하는 습관을 기른다.

## 시작하는 말

오늘날 교회들이 전력을 다하는 전도가 단순히 양적성장만을 위한 것이 아니라, 생명을 살리는 증인의 사명을 다하는 것임을 알아야 합니다. 전도자야말로 교회부흥의 초석이기 전에 생명을 살려내는 증인인 것입니다. 교회성장에서 '생명 잉태'와 '영적성장'은 수레의 양쪽 바퀴와 같습니다. 초대교회의 특징은 순교를 각오한 제자들이 예수 그리스도의 '생명의 증인의 사명'을 다했기 때문에 생명운동이 교회성장의 동력이 되었던 것입니다. 전도는 다만 지식의 전달이나 성경 지식의 이해로 끝나는 것이 아니라, 하나님께서 창조하신 한 생명의 영혼을 살려내려는 열정을 실천할 때만이 가능한 일인 것입니다. 이 단원에서는 성도들이 전하는 복음전파가 '생명운동의 전령'임을 배우게 됩니다.

## 오늘의 말씀

1. 예수 그리스도의 5대 생애가 바로 생명의 복음입니다(행 1:1~11).

'증인'(*Μάλτυς*: 말투스)이란 말은 '증인' 또는 '순교자'라는 뜻입니다. 초대교회의 스데반 집사는 복음을 전하다가 돌에 맞아 순교했습니다. 우리가 성령의 능력을 받는 것은 개개인의 유익을 위해서가 아니라, '예수 그리스도의 증인'이 되기 위한 것입니다. 예수께서는 '천국 복음을 전하기 위해서 동정녀를 통해 탄생하시고, 천국복음을 전파하시다가 십자가에서 죽으셨고, 무덤에서 부활하신 후 제자들을 만나 복음 전파의 사명'을 맡기셨습니다. 하늘에 오르시고, 산자와 죽은 자를 심판하려 다시 오실 것입니다. 요약하면, 예수님의 5대 생애는 "① 동정녀 탄생, ② 십자가 죽으심, ③ 부활, ④ 승천, ⑤ 재림"입니다. 우리가 사도신경에서 늘 고백하는 내용이 곧 복음입니다. 이런 복음을 전해야 참된 생명의 증인입니다.

· 함께 읽어요 : 사도행전 1장 11절
"이르되 갈릴리 사람들아 어찌하여 서서 하늘을 쳐다보느냐 너희 가운데서 하늘로 올려 지신 이 예수는 하늘로 가심을 본 그대로 오시리라 하였느니라."

## 2. 예수 그리스도의 증인은 바로 우리 성도들입니다(행 1:8).

골고다에서 처참하게 극형을 받으신 예수 그리스도가 바로 당신의 구주라는 사실을 인정해야 합니다. 그분과 나와 아무런 관계가 설정되지 않은 상태에서는 그 어떤 복음의 능력도 나타나지 않으며, 증인의 사명도 감당할 수 없는 것입니다. 그분은 바로 나를 위해 십자가에서 그 모진 고통을 받으셨습니다. '엘리 엘리 라마 사박다니'(나의 하나님, 나의 하나님 어찌하여 나를 버리셨나이까? - 마 27:46) 외치시며 외롭게 운명하신 그리스도가 바로 나의 구주시며, 내가 증언해야 할 메시아이신 것입니다. 누가는 여기 11절에서 "너희 가운데서 하늘로 올려 지신 이 예수는 하늘로 가심을 본 그대로 오시리라"고 확실하게 증언해 줍니다. 이 말을 들은 제자들과 여자들, 예수의 모친 마리아, 예수의 아우들이 함께 마가의 다락방에 숨어서 필사적인 기도를 하게 됩니다. 그들이 바로 예수 그리스도의 증인들이 되었습니다. 사랑하는 성도 여러분! 예수 그리스도의 증인 노릇하십시오. 이것이 인생의 최대의 가치를 지닌 사명인 것입니다.

· 함께 읽어요 : 마태복음 28장 20절
"내가 너희에게 분부한 모든 것을 가르쳐 지키게 하라. 볼지어다. 내가 세상 끝날 까지 너희와 항상 함께 있으리라 하시니라."

## 3. 예수 생명의 증언자들은 성령 충만을 받아야 합니다(행 1:5).

본문 5절을 함께 읽겠습니다. "요한은 물로 세례를 베풀었으나 너희는 몇 날이 못 되어 성령으로 세례를 받으리라 하셨느니라". 그렇습니다. 사도행전의 기자 누가는 제자들이 주님의 말씀을 믿고, 흩어지지 아니하고 마가의 다락방에 모였다고 증언합니다. 베드로, 요한, 야고보, 안드레와 빌립, 도마와 바돌로매, 마태와 및 알패오의 아들 야고보, 열심 당원이었던 셀롯인 시몬, 야고보의 아들 유다가 다 거기 있어, 예수를 섬기던 여자들과 예수의 모친 마리아와 아우들이 마음을 다하여 기도에 힘썼습니다. 그 결과는 그들이 다 성령의 충만함을 받고 먼저 자신들의 삶이 변화되었습니다. 그리고 그들 모두 그리스도의 증인들이 되었던 것입니다.

그리스도의 증인들은 먼저 예수 그리스도의 행하심과 가르침을 이해하는 것은 기본이고, 성령 충만을 입어야 합니다. 성령은 생명운동의 원동력입니다. 그리스도를 살리신 성령께서 생명을 주시며, 생명을 전하도록 하십니다. 모두 '그리스도 예수의 생명의 증인'들이 되시기 바랍니다.

· 함께 읽어요 : 요한복음 6장 40절
"내 아버지의 뜻은 아들을 보고 믿는 자마다 영생을 얻는 이것이니 마지막 날에 내가 이를 다시 살리리라 하시니라."

## 정리하는 말

사랑하는 성도 여러분! 생명보다 소중한 것이 어디 또 있겠습니까? 여러분들의 귀중한 생명을 위해서 그리스도께서 생명을 버리셨습니다. 십자가 위에서 보배로운 피를 흘리셔서 여러분들의 생명을 살려 주셨습니다. 여러분도 주님을 위해 할 수 있는 최상의 일로 보답하시기를 바랍니다. 곧 잃어진 생명, 길 잃은 영혼들의 생명을 살리는 일일 것입니다. 여러분! 생명을 살리고, 구원하는 일에 최선을 다하시기 바랍니다.

## 평가와 결심

1. 예수 그리스도의 5대 생애가 무엇 무엇입니까?
   (사도신경, ① 동정녀 탄생 ② 십자가 죽으심 ③ 부활 ④ 승천 ⑤ 재림)
2. 그리스도의 생애 곧 복음의 증인은 누구입니까?
   (행 1:8, 복음을 받은 바로 우리들 자신)
3. 그리스도의 생애 곧 복음의 증인의 필수 조건은 무엇입니까
   (행 1:5, 8, 성령 충만)

## 주간 경건의 시간 <10> · 날마다 말씀과 함께

| 요일 / 내용 | 월(Mon) | 화(Tue) | 수(Wed) | 목(Thu) | 금(Fri) | 토(Sat) |
|---|---|---|---|---|---|---|
| 찬송2 | 313 / 352 | 314 / 511 | 315 / 512 | 262 / 196 | 263 / 197 | 268 / 202 |
| 성경 | 행 2: | 행 3: | 행 4: | 행 5: | 행 6: | 행 7: |
| 적용 | 한 곳에 모였더니 | 기도 시간에 | 손을 내밀어 | 남녀의 큰 무리 | 성령과 지혜 | 스데반의 순교 |

* 십자가에 못 박힌 그리스도를 전파하려는 자는 자신도 반드시 십자가에 못 박힌 사람이 되어야 한다. <찰스 엘 꾸틸>

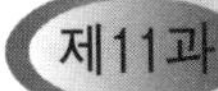

# 제11과 생명 출산을 위한 자기 변화

찬송 / 280, 279, 597 / 통 338, 337, 378

성경 / 사도행전 9:10-19

요절 / 사도행전 9:15

"주께서 이르시되 가라 이 사람은 내 이름을 이방인과 임금들과 이스라엘 자손들에게 전하기 위하여 택한 나의 그릇이라."

목표 / 대 전도자가 되려면 생명 출산을 위해 자기 변화가 필요함을 알게 한다.

## 시작하는 말

사랑하는 성도 여러분! 생명보다 귀중한 것은 이 세상에 없습니다. 그래서 그리스도께서 생명을 살리시려 세상에 오신 것입니다. 성경은 위대한 대 전도자 사도 바울의 회심에 대하여 기록하면서 누가는 먼저 그의 '영적 생명의 출산'을 소개합니다. 그리스도를 처음 알게 된 사람에게는 필요한 것들이 많이 있습니다. 그는 새로운 회심자로서 아직 스스로 설 수 없으며, 그에게 필요한 것들이 충족되지 않을 때 다시 타락하고 세상으로 돌아가기 쉽습니다. 전도도 중요하지만 일단 찾아온 자들에게 믿음이 성숙한 자들을 통하여 돌봄이 필요한 것입니다. 사도 바울은 아나니아 집사를 통해서 영적 생명출산의 도움을 받게 해 줍니다.

## 오늘의 말씀

1. 영적으로 민감한 지도자의 도움이 필요합니다(행 9:10~15).

아나니아 집사는 널리 알려져 있지 않은 제자에 불과했습니다. 그러나 새로 회심한 바울에게는 이러한 아나니아와 같은 집사의 도움이 꼭 필요했습니다. 아나니아 집사는, ① 하나님의 부르심에 민감하였습니다. 하나님께서 말씀하실 때에 그는 늘 기도했기 때문에 영적으로 민감하게 깨어있는 사람으로 하나님의 음성에 친숙하고 그 음성을 깨달아 알 수 있는 사람이었습니다. ② 아나니아는 기꺼이 어려운 임무에 충실하려 했습니다. 새로 회심한 자를 찾아가 돕는 다는 것은 어렵고 무거운 짐이 되는 일이었습니다. 그러나 아나니아 집사는 기꺼이 기도응답의 도구로 사용되고자 하였습니다. 여러분! 영적으로 민감한 지도자의 도움을 받으시기 바랍니다. 주여! 생명전도를 위해 민감한 영성을 주옵소서.

· 함께 읽어요 : 사도행전 9장 11절

"주께서 이르시되 일어나 직가라 하는 거리로 가서 유다의 집에서 다소 사람 사울이라 하는 사람을 찾으라. 그가 기도하는 중이니라."

## 2. 섬김에로의 부르심에 순종해야 합니다(행 9:15~16).

우리가 때로는 하나님의 부르심을 받고도 그것이 진짜 하나님의 뜻과 합한 길인가 하는 것에 의구심을 갖게 됩니다. 사도 바울에게도 새로 회심하여 그가 하나님의 택하신 그릇, 하나님의 도구로 택함을 받았다는 확실하게 아는 것이 필요했습니다. 요한복음 15장 16절에 "너희가 나를 택한 것이 아니요, 내가 너희를 택하여 세웠나니 이는 너희로 가서 열매를 맺게 하고, 또 너희 열매가 항상 있게 하여 내 이름으로 아버지께 무엇을 구하든지 다 받게 하려 함이라"고 했습니다.

사랑하는 성도 여러분! 여러분은 교사, 찬양대원, 구역장, 속회 임원 등 하나님의 부르심에 어떤 반응을 하고 있습니까? 본문에서 아나니아 집사는 온 구라파를 복음화 할 대전도자가 될 바울을 돕는 일에 묵묵히 순종하고 있음을 봅니다. 여러분! 여러분에게 당한 위대한 일이나 하찮은 일이나 여러분에게 맡겨진 일에 순종하는 일이 가장 필요합니다. 어렵고 힘든 일은 요령껏 피하고, 쉽고 생색내기 쉬운 일만 골라서 순종한다면 주님이 기뻐하시겠습니까? 하찮고 작은 일, 어렵고 힘든 일에도 충성하십시오. 그러면 보람되고 더 큰 일도 맡겨주실 것입니다.

· 함께 불러요 : ♬ 찬송가 597장(통일찬송가 378장) 4절

♬ "4 나 하는 일들이 하도 적어 큰 열매 눈앞에 안 뵈어도/ 주님께 죽도록 충성하면 생명의 면류관 얻으리라." ♬

### 3. 하나님의 부르심에 부응하는 회심과 성령 충만이 필요합니다(행 9:17~19).

주님의 일을 한다는 사람들이 열심을 있지만 그 열심이 오래 가지 못하는 것은 그들 속에 성령이 함께 하시지 않기 때문입니다. 그보다 먼저 점검해야 할 것은 그들이 주님 앞에 자아가 철저한 회심을 했느냐가 중요한 것입니다. 자신이 철저하게 깨어지지 않고는 주님께서 맡겨주신 사명을 잘 감당할 수 없는 것입니다. 사울은 다메섹 도상에서 홀연히 하늘로부터 빛이 그를 둘러 비춥니다. "사울아, 사울아 네가 어찌하여 나를 박해하느냐?", "나는 네가 박해하는 예수라"는 음성을 듣고 거꾸러집니다. 눈은 떴으나 아무것도 보이지 않았습니다. 바울은 그제야 순복합니다.

자신이 부서지고 깨어진다는 것은 성령님께 철저히 자신을 순복시키는 것을 의미합니다. 여러분! 철저하게 부서지고 주님께 자신을 맡겨버리세요. 그러면 하나님께서 함께 하시고, 역사해 주실 것입니다.

· 함께 읽어요 : 잠언 16장 3~4절

"3 너의 행사를 여호와께 맡기라 그리하면 네게 경영하는 것이 이루어지리라 4 여호와께서 온갖 것을 그 쓰임에 적당하게 지으셨나니 악인도 악한 날에 적당하게 하셨느니라."

## 정리하는 말

사랑하는 성도 여러분! 여러분 중에 가정문제, 자녀문제, 취직문제, 남편이나 아내문제 등 문제가 없는 사람이 어디 있겠습니까? 그러나 걱정하지 마십시오. 사도 바울 같은 대 전도자도 다메섹 도상에서 예수 그리스도를 만나 뵙고 핍박자의 길에서 예수를 증거 하는 증언자로 바뀌었습니다. 여기에 영성이 민감한 아나니아 집사를 통해서 이 일을 성취해 가셨습니다. 오늘 성령께서 여러분과 함께 하셔서 '생명출산'경험을 하게 하시고 성장을 통해 쓰임 받기를 바랍니다. 할렐루야!

## 평가와 결심

1. 영적 출산과 성장에 첫째 어떤 도움이 필요합니까?
   (행 9:10-14, 영적으로 민감한 영성 소유자의 도움)
2. 영적 출산과 성장에 둘째 어떤 도움이 필요합니까?
   (행 9:15-16, 섬김에로의 부르심에 순종함이 필요함)
3. 영적 출산과 성장에 셋째 어떤 도움이 필요합니까?
   (행 9:17-19, 회심과 성령 충만함이 필요함)

## 주간 경건의 시간 <11> · 날마다 말씀과 함께

| 요일 / 내용 | 월(Mon) | 화(Tue) | 수(Wed) | 목(Thu) | 금(Fri) | 토(Sat) |
|---|---|---|---|---|---|---|
| 찬송 | 412 / 469 | 413 / 470 | 204 / 379 | 216 / 356 | 357 / 397 | 263 / 197 |
| 성경 | 행 9: | 행 10: | 행 11: | 행 12: | 행 13: | 행 14: |
| 적용 | 성령의 위로로 | 성령과 능력을 | 성령으로 세례를 | 모여 기도하더라 | 성령의 보내심 | 하나님의 나라 |

* 성공적인 전도의 비결 세 가지는 자신을 보이지 않게 감추는 것이요, 자신을 보이지 않게 더 감추는 것이요, 자신을 보이지 않게 오히려 더 감추는 것이다. <막 까이 피엘스>

3단원 생명 전도의 달

# 교회와 생명 양육의 조건

**찬송** / 208, 508, 510 / 통 246, 270, 276

**성경** / 사도행전 15:22-29

**요절** / 사도행전 15:11

"그러나 우리는 그들이 우리와 함께 동일하게 주 예수의 은혜로 구원 받는 줄을 믿노라."

**목표** / 교회(공회)는 영적 생명의 양육을 돌보는 사명이 있음을 알게 한다.

## 시작하는 말

우리는 지금 격동기를 살고 있습니다. 시대가 급변하고, 이데올로기 전쟁에서 이제는 종교전쟁에 돌입했습니다. 그래서 교회마다 사이비 이단의 공격 포인트가 되고 있습니다. 그렇다고 성도가 크리스천의 표지를 밝히지 않고 살아간다는 것은 적들에게 자신을 내맡기는 거와 마찬가지입니다. 예루살렘 교회가 교리적인 문제에 휘말리게 될 때 예루살렘 공의회가 열려 그 결정에 따라 일사분란하게 협력하여 문제를 해결해 가는 모습이 아름답습니다. 교회의 치리기관은 성도를 법으로 묶으려고만 하지 말고, 성경 복음에 합당한 생활을 할 수 있도록 율법을 자진하여 지키도록 하며 신앙의 자유를 누리도록 해 주어야 합니다.

## 오늘의 말씀

### 1. 교회(공회)의 결정은 동일하게 받아드려야 합니다(행 15:22~23).

공회의 결정은 승낙으로 받아드렸습니다. 교회는 그 결정을 넘어서,

소요가 일어나거나 의심이 가는 것은 무엇이든지 해결하려고 애썼습니다. 그래서 두 명의 대표적인 사역자인 바울과 바나바를 안디옥으로 보냈습니다. 그들은 그 결정된 메시지를 강력하게 뒷받침해 줄 것이며, 구원은 주 예수 그리스도의 은혜에 의한 것이며 다른 어느 것도 첨가 될 수 없습니다(11절). 또한 새로 믿는 자들을 믿음에 거하도록 권면하고, 그들에게 유대주의자들의 메시지가 틀렸다는 확신을 줄 것입니다. 그들은 겸손하게 그 결정이 형제들의 결정임을 천명했습니다. 자신들을 이방인 형제들과 동등한 위치에 놓았습니다. 구원의 위대한 성명은 겸손에 기초하고 있습니다. 모든 사람들은 동일하게 "주 예수 그리스도의 은혜로 말미암아 구원을 받는 다는 것"을 천명했습니다.

· 함께 읽어요 : 빌립보서 2장 4~5절

"4 각각 자기 일을 돌아볼뿐더러 또한 각각 다른 사람들의 일을 돌보아 나의 기쁨을 충만하게 하라. 5 너희 안에 이 마음을 품으라. 곧 그리스도 예수의 마음이니"

### 2. 규례와 율법이 구원의 필수요소가 아니라는 것입니다(행 15:24).

구원은 개인의 역량이나 지위나 지식이나 재산을 얼마나 가졌느냐에 따라서 결정되는 것이 아닙니다. 규례와 율법은 필수적인 것이 아니라, 구원은 ① 주 예수 그리스도의 은혜로(11절), ② 하나님의 역사에 의해서(12절), ③ 오직 하나님께 돌아섬으로(19절) 이루어지는 것입니다. 이와 다르게 가르치는 자들은 거짓교사들이라 책망을 받았습니다. 거짓교사들의 가르침은 말로써 믿는 사람들을 괴롭혔으나, 구원은 오직 은혜에 의한 것입니다. 아무것도 거기에 첨가되어서는 안 됩니다. 인간이 구원을 위해서 할 수 있는 일은 아무 것도 없습니다. 잘못된 자들은 믿는 자들의 마음을 혹하게 했습니다. 그들은 교회에 의해 임명된 적이 없었습니다. 오늘날도 이단들의 가르침에 혹해 넘어가는 자들이 있습니다. 거짓 이단의 가르침에서 벗어나시고, 진리에 굳게 서시기를 바랍니다.

· 함께 읽어요 : 사도행전 15장 11절

"그러나 우리는 그들이 우리와 동일하게 주 예수의 은혜로 구원 받는 줄을 믿노라 하니라."

## 3. 교리와 복음진리를 파수하는 기관이 있습니다(행 15:25~29).

예루살렘 교회는 진리를 선포해 왔던 바나바와 사울을 파송했습니다. 당시 유대인들(율법주의자들)은 복음을 반쪽만 전하고 있다고 그들을 비난했으나, 사실은 그렇지 않습니다. 그들은 진리를 선포했습니다.

"구원은 주 예수 그리스도의 은혜로 말미암는다"는 진리를 선포하기 위해서 그들은 자신들의 생명의 위험까지도 무릅썼습니다. 교회는 그 두 사람을 형제라고 불렀습니다.

인간은 구원에 무엇인가를 덧붙이려는 경향이 있습니다. 인간의 본성은 일을 하고 싶어 하고, 어떤 일에 관여하고 싶어 하며, 어떤 신용을 얻고 싶어 합니다. 인간이 자신은 타락했으며(전적 타락), 자신을 구원할 능력이 전혀 없다고 고백하는 것은 매우 어려운 일입니다.

사랑하는 성도 여러분! 누가 여러분들에게 그리스도 예수의 은혜를 제외하고 십자가를 부인하면서, 자신들의 행위와 선행을 따라 구원이 이루어진다고 주장을 한다면 당장 떠나시기를 바랍니다. 구원은 인간이 만들 수도 없고, 줄 수도 없습니다. 전적으로 하나님의 영역에 속한다는 것을 아시기 바랍니다. 진리를 선포하도록 선택함을 받은 자들을 통해 전해짐을 아시기 바랍니다. 교회(공회)는 교리를 수호해 가야 합니다.

· 함께 읽어요 : 에베소서 4장 15절

"오직 사랑 안에서 참된 것을 하여 범사에 그에게까지 자랄지라. 그는 머리니 곧 그리스도라."

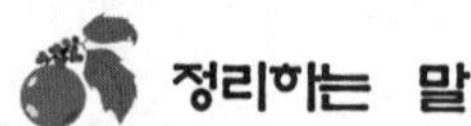

## 정리하는 말

사랑하는 성도 여러분! 교회는 세상에서 볼 때 유약하고 힘이 없는 것 같지만, 교회(공회)야말로 하나님의 율법과 복음진리의 파수꾼들을 세워 양육하며 파송해야 하는 놀라운 일들을 감당합니다. 교회가 세상으로부터 복음과 진리를 파수하고, 교리를 변호해야하는 막중한 책임을 잘 감당하도록 지원을 아끼지 말아야 합니다. 교회는 기도로, 인재를 양육하는 일, 재정지원을 해야 합니다. 그래서 일꾼들이 영적으로 건강해지고, 새 힘을 얻어 전인격적으로 강건한 일꾼들로 양육되기 원합니다.

## 평가와 결심

1. 교회는 노회나 총회(공회)의 결정을 어떻게 받아드려야 합니까?
   (행 15:22-23 동일하게 받아들여 순종해야 함)
2. 규례와 율법이 구원의 필수 요소인가요? 아니면 무엇인가요?
   (행15:11-19 ① 오직 예수 그리스도의 은혜 ② 하나님의 역사)
3. 교리와 복음을 어디에서 파수하고 지키는 일을 합니까?
   (① 믿음을 지키는 교회 ② 총회(공회) ③ 결정에 순종하는 양심)

### 주간 경건의 시간 <12> · 날마다 말씀과 함께

| 내용 \ 요일 | 월(Mon) | 화(Tue) | 수(Wed) | 목(Thu) | 금(Fri) | 토(Sat) |
|---|---|---|---|---|---|---|
| 찬송 | 494 / 188 | 495 / 271 | 496 / 260 | 498 / 275 | 499 / 277 | 500 / 258 |
| 성경 | 행 16: | 행 17: | 행 18: | 행 19: | 행 20: | 행 21: |
| 적용 | 기도하고 찬미하매 | 날마다 성경 상고 | 말씀에 붙잡혀 | 안수하매 성령이 | 은혜의 말씀께 | 죽을 것 각오 |

* 그대에게 시련을 주는 것은 무엇이나 그대의 유익으로 계산하라.
<토마스 아담스, 1640년경, 영국 신학자>

# 생명 결실을 위한 실전 전도

찬송 / 208, 508, 510 / 통 246, 270, 276

성경 / 사도행전 23:1-11

요절 / 사도행전 23:11

"그날 밤에 주께서 바울 곁에 서서 이르시되 담대 하라. 네가 예루살렘에서 나의 일을 증언한 것 같이 로마에서도 증언하여야 하시니라."

목표 / 교회 성도들의 생명 결실을 위한 전도의 필요성을 알게 한다.

## 시작하는 말

바울은 목회자 디모데에게 "믿음과 착한 양심을 가지라. 어떤 이들이 이 양심을 버렸고, 그 믿음에 관하여는 파선하였느니라"(딤전 1:19)고 했습니다. 전도는 생명을 살리고 결실을 맺도록 하는 일인데, 복음만 전하면 되지 않느냐고 합니다. 그러나 복음은 착한 양심의 마음 밭에 믿음과 사랑과 소망의 뿌리가 내려져야 합니다. 착한 양심을 통한 전도가 생명을 살리고 복음의 생명을 이어가도록 해 주는 것입니다. 요즈음 양심이 파선한 사람들이 복음전도자로 나서서 자신도 부서지고, 사회를 어지럽히는 경우를 보게 됩니다. 시대적인 사명을 감당하면서 복음과 진리를 함께 지켜갈 양심적인 일꾼들이 되시기를 바랍니다.

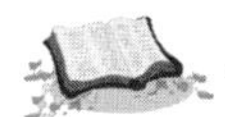

## 오늘의 말씀

### 1. 전도자는 뚜렷한 복음진리가 있어야 합니다(행 23:1).

바울은 당시 종교 최고 결의 기관인 공회를 주목했습니다. 바울은 25

년 전 회심하기 전의 자신의 모습을 기억할 사람이 혹시 있을까? 하고 생각도 했을 것입니다. 듣는 이들과 친밀감을 가지고자 그들을 한 사람 한 사람 주목하면서 자신의 주장을 펼쳤습니다.

바울의 주장은 "범사에 양심을 따라 하나님을 섬겼노라" 하는 것이었습니다. 그는 회심 이전의 불완전한 상태를 기억하고 있는 사람들이 혹 있더라도 확실하게 선을 그으면서 분명 회심 이후의 기간을 언급하고 있었습니다. 여러분! 확실한 복음진리의 주장을 펴시기를 바랍니다.

· 함께 읽어요 : 사도행전 23장 1절

"바울이 공회를 주목하여 이르되 여러분 형제들아 오늘까지 나는 범사에 양심을 따라 하나님을 섬겼노라 하거늘"

## 2. 전도자는 하나님의 말씀인 성경의 권위를 존중해야 합니다(행 23:2~5).

바울의 양심선언에 대하여 대제사장 아나니아는 인정치 아니하고, "바울의 입을 치라"고 명했습니다. 그때 바울은 "회칠한 담이여, 하나님이 너를 치시리로다. 네가 나를 율법대로 심판한다고 앉아서 율법을 어기고 나를 치라 하느냐?"라고 했습니다. 그때 '하나님의 대제사장을 네가 욕하느냐?'라고 할 때, 바울은 즉시 '나는 그가 대제사장인 줄 알지 못하였느니라' 하면서 곧바로 사과했습니다. 얼마나 멋진 모습입니까? 그것은 두려움 때문이 아니라, 성경이 하나님의 백성의 통치자에 대항하여 말하는 것을 금하였기(출 22:28) 때문이었습니다. 이와 같이 복음진리를 전한다고 하는 사람들은 항상 성경말씀에 충실해야 하고 먼저 그 말씀에 순종해야 합니다. 그럴 때 복음진리의 권위가 살아나는 것입니다. 여러분! 하나님의 말씀의 권위를 존중하시기를 바랍니다.

· 함께 읽어요 : 갈라디아서 1장 10절

"이제 내가 사람들에게 좋게 하랴 하나님께 좋게 하랴 사람들에게 기쁨을 구하랴 내가 지금까지 사람들의 기쁨을 구하였다면 그리스도의 종이 아니니라."

### 3. 복음전도자는 항상 성령의 과감한 전략을 따라야 합니다(행 23:6-10).

바울 사도는 주님에 의해서 그분을 위한 증거를 하도록 인도함을 받고 있었습니다. 우리는 다윗이 기름 받은 후에도 여전히 사울 왕의 추격을 받으면서 고통을 감수하는 모습을 봅니다. 사무엘하 5장 17절 이하에 보면 다윗에게 기름 부었다는 소식을 듣고 블레셋이 쳐들어왔습니다. 급박한 상황에서 다윗은 먼저 "내가 블레셋 사람에게로 올라 가리이까?"하고 묻습니다. 그뿐입니까? 다시 블레셋이 올라와서 르바임 골짜기에 편만할 때에 이때도 여호와께 여쭈니 이르시되 "올라가지 말고 그들 뒤로 돌아서 뽕나무 수풀 맞은편에서 그들을 기습하되, 뽕나무 꼭대기에서 걸음 걷는 소리가 들리거든 곧 공격하라 그 때에 여호와가 너보다 앞서 나아가서 블레셋 군대를 치리라"고 하십니다.

사탄과의 전략전술에 직면한 그리스도의 복음진리의 병사들은 항상 성령님의 음성과 사인(sign)에 귀 기울여야 합니다. 뽕나무 끝에서 걸음 걷는 소리를 들을 수 있는 세미한 '영성'을 가져야 합니다. 항상 성령의 음성에 예민해야 합니다. 그리고 명령이 발하면 과감하게 보무당당하게 전투에 임해야 합니다. 그리고 성령의 앞서가심에 조심스럽게 한 걸음 한 걸음 순종해 가야 합니다. 그렇다고 방심은 금물입니다. 사도 바울이 심히 지쳐 있을 때 사도 바울이 당한 두 차례 광기어린 폭도들의 손으로부터 로마 군사에 의해 구조 받아야 했습니다. 바울은 더 이상 견딜 수 없는 무력감에 빠져 헤맬 때 바로 주님이 그의 곁에 서서, "담대 하라"고 말씀했습니다. 예루살렘에서와 같이 로마에서도 복음을 증거 해야 될 것을 말씀했습니다.

· 함께 읽어요 : 사도행전 23장 11절

"그 날 밤에 주께서 바울 곁에 서서 이르시되 담대 하라 네가 예루살렘에서 나의 일을 증언한 것 같이 로마에서도 증언하여야 하리라하시니라."

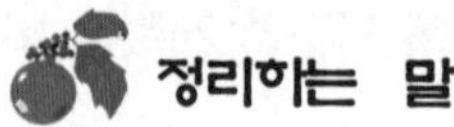

## 정리하는 말

사랑하는 성도 여러분! 생명결실을 위한 전도를 한다고 생명의 위협에서 지킴이나 안전을 보장해 주는 것이 아닙니다. 생명 전도는 우리의 생명을 바쳐 순교적인 자세로 성령의 인도함을 받아 일할 때 생명의 결실을 얻을 수 있는 것입니다. 생명을 건지려면 생명을 바쳐 전하세요.

## 평가와 결심

1. 생명 전도자에게 필요한 것 첫째가 무엇입니까?
   (행 23:1, ① 뚜렷한 성경 복음진리, ② 선한 양심)
2. 생명 전도자에게 필요한 것 둘째가 무엇입니까?
   (행 23:2-5, 하나님의 말씀인 성경의 권위를 존중해야 함)
3. 생명 전도자에게 필요한 것 셋째가 무엇입니까?(행 23:6-10, 과감하게 성령님의 인도하심과 과감한 전략에 순종해야 함)

### 주간 경건의 시간 <13> · 날마다 말씀과 함께

| 요일 / 내용 | 월(Mon) | 화(Tue) | 수(Wed) | 목(Thu) | 금(Fri) | 토(Sat) |
|---|---|---|---|---|---|---|
| 찬송 | 494 / 188 | 495 / 271 | 496 / 260 | 498 / 275 | 499 / 277 | 500 / 258 |
| 성경 | 행 23: | 행 24: | 행 25: | 행 26: | 행 27: | 행 28: |
| 적용 | 담대하라 증거 | 양심에 거리낌이 | 가이사에게 호소 | 핍박하는 예수 | 안심하라 | 바울이 강론하여 |

* 일반적인 생애에서 가장 훌륭하게 성공한 사람들은 자신의 확신으로 서야 되는데, 위험을 무릅쓴 사람들이다. <제임스, A. 가필드, 1831~1881, 미국 대통령>

4단원 파종 양육의 달

제14과

# 전도는 생명 파종이다

찬송 / 500, 498, 507 / 통 258, 275, 273

성경 / 로마서 1:1-17

요절 / 로마서 1:16

"내가 복음을 부끄러워하지 아니하노니 이 복음은 모든 믿는 자에게 구원을 주시는 하나님의 능력이 됨이라."

목표 / 전도는 생명의 파종임을 알고 개인 전도를 실천하게 한다.

## 시작하는 말

모든 식물은 심고 가꾸어야 열매를 거둘 수 있습니다. 이 단원에서는 생명파종을 다루게 됩니다. 바울 사도는 헬라인이나 야만인이나 지혜 있는 자나 어리석은 자에게 다 내가 '복음의 빚진자'라고 했습니다. 할 수 있는 대로 로마에 있는 자에게도 복음 전하기를 원했습니다. 복음을 개인적으로 전하는 '개인전도'야 말로 생명의 씨앗을 뿌리는 일이라 할 수 있습니다. 바울 사도는 일평생 결혼도 하지 않고 오직 복음을 위해 복음을 심고 전하는 일에 그의 전 생애를 바쳤던 인물입니다. 본 단원에서 하나님께서 가장 기뻐하시는 '생명 파종'의 사례들을 통해서 성도로서 복음생명 전도를 위한 결심과 실천의 방법을 배우게 될 것입니다.

## 오늘의 말씀

1. '구원의 복음'을 부끄러워 아니하고 담대하게 전해야 합니다(롬 1:1~4, 16).

복음이란 하나님께로부터 온 '기쁜 소식'을 가리킵니다. 그리스도의 복음(막 1:1), 주 예수의 복음(행 11:20), 하나님의 복음(롬 1:1), 화평의 복음(행 10:36), 구원의 복음, 평안의 복음(엡 6:16), 하나님의 영광의 복음(딤전 1:11) 등으로 일컬어집니다. 복음은 옛 선지자가 예언한 바가 하나님의 경륜 가운데서 이루어진 것입니다. 복음은 하나님의 아들인 동시에 사람의 아들인 인격을 갖추고 오신 구주에 관한 소식입니다. 하나님이 사랑하신 독생자를 믿고 영생을 얻는 이것이 '복음'입니다. 그렇기에 바울 사도는 이 복음을 부끄러워 아니하고 온 천지에 전한 것입니다. 복음을 부끄러워하지 마시고, 널리 널리 전하시기를 바랍니다.

· 함께 읽어요 : 요한복음 3장 16절
"하나님이 세상을 이처럼 사랑하사 독생자를 주셨으니 이는 저는 믿는 자마다 멸망치 않고 영생을 얻게 하려 하심이라."

## 2. '영생의 복음'임을 믿고 전해야 합니다(롬 1:5~12).

인간은 죄와 허물로 말미암아 죄의 종이 되고 불안과 공포, 그리고 초조함 속에서 살다가 죽을 수밖에 없는 존재입니다. 그러나 하나님이 인간을 사랑하셔서 예수 그리스도, 그의 독생자를 보내셔서 만민의 죄를 대신해서 희생의 제물을 삼으셨습니다. 그러므로 이 진리를 믿고 예수 그리스도를 구주로 영접할 때 영혼이 주 안에서 새로워지고 영생을 얻을뿐더러 심판에 이르지 아니하고, 사망에서 생명으로 옮겨지는 것입니다. 이것이 '복음'이기 때문에 우리가 먼저 믿고 받아 영생을 얻었으면 복음을 전하고 또 전해야 하는 것입니다. 하나님의 복음을 믿는 사람은 모든 죄에서 해방을 받습니다. 이것보다 더 기쁜 소식이 어디 있겠습니까? 이 기쁜 소식을 가정과 친족들에게, 그리고 이웃들에게 마땅히 전파해야 하는 것입니다.

사랑하는 성도 여러분! 그리스도의 기쁜 초청을 들으시고, 믿어 구원과 영생을 얻었으면 이제 전도하십시오. 이 기쁨을 전파하십시오.

· 함께 읽어요 : 로마서 10장 14절

"그런즉 그들이 믿지 아니하는 이를 어찌 부르리요 듣지도 못한 이를 어찌 믿으리요 전파하는 자가 없이 어찌 들으리요."

### 3. '생명의 복음'을 즐거운 마음으로 전해야 합니다(롬 1:13~17).

여러분! 예수 그리스도는 주님의 공적인 칭호입니다. 예수는 성탄 때에 천사의 지시함과 같이 "여호와의 구원하심"(마 1:21)이란 뜻을 지닙니다. '예수'는 히브리 음으로 '여호수아'요, 구약에서 여러 사람의 이름으로 나타납니다(출 17:13; 삼상 6:14; 왕하 23:8). 이 여러 사람 중에도 모세의 후계자인 여호수아가 오실 예수의 좋은 그림자(예표)였습니다.

그가 율법을 대표하는 모세를 계승해서 미완성 상태인 출애굽을 완성하여 요단을 건너 가나안 땅을 열두 지파에게 나누어 주었습니다. 이는 예수께서 율법을 계승하여 하나님 백성의 구원을 완성하신 것을 잘 반영하고 있습니다. 그리스도는 히브리어의 '메시아', 곧 '기름부음을 받은 자'라는 뜻입니다. 구약에서 선지자, 제사장, 왕을 세울 때 기름을 부어 직분을 세움같이 그리스도는 이 세 가지 직임을 수행하시러 오신 분이십니다. 주님은 열두 제자를 세우시고, 복음을 맡기셨고, 70인 전도자를 세워 전도로 생명 파종하는 법을 가르쳐 주셨습니다. 일생을 복음전도, 생명 파종에 바치셨던 바울 사도처럼 전도 실천으로 '생명의 씨앗'을 파종하셔서 천국의 일꾼들을 세우시기 바랍니다. 주님 기뻐하시는 '생명파종운동'을 실천하여 가정, 이웃, 세계만방에 '생명의 씨앗파종'으로 복음의 열매들을 맺히시기를 바랍니다.

· 함께 읽어요 : 로마서 1장 1~2절

"1 예수 그리스도의 종 바울은 사도로 부르심을 받아 하나님의 복음을 위하여 택정함을 입었으니 2 이 복음은 하나님의 선지자들을 통하여 그의 아들에 관하여 성경에 미리 약속하신 것이라."

## 정리하는 말

사랑하는 성도 여러분! 주님께서는 한 생명을 온 천하보다, 한 영혼을 우주보다 더욱 귀중하게 여기십니다. 그래서 십자가에서 죄인들을 구원하시려고, 온갖 고통을 당하시면서 십자가의 희생 제물이 되신 것입니다.

바로 당신의 생명을 살리시려고 말입니다. 이제 당신은 전도를 실천함으로 또 하나의 귀한 '생명파종의 일꾼'이 되시기를 바랍니다.

## 평가와 결심

1. 전도로 생명 파종을 위해 첫째 어떻게 해야 하겠습니까
   (롬 1:1-4; 1:16, 복음을 부끄러워 아니해야 함)
2. 전도로 생명 파종을 위해 둘째 어떻게 해야 하겠습니까?
   (롬 1:5-13, 먼저 복음을 믿어 구원 얻고 전해야 함)
3. 개인전도 때에 사용할 '예수'라는 이름의 뜻은 무엇입니까?
   (롬 1:4; 마 1:21, '여호수아', 즉 '여호와 구원하심')

## 주간 경건의 시간 <14> · 날마다 말씀과 함께

| 요일 / 내용 | 월(Mon) | 화(Tue) | 수(Wed) | 목(Thu) | 금(Fri) | 토(Sat) |
|---|---|---|---|---|---|---|
| 찬송 | 502 / 259 | 524 / 313 | 523 / 262 | 538 / 327 | 536 / 326 | 529 / 319 |
| 성경 | 롬 2: | 롬 3: | 롬 4: | 롬 5: | 롬 6: | 롬 7: |
| 적용 | 율법의 제도 | 하나님의 의 | 죽은 자 살리시며 | 한 사람의 순종함 | 의의 병기로 | 그리스도로 말미암아 |

* 지옥은 훌륭한 변명과 핑계와 소원으로 가득 찬 곳이다.
<조지 허버트, 1593-1633, 영국의 신학자, 성직자, 시인>

4단원 파종 양육의 달

# 생명을 위한 성령의 역사

찬송 / 284, 292, 280 / 통 206, 415, 338
성경 / 로마서 8:12-27
요절 / 로마서 8:14
"무릇 하나님의 영으로 인도함을 받는 사람은 곧 하나님의 아들이라."
목표 / 성령의 역사를 통해 생명이 연장되고 힘을 얻음을 알게 한다.

## 시작하는 말

바울 사도는 전도하여 얻은 제자들을 해산의 수고를 하여 낳은 '믿음의 아들'이라 했습니다. 사도신경은 그리스도의 탄생을 '성령으로 잉태하사 동정녀 마리아에게 나시고'라고 표현하고 있습니다. 그리스도의 부활을 바울은 '성결의 영으로는 죽은 자들 가운데서 부활하사'(롬 1:4)라고 했습니다. 생명을 살려내는 일, 곧 '전도'는 '성령의 역사'로서 구체적이고 실제적이 된 것입니다. 본과를 공부함으로 생명 전도의 결실을 위하여 성령의 기도를 통한 생명 구원 사역의 힘과 능력을 받으시기 바랍니다. 여러분 모두가 '성령'으로 기도를 회복하셔서 죽어가는 생명들을 살리는 성령의 사역에 일조(一助)를 하시기 바랍니다.

## 오늘의 말씀

### 1. 우리의 육신은 연약한 존재입니다(롬 8:1~3).

바울은 로마서 7장에서 "오호라 나는 곤고한 사람이로다. 이 사망의 몸에서 누가 나를 건져내랴!"(롬 7:24) 하고 절망적인 선언을 하지만 본문 로마서 8장 1-2절에서는 "그리스도 예수 안에 있는 자는 결코 정죄함이 없나니, 이는 그리스도 예수 안에 있는 생명의 성령의 법이 죄와 사망의 법에서 너를 해방하였음이라"고 선언합니다. 우리는 영적으로는 구원을 얻었지만 육신으로는 아직 연약하기에 우리의 노력이나 힘으로는 이길 수가 없습니다. 다만 그리스도 예수 안에 있을 때만 생명의 성령의 법이 우리를 해방시켜주심을 믿으시기 바랍니다.

· 함께 읽어요 :로마서 8장 3절
"율법이 육신으로 말미암아 연약하여 할 수 없는 그것을 하나님은 하시나니"

## 2. '생명의 성령의 법'은 생명적 삶의 원동력입니다(롬 8:2~8).

성령은 생명을 주십니다. '생명의 성령의 법'이란 ① 성령의 법, 즉 생명의 성령의 법이란 '예수 그리스도, 오직 그분 안에만 생명'이 있다는 말씀입니다. 그 생명이 어떤 것이든지 간에 즉 원동력 · 존재성 · 영 · 사랑 · 기쁨 · 평화 등, 이 모든 것은 모두 예수 그리스도 안에만 있으며, 다른 어디에도 없다는 것입니다. ② 그리스도 안에, 바로 그분의 존재 안에 생명의 성령, 즉 생명의 원동력과 존재 그 자체가 있다는 말씀입니다. 이 사실이 너무도 중요하므로 하나님께서는 그것을 우주의 법으로 기록해 두셨습니다. 그것은 '생명의 성령의 법'이라고 이름 지었으며, 이는 그리스도 예수, 그분 안에서만 얻을 수 있습니다. 우리가 간절히 바라고 열망하는 생명의 성령은 그리스도 예수 안에서만 얻을 수 있습니다. 성령의 도우심을 받아 행복한 일생을 설계하시기를 바랍니다.

· 함께 읽어요 : 요한복음 14장 6절
"예수께서 이르시되 내가 곧 길이요 진리요 생명이니 나로 말미암지 않고는 아버지께로 올 자가 없느니라."

### 3. 성령은 성도의 삶에 구체적인 도우심을 주십니다(롬 8:9~17).

그리스도 예수 안에 있는 생명의 성령은 ① 죄와 사망의 법으로부터 자유하게 하심, ② 율법이 할 수 없는 것을 행하심으로 생명 주심, ③ 의를 베푸시는 그리스도를 통해 생명을 주심, ④ 사람의 마음이 영의 일을 좇도록 하십니다. 성령님은 믿는 자 안에 거하셔서 그리스도의 영이 그 안에 임하시고 거하도록(*οἰκέω*: 오이케오) 하십니다.

창세기 6장에서 '하나님의 아들들이 사람의 딸들의 아름다움을 보고' 범죄에 빠질 때, "여호와께서 이르시되 나의 영이 영원히 사람과 함께 하지 아니하리니"라고 했습니다. 그러나 예수 그리스도께서 십자가에서 하나님과 화목을 이루시고(요일 4:10), 이제 '그리스도 예수 안에 있는 생명의 성령의 법'이 '죄와 사망의 법'에서 우리를 해방시키셔서 육신의 일, 육신의 생각을 벗어나 하나님의 법에 순종함으로 "예수를 죽은 자 가운데서 살리신 이의 영(성령)"(11절)이 우리 안에 거하도록 하시어 죽을 몸도 살리신 것입니다.

사도 바울은 에베소 교회에 편지하면서 "그는 허물과 죄로 죽었던 너희를 살리셨도다"(엡 2:1). "너희는 그 은혜에 의하여 믿음으로 말미암아 구원을 받았으니 이것은 너희에게서 난 것이 아니요 하나님의 선물이라"(8절)고 했습니다. 그렇습니다. 우리는 허물과 죄로 죽었습니다. 그러나 예수 그리스도께서 십자가를 통해서 우리의 죄 값을 치루셨기에 예수를 믿는 자마다 구원과 생명을 주신 것입니다. 성령께서 그 생명을 우리게 적용시켜 주신 것입니다. 그 은혜 감사드리시기 바랍니다.

· 함께 읽어요 : 요한1서 4장 10절

"사랑은 여기 있으니 우리가 하나님을 사랑한 것이 아니요. 하나님이 우리를 사랑하사 우리 죄를 속하기 위하여 화목 제물로 그 아들을 보내셨음이라."

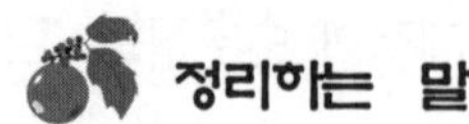

## 정리하는 말

사랑하는 성도 여러분! 성령은 믿는 자의 영에 생명을 주십니다. 예수 그리스도의 의(義)와 죽으심으로 말미암아 살게 됩니다. 그리스도의 영은 장차 저 위대한 구속의 날에 죽게 될 몸을 살리실 것입니다. 성령은 악한 행실을 제어할 힘을 주십니다. 성령은 믿는 자를 인도하시며, 양자로 삼아 주십니다. 또한 성령은 우리가 하나님의 후사요, 자녀임을 증거해 주십니다. 성령은 말할 수 없는 탄식으로 우리를 위하여 중보의 기도를 해주십니다. 성령은 생명을 위해 역사(役事)해 주시는 줄 믿고 항상 감사하시기를 바랍니다.

## 평가와 결심

1. 왜 성도는 그리스도 예수 안에서 정죄함이 없습니까?(롬 8:1-2)
   (예수 생명의 성령의 법이 죄와 사망의 법에서 해방하시기 때문)
2. 생명의 성령의 법이란 무슨 뜻의 말입니까?(롬 8:2)
   (예수 그리스도, 오직 그분 안에만 '생명'이 있다는 뜻임)
3. 생명의 성령이 우리에게 주시는 최대 은혜는 무엇입니까?
   (그리스도의 의와 죽으심을 통해 믿는 자에게 생명을 주심)

## 주간 경건의 시간 <15> · 날마다 말씀과 함께

| 요일 / 내용 | 월(Mon) | 화(Tue) | 수(Wed) | 목(Thu) | 금(Fri) | 토(Sat) |
|---|---|---|---|---|---|---|
| 찬송 | 92 / 97 | 90 / 98 | 219 / 279 | 182 / 169 | 521 / 253 | 564 / 299 |
| 성경 | 롬 9: | 롬 10: | 롬 11: | 롬 12: | 롬 13: | 롬 14: |
| 적용 | 남은 자만 구원 | 믿음은 들음에서 | 이방인의 구원 | 은사가 각가 다름 | 남을 사랑하는 자 | 성령 안에서 |

* 자고로 충신은 효자 가문에서 나왔느니라. <공자, B. C. 551-479, 중국 도덕가>

# 복음으로 생명 출산

찬송 / 423, 401, 508 / 통 213, 457, 270
성경 / 고린도전서 4:14-21
요절 / 고린도전서 4:15
"그리스도 안에서 일만 스승이 있으되 아버지는 많지 아니하니 그리스도 예수 안에서 내가 복음으로써 너희를 낳았음이라."
목표 / 성도는 복음으로 생명을 출산하는 책임이 있음을 알게 한다.

## 시작하는 말

교회가 분열하면 많은 사람들이 아픔과 고통을 겪게 됩니다. 고린도 교회도 교회분열의 아픔을 겪고 있었습니다. 바울 사도는 이와 관련하여 교회 분열의 해결책을 본문에서 언급하고 있습니다. 바울 사도는 자기의 심정이 어떠함을 토로하고 있습니다. 자신은 고린도 교회의 스승이라기보다는 아비의 마음으로 성도들을 낳아 양육했다는 것입니다. 바울의 말은 하나의 귀한 생명을 출산하고 양육한다는 것은 아비의 심정으로 해야 함을 해법으로 제시하고 강조하고 있습니다. 여러분들은 구역과 이웃 식구들을 아비의 심정으로 이해하고 양육하시기를 바랍니다.

## 오늘의 말씀

### 1. 복음의 일꾼은 사람들을 자녀 같이 권해야 합니다(고전 4:14).

고린도 교회의 구성원들 중에 어떤 사람들은 교회를 분열시키고 파괴하려고 하는 이들이 있었습니다. 교회생활에 위협을 주고, 복음 증거 하는 일의 방해꾼들 앞에서 우리 복음의 일꾼들이 가져야할 태도는 한결같게 하나님 아버지와 같은 사랑을 지녀야 합니다. 복음전파에 반대하고 분파를 조장하는 이들을 부끄럽게 하거나 당황하게 하려하기보다는 그들의 신앙과 삶이 파괴되지 않도록 권해야 하는 것입니다. 아비의 심정으로 잘못된 행동의 결과에 대하여 경고해야 할 것입니다. 파수꾼의 사명에 대해서 에스겔 선지자는 '그들을 깨우치라'고 권고합니다(겔 3:17). 아비 같이 권고함을 듣고 자녀 된 자는 "너희를 인도하는 자들에게 순종하고 복종하라"(히브리서 13:17)고 했으니, 말씀대로 순종하고 복종하시기 바랍니다.

· 함께 읽어요 : 히브리서 13장 17절

"너희를 인도하는 자들에게 순종하고 복종하라 그들은 너희 영혼을 위하여 경성하기를 자신들이 청산할 자인 것같이 하느니라. 그들로 하여금 즐거움으로 이것을 하게하고 근심으로 하게하지 말라. 그렇지 않으면 너희에게 유익이 없느니라."

## 2. 복음의 일꾼은 아비의 마음으로 본분에 충성해야 합니다(고전 4:15).

사도 바울 당시 스승(*παιδαγωγούς*: 파이다고구스)은 자녀들의 안녕과 성장을 전적으로 책임 맡은 신뢰 받는 노예를 의미합니다. 그들은 아이들을 학교에까지 데려다주며, 아이가 자랄 때까지 위험한 일이 일어나지 않도록 아이의 성장과 발달에 책임을 지고 있었습니다. 바울은 고린도 교회에 셀 수 없이 많은 능력 있는 교사들과 스승들이 있었지만 자신만이 아비 같이 더 많은 관심으로 돌보며 살피고 있다는 점을 강조하고 있습니다.

· 함께 읽어요 : 고린도전서 4장 15절

"그리스도 안에서 일만 스승이 있으되 아버지는 많지 아니하니 그리스도 예수 안에서 내가 복음으로써 너희를 낳았음이라."

### 3. 복음의 일꾼은 실천적인 모범을 보여야 합니다(고전 4:16~21).

교회는 처음 믿는 자와 믿음이 초보적인 자를 성숙시키고 발전시키도록 돌볼 지도자, 즉 진정한 교사가 많이 필요합니다. 그러나 하나님의 일꾼은 가르치는 교사보다 더 많아야 합니다. 일꾼은 지혜로운 아비의 심정을 가진 자로서 ① 사랑하지만 공의로 행함, ② 돌보지만 징계도 행함, ③ 관심을 갖지만 자기 계발을 시킴, ④ 주기도 하지만 요구도 함, ⑤ 받아주기도 하지만 거절도 함, ⑥ 칭찬도 하지만 권고도 해야 합니다.

여기에 필수적인 것은 모범을 보여주어야 합니다. 스승은 이렇게 하라고 가르치면 됩니다만 아비는 내가 행한 것처럼 너도 이렇게 해야 한다고 행동으로, 모본을 보여주면서 앞서가야 합니다. 여기 본문에 "너희는 나를 본받는 자 되라"에서 '본받는다'(*μιμηταί*:미메타이)는 말은 '흉내 낸다'는 뜻입니다. 마음 중심에서 주님의 마음을 본받는 자 되어야 하는 것입니다. 하나님의 복음의 일꾼은 주님의 마음, 사도 바울의 마음처럼 아비의 심정으로 권하는 그 실천을 본받아야 하는 것입니다.

엄격한 전통주의와 보수주의자들은 베드로를, 진보적이고 세상의 지혜에 관심이 있는 자들은 아볼로를 높이고 따랐습니다. 그러나 설교자들은 이런 부류의 사람들에게 가담하지 않고 디모데를 통해 전해주는 바울 사도의 권면에 귀를 기울였습니다. 논쟁에 가담하지 않고 묵묵히 자신의 길을 가는 자들이 참으로 위대한 지도자들입니다. 성도 여러분! 복음의 일꾼들이여! 주님의 말씀과 교훈만을 따르며 순종하세요. 새 신자들을 스승이 아니라 아비 같은 입장에서 돌보시기 바랍니다.

· 함께 읽어요 : 고전 4장 17절

"이로 말미암아 내가 주 안에서 내 사랑하고 신실한 아들 디모데를 너희에게 보내었으니 그가 너희로 하여금 그리스도 예수 안에서 나의 행사 곧 내가 각처 각 교회에서 가르치는 것을 생각나게 하리라."

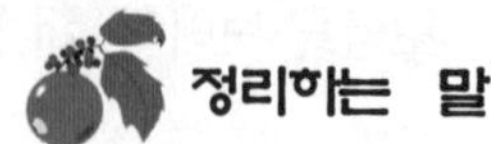

## 정리하는 말

오늘날 세상에는 "선생은 많아도, 스승은 없다"고들 말합니다. 오늘 본문 말씀을 빌리면 "스승은 많으나 아비는 없다"고 말할 수 있습니다. 스승의 이미지마저 구겨진 이런 세상에 무슨 아비냐고 말할 사람이 있겠지만 정말 우리에게 필요한 분은 스승보다는 아비입니다. 세상에 아비의 권위가 땅에 떨어졌다고 하지만 크리스천 가정에는 아버지의 권위가 되살아나야 합니다. 복음으로 생명을 출산할 아비의 권위 말입니다.

## 평가와 결심

1. 복음의 일꾼은 첫째 어떻게 해야 합니까?
   (고전 4:14, 자녀 같이 권해야 함)
2. 복음의 일꾼은 둘째 어떻게 해야 합니까?
   (고전 4:15, 아비의 마음을 지녀야 함)
3. 복음의 일꾼은 셋째 어떻게 해야 합니까?
   (고전 4:16-21, 아비처럼 돌보고 양육해야 함)

## 주간 경건의 시간 <16> · 날마다 말씀과 함께

| 요일 / 내용 | 월(Mon) | 화(Tue) | 수(Wed) | 목(Thu) | 금(Fri) | 토(Sat) |
|---|---|---|---|---|---|---|
| 찬송 | 545 / 344 | 446 / 500 | 445 / 502 | 365 / 484 | 366 / 485 | 528 / 318 |
| 성경 | 롬 16: | 고전 1: | 고전 2: | 고전 3: | 고전 4: | 고전 5: |
| 적용 | 복음과 그리스도 | 전도의 미련한 것 | 성령님의 통달하심 | 성령의 전 | 본받는 자 | 유월절 양 그리스도 |

* "하나님의 사랑의 첫째 딸은 인간에 대한 자선이다."

<윌리엄 드렌난, 1754-1820>

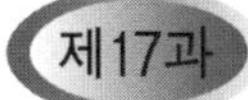


# 사역자를 위한 성도의 태도

찬송 / 208, 341, 461 / 통 246, 367, 519

성경 / 고린도전서 9:4-18

요절 / 고린도전서 9:14

"이와 같이 주께서도 복음 전하는 자들이 복음으로 말미암아 살리라 명하셨느니라."

목표/ 하나님의 일꾼이 복음 전함으로 복음으로 말미암아 사는 줄 알게 한다.

## 시작하는 말

사도 바울은 교회가 재정적으로 사역자를 후원해야 함과 사역자의 권리를 강력히 언급하고 있습니다. 복음을 위해 살아가는 사역자들이 물질적인 후원과 도움이 없이 사역하기란 참으로 힘들고 불편합니다. 그러나 살아가기에 조금 불편할 뿐이지, 진짜 살아가는 것은 물질이나 환경적인 요인이 아니라 영적인 것입니다. 참 복음사역자란 세상의 물질이나 금전으로 사는 것이 아니고, 주님의 '복음 때문에' 그 '복음으로' 살아가는 것입니다. 본과에서는 복음을 전하는 성도나 복음 사역자에게 진정 필요한 것이 무엇인가를 배우게 됩니다. 복음 사역자에게 정말 없어서는 안 될 필요한 것이 과연 무엇이겠습니까?

## 오늘의 말씀

1. 성도는 복음 사역자를 진정으로 후원해야 합니다(고전 9:4~11).

예나 지금이나 복음을 전하고 주님의 복음을 위해 사역한다는 것은 정말 어렵고 힘이 듭니다. 하나님의 은혜와 사랑의 역사하시는 힘이 아니고는 감당하기가 어렵습니다. 사도 바울은 당시 장막을 만들고 고치는 일종의 직업을 가지고 생활을 영위하면서 복음을 전하는 일에 최선을 다했습니다. 참으로 머리 숙여 존경할 부분입니다. 그럼에도 불구하고 본문에서는 복음사역자가 받아야 할 권리가 있다고 말합니다.

① 음식을 제공받을 권리, ② 여행 중에 후원 받을 권리, ③ 전임사역을 위해 충분한 사례(의식주 생활 전반)를 받을 권리를 말했습니다. 대부분의 사람들은 하나님의 일꾼이 무슨 의식주 문제에 걱정을 하면서 살아야 하느냐고 그러겠지만 전임교역자로서 아무런 수입이 없다면 어떻게 생활해 나가겠습니까?

교회는 당연히 목회자의 주거환경 및 생활비를 감당하며, 자녀들의 교육비 등을 담당해 주어야 목회사역에 전념할 수 있는 것입니다.

· 함께 읽어요 : 히브리서 13장 17절

"너희를 인도하는 자들에게 순종하고 복종하라 그들은 너희 영혼을 위하여 경성하기를 자신들이 청산할 자인 것같이 하느니라. 그들로 하여금 즐거움으로 이것을 하게하고 근심으로 하게하지 말라 그렇지 않으면 너희에게 유익이 없느니라."

## 2. 복음사역자를 섬기며 존중해야 합니다(고전 9:12~13).

교회만 사역하다 보면 참으로 하나님의 종으로서 물질이나 경제적인 문제로 비굴함에 처해 질 때가 있습니다. 이것을 위해 지금까지 그렇게 눈물을 흘리면서 일해 왔는가? 그러나 그런 어려운 환경을 이겨내기 위해 더 하나님께 매달리면서 기도하면서 주님의 영적 도우심을 받을 수 있다는 이점도 있는 것입니다. 바울 사도는 초기 3년 동안 권리를 요구하지 않았습니다. 배고픔과 모든 부족함을 묵묵히 참았던 것입니다. 그러나 이런 것 때문에 오히려 모함하고 다른 속셈이 있는 것이 아니냐는

등 수없는 모함을 당하고 있었습니다. 바울 사도는 구약시대의 제사에 수종을 드는 사람들이 제단에 드려지는 제물을 나누어 가지는 관행을 이야기하면서 사역자들은 교회에서 우선적으로 후원 받을 권리가 있다는 것을 주장하면서 섬기는 자들의 자세와 태도를 일깨워줍니다.

· 함께 읽어요 : 고린도전서 9장 13절
"성전의 일을 하는 이들은 성전에서 나는 것을 먹으며 제단에서 섬기는 이들은 제단과 함께 나누는 것을 너희가 알지 못하느냐?"

### 3. 복음 사역자는 복음의 원동력으로 살아가는 것입니다(고전 9:14~18).

바울은 고린도 교회로부터 보수를 받지 않기로 했습니다. 이는 단지 고린도 교회를 위한 그의 전략이었습니다. 보수를 받지 않음으로써 바울은 자신을 대적하는 자들과 맞설 수 있었고, 돈을 위해 설교한다는 비방을 반박할 수 있었던 것입니다. 그는 다른 상황에서는 후원을 받았습니다(빌 4:10이하). 바울은 ① 고린도의 믿는 자들을 부끄럽게 하여 자신을 후원하도록 하기 위한 것이 아니라고 말합니다. 그는 사역자들을 어떻게 대접해야 하는 가를 가르치는 데 목적이 있었습니다. ② 바울은 교회가 자신을 돕기를 바라지 않는다고 말합니다. 왜냐하면 스스로 그리스도와 교회를 위해 했던 일을 통해 기쁨을 누릴 수 있었기 때문입니다. ♬ 예수님 때문에 형제를 사랑합니다. ♬ 노래를 부릅니다. 우리 복음사역자들은 '복음' 때문에 권리마저도 포기하고, 어렵고 힘든 상황을 이기면서 기쁨으로 감당해야 하는 것입니다.

· 함께 읽어요 : 고린도전서 9장 16절
"내가 복음을 전할지라도 자랑할 것이 없음은 내가 부득불 할 일임이라 만일 복음을 전하지 아니하면 내게 화가 있을 것이로다."

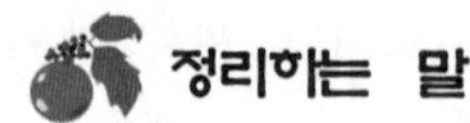

## 정리하는 말

23절에 “내가 복음을 위하여 모든 것을 행함은 복음에 참여하고자 함이라”. 14절에 “이와 같이 주께서도 복음 전하는 자들이 복음으로 말미암아 살리라 명하셨느니라”고 했습니다. 복음 사역자들은 물질이나 경제적인 도움 때문에 사역을 하는 것이어서는 안 됩니다. ‘복음에 미쳐서’, ‘복음을 위해’, ‘복음 때문에’, ‘복음의 위로’로 살아가야하는 것입니다. 그러나 때로는 힘들고 지쳐서 쓰러질 때도 있지만 ‘복음의 능력’으로 다시 일어서서 일해야 하는 것입니다. 복음으로 복된 삶을 영위하시기 바랍니다.

## 평가와 결심

1. 복음사역자가 받을 권리 첫째가 무엇입니까?
   (고전 9:4-11, 후원 받을 권리가 있음)
2. 복음사역자가 받을 권리 둘째가 무엇입니까?
   (고전 9:12-14, 우선적으로 교회의 후원받을 권리)
3. 복음사역자가 근본적으로 무엇 때문에 무엇으로 살아갑니까?
   (고전 9:14-18, 복음 때문에 복음을 위해 복음의 위로로)

## 주간 경건의 시간 <17> · 날마다 말씀과 함께

| 요일 / 내용 | 월(Mon) | 화(Tue) | 수(Wed) | 목(Thu) | 금(Fri) | 토(Sat) |
|---|---|---|---|---|---|---|
| 찬송 | 211 / 346 | 240 / 231 | 245 / 228 | 246 / 221 | 250 / 182 | 251 / 137 |
| 성경 | 고전 7: | 고전 8: | 고전 9: | 고전 10: | 고전 11: | 고전 12: |
| 적용 | 남편 아내 의무 | 사랑은 덕을 세움 | 모든 일에 절제 | 반석은 그리스도 | 피로 세운 새 언약 | 한 성령 |

* 내일을 먹어버리는 즐거움은 날려 보내라.

<조지 허버트, 1593-1633, 영국 신학자, 시인, 성직자>

제18과

# 해산의 수고와 생명

찬송 / 559, 563, 564 / 통 305, 411, 299
성경 / 갈라디아 4:12-20
요절 / 갈라디아 4:19
"나의 자녀들아 너희 속에 그리스도의 형상을 이루기까지 다시 너희를 위하여 해산하는 수고를 하노니"
목표 / 생명의 출산과 유지는 해산의 수고가 따름을 알게 한다.

## 시작하는 말

세상에 가장 훌륭한 생명의 보금자리는 가정입니다. 가정은 하나님께서 세우신 최선의 생명의 보금자리입니다(창 2:21-24). 그러므로 가정에서 생명의 질서가 태어나고 세워지는 것입니다. 그러기에 사탄 마귀는 가장 먼저 아담의 가정에 침투하여 생명의 질서를 깨뜨렸습니다. 불순종의 죄악을 범하도록 하여 '하나님의 형상'을 깨뜨려 버린 것입니다. 본과에서는 가정을 통하여 깨드려진 생명의 질서를 다시 세우고, 하나님의 자녀로서 하나님께 영광과 기쁨을 돌리며 우리 성도의 의무를 다하면서 행복하게 살아가는 방법을 배우게 될 것입니다. 가정에서 우리의 내적 생명은 '믿음'을 기초하고, '사랑'의 끈으로 묶여져 '소망'의 보금자리에서 사랑 받는 자녀로서 화목하게 살아가는 가정을 만듭시다.

## 오늘의 말씀

### 1. 가족은 최우선적인 하나님의 동역자여야 합니다(갈 4:12~14).

사도 바울은 특별한 은사로 가정을 가지지 않으면서 하나님의 위대한 생명 디모데를 믿음으로 낳아 보살피고 길렀던 것입니다. 그가 다메섹 사건 이후에 누가라는 의사가 동행하여 보살폈지만 안과 질환이 그의 일생동안 따라 괴롭혔던 것입니다. 그러나 갈라디아교회 성도들은 오히려 이러한 육체적인 핸디캡을 자신의 것인 양 극복하려했고, 사도 바울을 '하나님의 천사'처럼 또는 '그리스도 예수' 같이 영접했습니다. 얼마나 아름다운 모습입니까? 여러분! 하나님의 사역자들을 가족 사랑의 보금자리에서 부모형제처럼 대우하고 내 몸처럼 보살피십시오. 그럴 때, 그리스도의 사랑과 은혜가 가슴으로 전달될 것입니다.

· 함께 읽어요 : 디모데전서 4장 15절

"너희의 복이 지금 어디 있느냐 내가 너희에게 증언 하노니 너희가 할 수만 있었더라면 너희의 눈이라도 빼어 나에게 주었으리라."

## 2. 가족처럼 하나님의 사역자들을 대우해야 합니다(갈 4:13~16).

교회 안에서 변질된 무리들을 끝까지 사랑과 애정, 친절과 깊은 관심을 가졌던 사역자로서의 위대함을 보게 됩니다. 이러한 참된 사역자들은, ① 그들의 증거사역에 있어서 환영받아야 합니다. ② 그들이 육체적으로 연약할지라도 환영받아야 합니다. ③ 그들이 선포하는 진리에 있어서 환영을 받아야 합니다. 그러나 간혹 본문에서처럼 거짓 교사들(유대주의자들, 종교인들)은 참된 하나님의 사역자로부터 그들을 단절시키고 격리시킴으로써 자신들의 그릇된 주장들을 관철시키려 하는 것입니다. 여기에 속지 마시고 참 하나님의 사역자들을 환영하시기 바랍니다.

· 함께 읽어요 : 갈라디아서 4장 16~17절

"16 그런즉 내가 너희에게 참된 말을 하므로 원수가 되었느냐 17 그들이 너희에게 대하여 열심 내는 것은 좋은 뜻이 아니요 오직 너희를 이간시켜 너희로 그들에게 대하여 열심을 내게 하려 함이라."

### 3. 새 생명을 위해 해산의 수고를 해야 합니다(갈 4:18~20).

사도 바울은 교회를 향한 새 생명의 사역에 있어서 그 자신의 사역뿐만 아니라 다른 참된 사역자들의 사역도 받아들일 것을 권장하고 있었음을 주목해야 합니다. 그들은 거짓 사역자들을 거부하고 그들과 일절 관계를 갖지 말아야 하되, 그리스도 안에서 성장하기 위하여 참된 사역자들의 사역은 받아들여야만 하는 것입니다. 교회가 왜 하나님의 참된 사역자들을 받아들여야 합니까?

① 참된 사역자들은 그들의 심령 속에서 믿는 자들을 사랑하는 자녀들로 여기고 있습니다. 교회를 향한 참된 사역자의 심령은 언제나 온유하고 따뜻하며, 사랑으로 돌보고 보호하며, 언제나 도움을 베풀고자 합니다.

② 참된 사역자들은 믿는 자들의 성장을 위하여 고심합니다. 그들은 믿는 자들 안에서 "그리스도의 형상이 이루어지기를" 구합니다. 그들은 믿는 자들이 그리스도께서 사신 것처럼 살고 그리스도의 형상을 본받게 되기를 원합니다.

③ 참된 사역자들은 교회가 잘못을 저지르지 않도록 감시합니다. 오늘날 교회의 어렵고 힘든 문제들을 해결하기 위해 참된 사역자들이 필요합니다. 또한 그러한 참된 사역자들을 받아들이고, 교회가 새 생명의 보금자리로 만들어가도록 최선의 노력을 아끼지 않는 성도들이 정말 필요합니다. 어떤 일에 문제가 발생한다면, 그는 교회에 경고합니다.

· 함께 읽어요 : 빌립보서 3장 18절
"내가 여러 번 너희에게 말하였거니와 이제도 눈물을 흘리며 말하노니 여러 사람들이 그리스도의 십자가의 원수로 행하느니라."

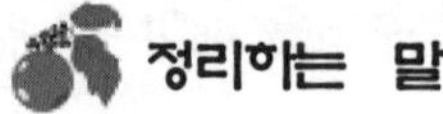

## 정리하는 말

현대 교회의 가장 큰 문제점은 바로 교회의 구성원인 성도가 ‘하나님의 형상’을 잃어버렸다는 것입니다. “부서진 둥지에서 성한 알을 찾기 힘들다”는 서양의 속담처럼 교회와 가정이라는 둥지를 박차고 떠나 방황하는 이들이 너무 많습니다. 사도 바울은 영적 부모처럼 그들을 낳고 양육했기에 그들은 자기들의 눈이라도 뽑아 그에게 주려고 했던 것입니다. 이러한 처음 믿음과 사랑, 영생의 소망을 회복시켜 화목한 가정으로 거듭나기를 바랍니다.

## 평가와 결심

1. 새 생명 탄생을 위한 최우선적인 동역자가 누구입니까?
   (갈 4:12, 사랑의 공동체의 일원인 가족임)
2. 성도의 사역자들에 대한 바람직한 태도는 무엇입니까?
   (갈 4:13-16, 부모형제처럼 환영하고 사역을 도와야 함)
3. 참된 사역자가 해야 할 근본적인 일은 무엇입니까?
   (갈 4:17-20, 생명을 위한 해산의 수고를 해야 함)

## 주간 경건의 시간 <18> · 날마다 말씀과 함께

| 요일 / 내용 | 월(Mon) | 화(Tue) | 수(Wed) | 목(Thu) | 금(Fri) | 토(Sat) |
|---|---|---|---|---|---|---|
| 찬송 | 184 / 173 | 309 / 409 | 395 / 450 | 394 / 449 | 408 / 466 | 407 / 465 |
| 성경 | 고후 13: | 갈 1: | 갈 2: | 갈 3: | 갈 4: | 갈 5: |
| 적용 | 성령의 교통 | 그리스도의 계시 | 기둥 같이 여기는 | 믿음으로 살리라 | 그리스도의 형상 | 성령을 좇아 행하라 |

* 자애에 근거한 철학체계 만큼 인간성에 대하여 그렇게까지 천박한 견해를 갖는 체계가 하나도 없다는 것은 묘한 모순이다. 자애는 그것이 만지는 것마다 천하게 만들어버린다. <어거스트 W. 헤아, 1792~1834, 영국 신학자, 성직자>

5단원 가정 화목의 달

# 가정은 생명의 산실

**찬송** / 487, 486, 485 / 통 535, 474, 534

**성경** / 에베소서 5:22-6:3

**요절** / 에베소서 5:33

"그러나 너희도 각각 자기의 아내 사랑하기를 자시 같이 하고 아내도 자기 남편을 존경하라."

목표 / 가정에서의 부부사랑이 생명의 산실임을 알게 한다.

## 시작하는 말

사도 바울은 복음 전도사역을 감당하면서 가정을 영위하고 살지는 못했지만 하나님의 은사로 가정과 생명의 신비스러움을 말씀하고 있습니다. 에베소서 5장 22절-6장 3절은 건설적이고 생산적인 '성도의 가정생활'을 이야기하고 있습니다. 가정은 '운명공동체'요, '혈연공동체'이기 전에 '생명의 산실'이기도 합니다. 그러므로 가정에는 하나님의 창조의 생명질서가 세워져야 합니다. 오늘날 가정파괴로 인한 사회적인 문제가 불거지고 있습니다. 세계 각국이 인구의 감소로 인한 비상한 문제에 직면하고 있습니다. 이러한 관점에서 크리스천이 먼저 '가정 생명 운동'을 일으켜야 하고, '생명 존중 운동'이 일어나야 합니다. 그래서 하나님의 창조질서가 세워지고 생명 구원, 영생의 역사가 일어나기를 바랍니다.

## 오늘의 말씀

### 1. 남편은 아내를 사랑하고, 아내는 존경해야 합니다(엡 5:22~33).

본문은 아내와 남편과 관련된 것을 다루면서 가장 쉽고 가벼운 길을 가르치시고, 그 길로 인도 하십니다. 그러므로 주님은 '나의 멍에를 메고 내게 배우라'고 했습니다. 아내가 남편에게 복종해야 할 이유는, ① 하나님의 뜻이요, 계명입니다. ② 복종함은 가족을 위해 하나님께서 정하신 것입니다(2절). ③ 복종함은 영적 비밀입니다(23절). 아내의 복종은 그리스도와 교회에 비유됩니다. 다시 말해서 남편은 아내를 위한 모본이라는 말씀입니다.

남편은 아내를 사랑해야 합니다. ① 하나님 그분의 사랑(ἀγάπη: 아가페)이어야 합니다. ② 자신을 사랑하는 사랑입니다. ③ 부모를 떠나 아내와 합하도록 만든 것입니다. ④ 영적 비밀입니다. 영적 사랑으로서 교회에 대한 그리스도의 사랑과 같습니다. ⑤ 자신처럼 아내를 사랑해야 합니다. 그리고 아내는 남편을 경외(존경하고 높임)해야 합니다.

· 함께 읽어요 : 에베소서 5장 33절

"그러나 너희도 각각 자기의 아내 사랑하기를 자신 같이 하고 아내도 자기 남편을 존경하라."

## 2. 남편과 아내는 서로 연합을 해야 합니다(엡 5:31~33).

본문에 '합하다'라는 말은 서로 굳게 결합하는 것, 붙는 것, 밀접하게 합하는 것, 함께 묶이는 것, 전적으로 연합 되어서 둘이 하나가 되는 것을 뜻합니다. 그러므로 '합하다'는 말은 '영적인 연합'을 의미합니다. 결혼은 부모와 자녀들의 연합보다 더 강하고 정도가 높은 연합입니다. 함께 살아가는 것은 단지 육체관계를 갖고 자녀를 낳는 것 이상의 의미를 지닌 연합니다. 바로 '영적인 연합'을 의미합니다. 참된 연합은 ① 육적인 연합, ② 정신적인 연합, ③ 영적인 연합을 의미합니다. 영적으로 연합할 때, ① 그 부부는 그리스도를 경외함으로 피차 복종하게 됩니다(엡

5:21). ② 그 부부는 하나님의 임재와 은혜를 함께 나눕니다. 부부가 한 몸이 되어 '영적인 연합'을 이루는 것이 핵심입니다.

· 함께 읽어요 : 에베소서 5장 31절
"그러므로 사람이 부모를 떠나 그의 아내와 합하여 그 둘이 함 육체가 될 자니"

## 3. 남녀가 만나는 결혼은 영적인 연합입니다(엡 5:32-6:3).

결혼은 하나님에 의하여 오직 하나님 한 분에 의하여 이루어질 수 있는 '영적인 연합'입니다(마 10:9-11). 결혼은 두 사람이 단지 서로 함께 살고 서로에게 충실하기로 동의하는 것 이상의 의미가 있습니다. 자연적인 애정이나 좋아하는 그 이상의 의미가 있습니다. 종이 한 장, 법적인 계약, 자녀를 출산하는 것 이상의 의미가 있는 것입니다. 두 사람이 만나 함께 자신들의 삶을 가져가서 정직하게 하나님께 드릴 때에, 삶의 다른 어떠한 관계와도 같지 않은 완전히 독특한 연합을 이루는 것입니다. 결혼이 하나님에 의하여 완성 되고 매일매일 하나님의 손에 맡길 때에, 결혼은 더 이상 비교할 수 없는 훌륭함과 따스함과 부드러움으로 충만한 영적인 연합이 이루어집니다. 실제로 참된 결혼생활은 이 연합으로 따스함과 부드러움을, 즉 서로서로 모든 것을 나누는 부요함과 비할 데 없는 귀중함을 경험하는 것입니다. 세상에서 표현할 수 없는 초월한 영적인 경험을 하게 됩니다. 참된 결혼은 희생적인 사랑(25절)이요, 영적인 연합(30절)이요, 영적인 비밀(32절)입니다. 그리스도의 교회에 대한 사랑과 연합의 상징적인 모본인 것입니다. 크리스천 가정은 주님의 임재와 주님이 계신 분위기 속에서 이루어져야 하고, 주님이 다스려야 하며, 크리스천 가정은 동반자가 셋이니 남편과 아내와 그리스도이십니다.

· 함께 읽어요 : 에베소서 5장 32절
"이 비밀이 크도다 나는 그리스도와 교회에 대하여 말하노라."

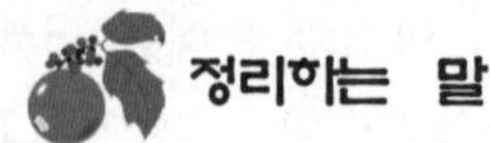

## 정리하는 말

사랑하는 성도 여러분! 사랑의 하나님께서는 그리스도를 통해서만이 이해되어질 수 있는 '부부관계'를 통해서 하나님의 창조의 질서 속에서 이루어주신 생명의 신비함을 가르쳐 주셨습니다. 하나님의 계시에 의해서만이 경험될 수 있는 '영적인 연합'을 결혼을 통해서 가르쳐 주셨습니다. 참된 결혼이야말로 하나님의 사랑(ἀγάπη: 아가페)의 경험이요, 완전한 영적 연합(30절)이요, 계시를 통해서만 이해되는 영적인 비밀(32절)인 것입니다. 부부사랑의 둥지에서 생명이 태어나게 하심을 감사하시기 바랍니다.

## 평가와 결심

1. 생명의 둥지인 가정에서의 부부의 의무가 무엇입니까?
   (엡 5:22-23, 남편은 아내 사랑, 아내는 남편 경외)
2. 가정은 첫째 근본적으로 무엇을 의미합니까?
   (엡 5:30, 부부의 완전한 연합을 의미함)
3. 가정은 둘째 근본적으로 무엇을 의미합니까?
   (엡 5:33-6:3, 부부의 영적 연합을 의미함)

## 주간 경건의 시간 <19> · 날마다 말씀과 함께

| 요일 / 내용 | 월(Mon) | 화(Tue) | 수(Wed) | 목(Thu) | 금(Fri) | 토(Sat) |
|---|---|---|---|---|---|---|
| 찬송 | 321 / 351 | 150 / 135 | 188 / 180 | 320 / 350 | 546 / 399 | 391 / 446 |
| 성경 | 빌 1: | 빌 2: | 빌 3: | 빌 4: | 골 1: | 골 2: |
| 적용 | 내 마음에 있음이여 | 소원을 두고 행함 | 예수를 아는 지식 | 자족하기를 배우라 | 구속 죄 사함 | 하나님의 비밀 |

* 인류의 절반을 바보와 거지로 만드는 것은 우리 자신의 잘못된 사랑에 빠지는 것이다. <에드워드 영, 1683~1765, 영국시인>

# 제20과 생명 탄생의 원동력은 사랑

찬송 / 559, 565, 534 / 통 305, 300, 324
성경 / 골로새서 3:12-21
요절 / 골로새서 3:19
"남편들아 아내를 사랑하며, 괴롭게 하지 말라."
목표 / 생명의 탄생은 사랑의 힘이 동력임을 알게 한다.

## 시작하는 말

사람이 일단 그리스도를 영접하게 되면 '새 생명'을 소유하게 됩니다. '새 생명'을 소유하게 되면 옛 생활의 옷을 벗어버려야 합니다. 옛 생활의 옷은 새 생명을 소유한 자에게 어울리지 않기 때문입니다. 하나님께서 택하신 거룩하고 사랑하신 자가 입어야 할 옷은 ① 긍휼의 옷(12절), ② 자비의 옷(12절), ③ 겸손의 옷(12절), ④ 온유의 옷(12절), ⑤ 오래 참음의 옷(12절), ⑥ 용납의 옷(13절), ⑦ 용서의 옷(13절), ⑧ 사랑의 옷(14절)입니다. 하나님의 택하신 거룩하고 사랑하시는 자들은 그리스도를 구세주로 진심으로 믿고 의지한 사람들이라는 것입니다. 이들 그리스도 안에서 새 생명을 갖고 있는 사람들이 성도요 신자들입니다. 이들은 '하나님의 사랑', '그리스도의 사랑', '부부의 사랑' 속에서 새로운 생명이 태어나고 시작됩니다.

## 오늘의 말씀

1. '새 생명'은 새 마음에 들어와 역사합니다(골 3:15~17).

'새 생명'은 '새 마음'에 들어옵니다. 새 생명은 새 마음 밭을 필요로 합니다. 생명은 더러운 옛 사람의 마음을 정리한 '새 마음'을 통해 역사합니다. 그래서 기독교는 '회개'를 강조하는 것입니다. 세례 요한의 처음 메시지도 "회개하라 천국이 가까웠다." 주님의 처음 메시지도 "회개하라 천국이 가까웠다."고 하셨습니다. 회개를 통하여 '새 마음'을 가질 때 '생명'이 역사하는 것입니다. 생명은 그리스도의 십자가 사랑의 마음에서 평강을 얻고 자라 꽃피웁니다. 이 그리스도의 평강이 우리의 마음을 온전히 다스리고, 지배하도록 해야 합니다. 우리는 감사하면서 그분의 평강, 그 분의 은혜가 나를 다스려 가도록 해야 행복이 오는 것입니다.

· 함께 읽어요 : 골로새서 3장 15절
"그리스도의 평강이 너희 마음을 주장하게 하라 너희는 평강을 위하여 한 몸으로 부르심을 받았나니 너희는 또한 감사하는 자가 되라."

## 2. 그리스도의 말씀이 마음에 거하도록 해야 합니다(골 3:16).

본문에는 '하나님의 말씀'이 유일하게 '그리스도의 말씀'으로 언급되었습니다. 골로새서는 그리스도를 강조하기 때문에 하나님의 말씀이 그리스도의 말씀이 되는 것입니다(고후 2:17, 4:2, 살전 1:8, 살후 3:1). 그리스도의 말씀인고로, ① 선택은 믿는 자에게 달려 있습니다. ② 믿는 자들이 그리스도의 말씀에 거해야 하는 것은 신자들은 모든 지혜로 피차 가르치며 권면해야 하기 때문입니다. ③ 그리스도의 말씀이 우리 안에 거하면 '시와 찬미와 신령한 노래'로 마음에 감사함으로 하나님을 찬양하는 것입니다.

· 함께 읽어요 : 골로새서 3장 16절
"그리스도의 말씀이 너희 속에 풍성이 거하여 모든 지혜로 피차 가르치며 권면하고 시와 찬송과 신령한 노래를 부르며 감사하는 마음으로 하나님을 찬양하고"

### 3. 생명이 탄생하는 원동력은 사랑임을 알아야 합니다(골 3:18~21).

현대의 가정을 파괴하려는 세력은 교묘하게 사랑의 질서를 깨뜨리는 수법으로 접근을 합니다. 남편과 아내와 가족관계의 연합을 깨뜨리려는 공격이 있습니다. 노아 홍수 시대처럼 육체적인 쾌락을 추구하는 경향이 짙어만 갑니다. 남성은 정욕의 남용으로 인하여 하나님께서 요구하시는 부부간의 성실한 관계가 깨어지도록 공격을 받고 있습니다. 가족들의 이러한 공격에서 그 관계성을 유지하려면 그 가정의 중심에 그리스도께서 계시도록 해야 합니다. 성경에서 가르쳐 주신 말씀대로, ① 믿는 아내들은 남편들에게 복종해야 합니다. 그것이 마땅한 일이기 때문입니다. ② 믿는 남편들은 아내를 사랑하고 괴롭게 하지 말아야 합니다.

이 사랑은 신적인 사랑(ἀγάπη: 아가페 사랑)이어야 하며 조건이나 환경을 초월한 희생적인 사랑을 의미합니다. 남편들도 조건에 관계없이 그리스도께 복종해야 합니다. 이것이 그리스도의 뜻입니다.

믿는 자녀들은 모든 일에 부모님께 순종해야 합니다. 부모님의 교훈이나 지침들을 주의 깊게 듣고 따르는 것을 의미합니다. 여기에 '모든 일에' 순종해야 함을 주목해야 합니다. 여기서 성경은 부모가 자식들에게 주는 정상적인 일상의 교훈과 지시에 대하여 말씀하고 있습니다.

또한 믿는 부모는 자녀들을 노엽게 해서는 안 됩니다. 이러한 질서는 하나님께서 세우신 창조적인 질서요, 말씀입니다.

하나님께서 '초월된 사랑'으로 타락한 인간을 사랑하시고, 독생자를 십자가에 내어주셔서 재창조의 길을 열어주신 것입니다.

· 함께 읽어요 : 골로새서 3장 20절
"자녀들아 모든 일에 부모에게 순종하라 이는 주 안에서 기쁘게 하는 것이니라."

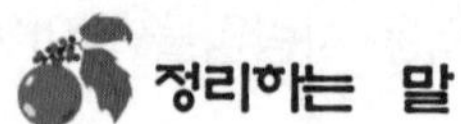

## 정리하는 말

사랑하는 성도 여러분! 하나님께서 주신 부부사랑은 '아가페 사랑'을 원천으로 생명을 재창조하는 것입니다. 그리스도의 십자가에서의 희생은 이 사랑의 결정체입니다. 하나님의 사랑, 아가페 사랑으로 부서진 마음을 먼저 새 마음으로 치유 받으시고, 새 생명을 창조해 가시기를 바랍니다. 부부의 영적인 연합과 사랑으로 생명을 유지해 가시기를 바랍니다.

## 평가와 결심

1. 새 생명은 어디에 들어와 역사합니까?
   (골 3:16, 변화된 새 마음에 들어와 역사함)
2. 새 생명이 마음에 거하도록 하려면 어떻게 해야 합니까?
   (골 3:16, 그리스도의 말씀이 마음에 거하도록 해야 함)
3. 생명탄생의 원동력은 무엇입니까?
   (골 3:19, 아가페 사랑을 받은 부부사랑)

## 주간 경건의 시간 <20> · 날마다 말씀과 함께

| 내용 \ 요일 | 월(Mon) | 화(Tue) | 수(Wed) | 목(Thu) | 금(Fri) | 토(Sat) |
|---|---|---|---|---|---|---|
| 찬송 | 421 / 210 | 420 / 212 | 430 / 456 | 429 / 489 | 446 / 500 | 445 / 502 |
| 성경 | 골 4: | 살전 1: | 살전 2: | 살전 3: | 살전 4: | 살전 5: |
| 적용 | 기도 항상 힘쓰고 | 능력 성령 확신 | 수고와 애쓴 것 | 믿음 사랑 기쁜 소식 | 하나님의 뜻 | 믿음 사랑의 흉배 |

* 모욕을 당한 자애(慈愛)는 결코 용서가 없다.

<루이 장 밥티스트 비게, 1667~1745, 프랑스 시인>

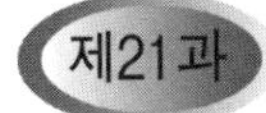


# 복음의 삶은 행복의 시작이다

찬송 / 447, 449, 450 / 통 448, 377, 376
성경 / 데살로니가후서 3:1-18
요절 / 데살로니가후서 3:16
"평강의 주께서 친히 때마다 일마다 너희에게 평강을 주시고 주께서 너희 모든 사람과 함께 하시기를 원하노라."
목표 / 창조주 하나님이 주신 복음이 행복의 시작임을 알게 한다.

## 시작하는 말

히틀러의 가스실에서 250만 명을 살해하는 일에 참여했다고 자백하는 표정이 얼마나 태연하고 담담했던지 관계자들 모두가 놀랄 정도였답니다. 심문을 계속하던 관계자들은 다른 가스실에서 200만 명 이상을 살해한 또 다른 사실을 밝혀냈답니다. 이번에도 얼굴색 하나 바꾸지 않았답니다. 그의 말을 믿을 수 없어서 한 조사관이 "하나님을 믿느냐?"고 물었을 때 "결코 그런 건 믿지 않소!" 그의 대답이었습니다. 본문 2절 하반절에 "믿음은 모든 사람의 것이 아님이라"는 말씀이 수긍이 갑니다. 본과를 통해서 행복의 시작은 바로 믿음으로 받는 생명으로부터 시작됨을 알아야 하겠습니다. 행복하려면 '예수 생명' 전하세요.

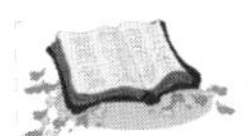

## 오늘의 말씀

1. 복음의 삶은 믿음과 기도가 필수적인 것입니다(살후 3:1~5).

사도 바울은 성도의 일상생활에서 기도가 필수임을 밝히고 있습니다. 그보다 더 우선적인 것은 생명을 지탱하는 믿음이 있어야 합니다. 본문에는 '믿음은 모든 사람의 것이 아님이라'고 말하고 있습니다. 위에서 수백만 명의 생명을 가스실에서 죽여 버린 그 살인자에게는 이미 생명의 근원이신 하나님이 계실 리 없습니다. 사도 중에 요한은 오묘한 생명문제를 자주 언급하고 있습니다. 사도 요한은 '이 영원한 생명의 말씀에 관하여는 우리가 들은 바요, 본 바요, 만진 바라'. 그래서 '증언하여 너희에게 전한다'고(요일 1:1-3) 했습니다. 그리고 예수께서는 "내 말을 듣고 또 나를 보내신 이를 믿는 자는 영생을 얻었고"(요 5:24)라고 했습니다. 당신의 행복을 위하여 생명의 필수요인인 믿음과 기도로 살아가세요.

· 함께 읽어요 : 데살로니가후서 3장 2절

"또한 우리를 부당하고 악한 사람들에게서 건지시옵소서하라 믿음은 모든 사람의 것이 아니니라."

## 2. 복음의 삶은 주님을 향해 성장해야 합니다(살후 3:6~12).

본문은 데살로니가후서를 끝맺는 부분입니다. 여기서는 우리의 매일의 삶에 매우 중대한 문제인, 일과 직업에 관해 다루고 있습니다. 바울 사도의 편지 중에 에베소서 6장 5-9절, 그리고 골로새서 3장 22절에서 4장 1절에도 이러한 경제의 중요한 주제인 노동과 경영, 노사 관계에 대해 다루고 있습니다. 여기서 공통된 점은 사업장에서의 근본적인 문제의 해결책은 경제적인 것이 아니라 영적인 것에 있다는 사실입니다. 일하지 않고 생산과 소득을 얻겠다는 것은 마귀의 철학입니다. 그러나 사도 바울은 복음사역을 하면서 장막을 만드는 직업을 통해 경제적인 문제를 해결해 갔습니다. 육적인 생명이나 영적인 생명 모두가 한가로움이나 나태함에서 벗어나야 합니다. 빈둥거리며 태만하고 게으름을 피우는 자들은 규모가 없어 헛된 일에 시간만을 낭비합니다. 영적인 생명은 목표가 있고, 방향이 있어 주님만 향해 자라가기에 바쁩니다. 남들 상관할 시간이 없습니다. 복음과 생명을 위해 누가 보든지 말든지 선한 일에 부하고, 바쁘게 일하면서 살아가시기를 간절히 바랍니다.

· 함께 읽어요 : 데살로니가후서 3장 10절
"우리가 너희와 함께 있을 때에도 너희에게 명하기를 누구든지 일하기 싫어하거든 먹지도 말게 하라하였더니"

### 3. 복음의 삶은 행복의 시작이기에 선을 행해야 합니다(살후 3:13~15).

사도 바울은 디모데전서 6장 17절에서 결론적으로 '재물에 소망을 두지 말고, 모든 것을 후히 주사 누리게 하시는 하나님께 두라'. 18절에 "선을 행하고 선한 사업을 많이 하고, 나누어 주기를 좋아하며, 너그러운 자가 되게 하라"고 했습니다. 19절에 "이것이 장래에 자기를 위하여 좋은 터를 쌓아 참된 생명을 취하는 것이니라"고 합니다.

많은 사람들이 "주일날에도 일해야 먹고 산다. 교회에 가면 돈을 주나? 밥을 주나?", "집사 준다고 하여 교회에 갔더니, 집을 사주기는커녕 돈만 내라 하더라". 이런 얘기들을 합니다. 이러한 이야기들은 복음의 보화를 모르는 자들의 속된 대화입니다. 사랑하는 성도 여러분! 새로이 믿기를 원하시는 여러분! 영원한 생명을 사모하십시오. 나 자신의 생명이 세상에 단 하나이며 소중하듯이 '온 천하를 주고도 생명과 바꿀 수 없는 것이 생명입니다'. 그래서 주님은 어리석은 부자 비유에서 "탐심을 물리치라 사람의 생명이 그 소유의 넉넉한 데 있지 아니하니라"(눅 12:15)고 했습니다. 부자가 소출이 풍성하매 곡식을 쌓아 둘 곳이 부족하여 곳간을 짓고, 쌓아놓고서 "영혼아 여러 해 쓸 물건을 많이 쌓아 주었으니 평안히 쉬고 먹고 마시고 즐거워하자" 했으나 하나님은 "어리석은 자여! 오늘 밤에 네 영혼을 도로 찾으리니 그러면 네 준비한 것이 누구의 것이 되겠느냐?"고 하셨습니다. 영혼문제가 중요한 것입니다.

· 함께 읽어요 : 로마서 12장 11절
"부지런하여 게으르지 말고 열심을 품고 주를 섬기라."

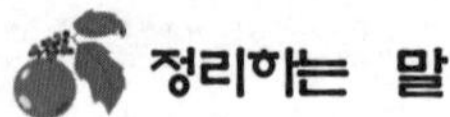

## 정리하는 말

사랑하는 성도 여러분! 오늘 사도 바울의 기도처럼 '믿는 자로서 그리스도 안에서 3가지'(16-18절), 즉 ① 평강의 주께로부터 평강을 얻으시고, ② 특별하게 개인적인 교제를 갖으시고, ③ 은혜를 받으십시오.

무엇보다 먼저 가족 구성원들이 행복하도록 책임을 다하시고, 가장으로서의 권위를 회복하셔서 하나님께 영광 돌리시기 바랍니다.

## 평가와 결심

1. 그리스도의 복음의 삶의 필수적인 요인이 무엇입니까?
(살후 3:1~5, 믿음과 기도 생활)
2. 그리스도 복음의 생명 보존의 법칙 첫째가 무엇입니까?
(살후 3:6~15, 나태함에서 벗어나 부지런해야 함)
3. 그리스도 복음의 생명 보존의 법칙 둘째가 무엇입니까?
(딤전 3:3-4, 적극적으로 선을 행해야 함)

## 주간 경건의 시간 <21> · 날마다 말씀과 함께

| 요일 / 내용 | 월(Mon) | 화(Tue) | 수(Wed) | 목(Thu) | 금(Fri) | 토(Sat) |
|---|---|---|---|---|---|---|
| 찬송 | 359 / 401 | 433 / 490 | 404 / 477 | 411 / 473 | 417 / 476 | 423 / 213 |
| 성경 | 살후 2: | 살후 3: | 딤전 1: | 딤전 2: | 딤전 3: | 딤전 4: |
| 적용 | 거짓 그리스도 | 수고하고 애써 | 선한 양심 | 중보이신 그리스도 | 감독의 직분 | 장로회에서 안수 |

* 진정한 행복은 외부로부터 받아서 생기는 것이 아니라 내부의 지식과 덕으로부터 생기는 것이다. <소크라테스, B.C. 469~399>, 그리스 철학자>

제22과

# 나눔은 생명의 통로이다

찬송 / 441, 442, 446 / 통 498, 499, 500
성경 / 디모데전서 6:11-21
요절 / 디모데전서 6:18
"선한 일을 행하고 선한 사업을 많이 하고 나누어 주기를 좋아하며 너그러운 자가 되게 하라."
목표 / 나눔과 대화는 생명의 통로임을 알게 한다.

## 시작하는 말

우리 속담에 "고인 물은 썩는다."라는 말이 있습니다. 그렇습니다. 물이나 물질이나 심지어 지식까지도 나누어주지 않고 고여만 있으면 썩습니다. 마이크로소프트사의 빌 게이츠는 55세의 나이에 벌써 사업을 정리하고서 자신의 지식이나 축적한 물질을 나누는 일에 몰두하고 있다고 합니다. 얼마나 현명한 분입니까? 오늘날 서양, 특별히 미국이 세계의 정치 경제 등 모든 면에서 우세를 보이는 것도 그들의 조상 청교도들의 감사와 섬김과 나눔의 정신과 실천에서 비롯되었다고 할 수 있습니다. 전통과 역사를 자랑만 할 게 아닙니다. 하나님의 사람은 너와 나의 생명을 위해 자랑하면서 나누어줄 수 있어야 하겠습니다.

## 오늘의 말씀

1. 하나님의 사람은 생명의 길에 집중해야 합니다(딤전 6:11).

많은 사람들이 행복한 삶을 원하지만 점점 더 불행해 지는 것은 행복해 지기 위해서 행복의 원천이신 하나님과 가까워지기보다는 부에 대한 집착에 빠지기 때문입니다. 세상의 너무나 많은 사람들이 돈을 사랑하여, 돈의 위세가 하늘을 찌를 듯합니다. 생명을 사랑하는 하나님의 사람은 하나님께 속한 것들을 사랑해야 합니다. 사람은 무엇을 추구하느냐에 따라 그 인생이 달라집니다. 돈과 물질을 얻기 위해 수단과 방법을 가리지 않는 사람, 부에 대하여 집착하는 사람을 보고 따라 하기만 할 게 아닙니다. 오! 하나님의 사람들이여! 의(義 : 하나님 앞에서 올바른 것), 경건(하나님의 임재를 깊이 의식함으로써 그리스도처럼 되는 것), 믿음(믿는 것과 충성스러움)과 사랑, 인내(오래 참음)와 온유(겸손과 부드러움과 순함)를 추구하시기 바랍니다. 생명을 위하여 부에 대한 집착을 피하시고, 영원한 복음 생명을 추구하시기 바랍니다.

· 함께 읽어요 : 디모데전서 6장 11절

"오직 너 하나님의 사람아 이것들을 피하고 의와 경건과 믿음과 사랑과 인내와 온유를 따르며"

### 2. 하나님의 사람은 믿음의 선한 싸움을 싸워야 합니다(딤전 6:12).

복음 생명은 항상 주님이 지켜주시지만 복음의 참 생명을 지닌 하나님의 자녀들은 늘 사탄 마귀의 표적이 됩니다. 선하게 자신의 의를 자랑만 하다가는 마귀의 졸개들이 노리고 쏘는 불화살의 공격을 당합니다. 그래서 성경은 교만한 자를 물리치시고, 겸손한 자에게 은혜를 주신다고 했습니다. 그러므로 하나님의 자녀들은 ① 하나님께 복종하라. ② 마귀를 대적하라(약 4:6-7)고 했습니다. '선한 싸움'이란 얌전하고 겸손하게 대처하는 그런 거 아닙니다. 여기 '싸우다'(ἀγωνίζου : 아고니주)라는 말은 '필사적으로 애쓰다, 분투하다, 전투하다, 다투다, 성을 타기 위하여 싸우다'라는 의미입니다. 믿음의 선한 싸움은 가만히 앉아 싸우는 모습을 명상만 하는 것이 아니고, 필사적인 노력과 분투를 의미합니다. 생명을 사랑하는 이들이여! 하늘나라에 가기를 원하는 사람들은 부패와 유혹 그리고 어두움의 세력과의 투쟁을 하면서 그곳에 이르는 것입니다. 여러분! 선한 싸움, 선한 목적과 목표를 가지고 싸움을 싸우시기 바랍니다.

· 함께 읽어요 : 디모데전서 6장 11~12절 상반절

"11 오직 너 하나님의 사람아 이것들을 피하고 의와 경건과 믿음과 사랑과 인내와 온유를 따르며 12 믿음의 선한 싸움을 싸우라 영생을 취하라 이를 위하여 네가 부르심을 받았고 많은 증인 앞에서 선한 증언을 하였도다."

### 3. 하나님의 사람은 영생만을 취해야 합니다(딤전 6:12~21).

요한복음에 '믿는 자는 영생을 얻었다'(요 5:24)고 했습니다. 그런데 사도 바울은 디모데에게 무슨 새롭게 '영생을 취하라'고 권고 합니까? 여기서 바울은 디모데가 영생을 가지고 있지 않다는 의미가 아니라 디모데는 구원을 받았고, 하나님의 선물로써 영생을 소유하고 있었습니다. 다만 바울이 바라고 있었던 것은 디모데가 그의 삶 속에서 이 영생의 본질을 더 풍성히 경험하게 되는 것을 의미하고 있습니다.

사랑하는 성도 여러분! 사람이 예수를 믿어 구원받아 자신의 삶을 헌신하게 될 때에, 꼭 다음과 같은 고백을 확실하게 하십시오. "① 나는 구원 받았다. ② 나는 영생을 믿으며, 영생은 진실이다. ③ 그리스도를 믿고 의지하는 나와 모든 사람들은 영원하도록 산다." 이러한 확실한 고백과 주 하나님의 은총의 신앙이 여러분 자신들의 행복한 신앙생활을 보장해 주는 것을 믿으시기 바랍니다. 영생은 우리에게 계시된 면류관이요, 전쟁과 싸움에 임하도록 언제나 용기를 북돋아 주는 것입니다. 여러분! 영생을 취하되 이에 미치지 못하거나 이것을 잃을까봐 두려워하는 것처럼 꼭 붙잡으시고, 잃지 않도록 조심하시기를 바랍니다.

· 함께 읽어요 : 디모데전서 6장 18절

"선을 행하고 선한 사업을 많이 하고 나누어주기를 좋아하며 너그러운 자가 되게 하라."

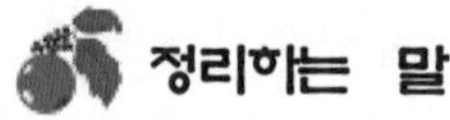

## 정리하는 말

사랑하는 성도 여러분! 자신이 가진 부를 선한 일에 쓰여 지도록 하고, 선한 사업에 부하십시오. "이것이 장래에 자기를 위하여 좋은 터를 쌓아 생명을 취하는 것"입니다(19절). 적은 부(富)를 지키려다가 더 소중한 생명을 잃는 어리석은 자가 되어서는 안 될 것입니다. 나눔은 나와 우리의 생명을 지키는 최선의 통로인 것을 명심하시기 바랍니다.

## 평가와 결심

1. 생명을 위해 하나님의 사람이 마땅히 해야 할 첫째가 무엇입니까?
(딤전 6:11, 부에 대한 집착을 버려야 함)
2. 생명을 위해 하나님의 사람이 마땅히 해야 할 둘째가 무엇입니까?
(딤전 6:12, 믿음의 선한 싸움을 싸워야 함)
3. 생명을 위해 하나님의 사람이 마땅히 해야 할 셋째가 무엇입니까?
(딤전 6:·12, 생명을 위해 영생을 취해야 함)

### 주간 경건의 시간 <22> · 날마다 말씀과 함께

| 요일 / 내용 | 월(Mon) | 화(Tue) | 수(Wed) | 목(Thu) | 금(Fri) | 토(Sat) |
|---|---|---|---|---|---|---|
| 찬송 | 359 / 401 | 433 / 490 | 404 / 477 | 411 / 473 | 417 / 476 | 423 / 213 |
| 성경 | 딤전 6: | 딤후 1: | 딤후 2: | 딤후 3: | 딤후 4: | 디도 1: |
| 적용 | 선한 사업에 부 | 거짓 없는 믿음 | 예수의 좋은 군사 | 배우고 확신한 일 | 전도의 일 | 참아들 디도 |

* 무지와 악이 대중에게 범람하는 것은 비례해서 정부는 전제 정치와 압제 정치를 하게 된다. <윌리엄 뷰엘 스프레이그, 1795~1876, 미국 목사>

6단원 이웃 사랑의 달

# 이웃의 생명을 소중히

찬송 / 321, 320, 322 / 통 351, 350, 357
성경 / 빌레몬서 1:1-21
요절 / 빌레몬서 1:16
"이 후로는 종과 같이 대하지 아니하고 종 이상으로 곧 사랑받는 형제로 둘 자라 내게 특별히 그러하거든 하물며 육신과 주 안에서 상관된 네게랴."
목표 / 이웃의 생명을 소중히 여기는 태도를 기른다.

## 시작하는 말

빌레몬은 그리스도께 매우 헌신적이었기 때문에 바울에게 '사랑받는' 자가 되었습니다. 또한 그는 '진심으로 사랑을 받는 자로', 즉 주 안에서 바울의 마음속에 매우 친숙하게 자리 잡고 있었습니다. 그러기에 '한 형제'라고 부르고 있습니다. 바울은 심중에 있는 마음의 언어로 '그리스도를 위하여 갇힌 자 된 바울'이라고 자기 자신을 소개하고 있습니다.

빌레몬은 그리스도께 헌신된 자요, 친구로서 바울의 사랑받는 친구요 후원자가 되었습니다. 그러기 때문에 당시 노예의 생사권을 가졌으나 사랑의 사람인 그에게 말하기 어렵고 특별한 간청을 꺼냅니다. 그의 관용으로 노예인 오네시모에게 '그를 영접하기를 내게 하듯 하라'고 합니다. 여러분, 이웃과의 관계에서 생명을 살리는 일꾼 되시기를 바랍니다.

## 오늘의 말씀

1. 빌레몬은 주께 '헌신된 일꾼'이었습니다(몬 1:2).

빌레몬의 헌신은 말로만이 아니었습니다. 그의 헌신은 4가지 뚜렷한 특징이 있었습니다. ① 그리스도께 매우 헌신적이었습니다. 그러기에 '사랑받는 자'가 되었습니다. ② 그리스도를 위한 매우 헌신적인 일꾼이었습니다. 그는 그리스도를 열심히 섬겼습니다. ③ 그의 가족이 그리스도 안에서 뿌리내리도록 할 만큼 헌신적이었습니다. ④ 자신의 집을 교회로 개방할 만큼 그리스도께 헌신적이었습니다. 이러한 헌신의 배후에 그에게 꼭 필요한 것이 있었습니다. 곧 은혜와 평강이었습니다(3절).

빌레몬에게는 성도를 사랑하는 ① 사랑의 깊이가 있었고, ② 믿음의 깊이와 교제가 있었습니다. 그래서 뿌리가 깊으니 열매가 맺혀질 수밖에 없었습니다. 이런 신앙의 소유자가 되시기를 바랍니다.

· 함께 읽어요 : 빌레몬서 1장 5절
"주 예수와 및 모든 성도에 대한 네 사랑과 믿음이 있음을 들음이니."

## 2. 변화된 오네시모는 '생명의 일꾼'이었습니다(몬 1:8-15).

본서는 로마 감옥에서 골로새 교회의 사역자인 빌레몬에게 쓴 편지입니다. 당시 로마는 정치 경제 문화의 중심지로서 많은 사람들이 이곳에 모여들었습니다. 빌레몬의 집에서 종이었던 오네시모 역시 이곳에서 복음을 접하게 된 듯합니다. 바울은 이곳에서 개종한 오네시모를 위해서 이 편지를 썼습니다. 골로새는 소아시아의 대도시 에베소에서 동쪽으로 약 160km 떨어져 있었는데, 상업적으로 쇠퇴일로에 있었습니다.

빌레몬의 집에서 종으로 있다가 손해를 끼치고 도망한 오네시모는 그의 잘못을 즉시 인정했습니다. "나는 무익한 존재, 즉 쓸모없는 사람이었다."고 고백하고, 그는 그리스도를 영접했습니다. 그리스도의 복음은 사람을 변화시킵니다. 그는 쓸모없고, 무익하고 선한 것이라고는 전혀 없는 사람을 취하셔서 상상할 수 없도록 유용하고, 유익하고 선한 사람으로 변화시키셨습니다. 예수 그리스도는 아주 비천한 사람, 망가진 사람, 가망 없는 사람, 무슨 일을 저질렀던 사람을 변화시키셔서 그를 세상에서 가장 유용한 사람으로 만들어주시는 줄 믿으시기 바랍니다. 참으로 변화된 사람이 진실한 생명을 위해 일할 수 있는 것입니다.

· 함께 읽어요 : 빌레몬서 1장 11~12절
"11 그가 전에는 네게 무익하였으나 이제는 나와 네게 유익하므로 12 네게 그를 돌려보내노니 그는 네 심복이라."

### 3. 바울은 이웃인 오네시모의 생명을 사랑했습니다(몬 1:15~16).

오네시모는 예수 그리스도를 만나고 두 가지 놀라운 변화를 경험했습니다.

① 그는 하나님의 권능으로, 즉 하나님의 섭리 가운데서 성품이 온전하게 변화되었습니다. 바울은 오네시모가 잠시 떠나게 된 것은 그를 영원히 두게 함이었다고 빌레몬에게 말합니다. 하나님께서는 오네시모와 함께 영원히 교제할 수 있습니다. 이는 두 사람 모두가 영원토록 그리스도를 예배하고 섬기면서 그리스도와 함께 영원히 살게 되리라는 사실을 암시합니다.

② 그는 노예에서 매우 '사랑받는 형제'로 변화되었습니다. 바울이 말하고자 하는 바를 주목하십시오. 오네시모는 노예로 떠났지만, 이제 노예 이상의 사람, 사랑받는 형제, 바울에게 매우 소중한 사람, 빌레몬에게 더욱더 귀중한 사람이 되었습니다. 사랑하는 성도 여러분! 하나님과 그리스도를 사랑하는 사람은 이웃을 또한 사랑하며, 이웃의 생명을 소중히 여깁니다. 이런 큰일을 하는 그런 복된 인생이 되시기를 바랍니다.

· 함께 읽어요 : 빌레몬서 1장 20절
"오! 형제여 나로 주 안에서 너로 말미암아 기쁨을 얻게 하고 내 마음이 그리스도 안에서 평안하게 하라."

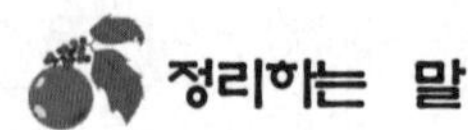

## 정리하는 말

사랑하는 성도 여러분! 죄인 되었던 우리가 오네시모처럼 예수 그리스도를 만나 그분을 믿고, 하나님의 사랑을 입어 구원받고 영생을 얻었습니다(요 5:24). 이제 하나님의 자녀된 우리는 이웃 생명을 위해 예수를 전해야 합니다. 여러분도 오네시모도 바울과 동등하게 영접 받고, 신뢰받아야 합니다. 하나밖에 없는 생명을 사랑하시기 바랍니다.

## 평가와 결심

1. 본문에 이웃의 생명을 소중히 여긴 일꾼은 누구인가?
   (몬 1:2, 주님께 헌신된 일꾼 빌레몬)
2. 변화되어 생명을 되찾은 일꾼은 누구인가?
   (몬 1:8-15, 변화된 생명의 일꾼 오네시모)
3. 오네시모를 사랑하여 생명을 이어준 위대한 일꾼은 누구인가?
   (몬 1:15-16, 로마 감옥에서 편지를 써 보낸 바울)

## 주간 경건의 시간 <23> · 날마다 말씀과 함께

| 요일 / 내용 | 월(Mon) | 화(Tue) | 수(Wed) | 목(Thu) | 금(Fri) | 토(Sat) |
|---|---|---|---|---|---|---|
| 찬송 | 37 / 37 | 26 / 14 | 28 / 28 | 27 / 27 | 25 / 25 | 93 / 93 |
| 성경 | 딛 3: | 몬 1: | 히 1: | 히 2: | 히 3: | 히 4: |
| 적용 | 이단에 속한 사람 | 사랑받는 형제로 | 본체의 형상 | 교회 중 찬송하리라 | 집 맡은 이 | 큰 대제사장 |

* 불가능이란 내가 결코 말하지 않는 단어이다. <C. 다를레비유>

# 이웃과의 신실한 교제

**찬송** / 323, 329, 328 / 통 355, 267, 374

**성경** / 히브리서 10:19-29

**요절** / 히브리서 10:25

"모이기를 폐하는 어떤 사람들의 습관과 같이 하지 말고 오직 권하여 그 날이 가까움을 볼수록 더욱 그리하라."

**목표** / 이웃의 생명을 살리는 일이 신실한 교제임을 알도록 교육한다.

## 시작하는 말

하나님은 대다수의 사람들에게 우주의 창조자요, 공포의 대상, 존재조차 모르는 하나님일 수 있습니다. 그러나 하나님은 우리에게 관심도 없으시고, 공포와 두려움의 대상이나, 우리가 알 수 없는 그런 분이 아니십니다. 하나님은 알 수도 있고, 가까이 다가갈 수 있는 분입니다. 그분과 교제도 나눌 수 있는 분이십니다. 주 예수께서 이루신 '산 믿음의 길'로 그렇게 할 수 있습니다. 즉 실제로 살며 행하여 그 마음속에 존재하는 믿음을 가질 수 있는 것입니다. 이러한 '산 믿음'만이 나와 이웃에게 생명을 주며, 생명을 살릴 수 있는 것입니다. 여러분! 예수께서 휘장 가운데 열어 놓으신 새롭고 산길로 행하며 살아가시기를 바랍니다.

## 오늘의 말씀

### 1. 새롭고 산 믿음은 그리스도를 신뢰합니다(히 10:19~20).

화초를 키울 때 아무리 멋지고 아름다운 화초라도 때를 따라 거름도

주고 물도 주지만 화초 자체가 체관이나 물관에 이상이 생겨 양분이나 수분이 올라가지 못한다면 어떻게 아름다운 꽃을 피우겠습니까? 외부적으로도 공기가 유통되어 통풍이 잘 되어야 뿌리가 썩지 않고 잘 생장하는 것입니다. 우리가 신앙생활을 할 때 예수 그리스도를 통하여 세우신 새롭고 '산 믿음의 길'이 열려졌음에도 아직도 구약의 휘장 가운데 갇혀 있다면 곤란합니다. 새롭고 산 믿음이 무엇입니까?

① 하나님의 존전에 들어갈 담력입니다. 그리스도께서 인간의 죄와 그 죄책과 심판을 대신 담당하시고 자유하게 하신 길이 열렸습니다.

② 하나님의 집을 다스리는 큰 제사장을 소유하는 것입니다. 늙고 병들고 소멸하는 세상의 일시적인 제사장이 아니고, 예수 그리스도는 하나님의 집의 완전한 제사장으로서 인간의 죄를 십자가에서 자신을 단번에 주셔서 대속해 주신 분이십니다. 우리에게 영원한 희망과 꿈을 주신 메시야 그분이십니다.

· 함께 읽어요 : 히브리서 10장 20~21절

"20 그 길은 우리를 위하여 휘장 가운데로 열어 놓으신 새로운 살 길이요 휘장은 곧 그의 육체니라. 21 또 하나님의 집 다스리는 큰 제사장이 계시매"

## 2. 새롭고 산 믿음은 하나님과 동행합니다(히 10:22~23).

예수 그리스도께서 하나님의 존전으로 나아가는 길을 우리를 위해 열어 놓으셨습니다. 새롭고 산 믿음을 확실히 얻는 길이 무엇입니까?

첫째, 하나님께 나아가야 하는 것입니다. 예수 그리스도께서 우리의 죄를 지시고 우리를 위해 죄책과 심판을 당하셔서, 죄로부터 자유케 하셨고, 우리의 모든 죄를 씻겨주셨습니다. 그분께 나아가려면 ① '참 마음'을 가져야만 합니다. 이는 진실하고, 성실하고, 정직하고, 의미 있고, 위선이 없는 마음입니다. ② 우리는 '온전한 믿음'을 가져야 합니다. 온전한 믿음이란 그리스도 안에서 의심 없이 소유한 확신으로, 오직 그리스도만이 우리를 하나님의 존전으로 이끌어 주실 능력이 있으시며, 실제로 이끌어 주셔서 우리를 하나님께 받아들여지게 만든다는 의미입니다.

③ 우리는 완전히 씻어 깨끗해진 양심과 몸을 가져야 합니다. 우리는 하나님께 나아가기 전에 죄와 그 죄책을 예수 그리스도의 피로써 씻음을 받고 하나님께 나아가는 유일한 길인 것입니다.

둘째, 믿는 도리의 소망을 굳게 잡아야합니다. 예수 그리스도 그분만이 죄와 사망에서 구원하시는 구원자이시며, 부활의 주님이심을 확실히 믿을 때 그분의 소망이 바로 우리들의 것이 될 것입니다.

· 함께 읽어요 : 히브리서 12장 2절

"믿음의 주요 또 온전하게 하시는 이인 예수를 바라보자 그는 그 앞에 있는 기쁨을 위하여 십자가를 참으사 부끄러움을 개의치 아니하시더니 하나님 보좌 우편에 앉으셨느니라."

## 3. 새롭고 산 믿음은 성도와 신실한 교제를 나눕니다(히 10:24~25).

셋째, 서로 돌아보아 사랑과 선행을 격려해야 하는 것입니다. '돌아보다'란 '주의를 기울이다', '계속적으로 보살피다'라는 의미입니다. 이 말은 다시 오실 주님을 기다리는 공동체가 '서로에게 관심을 집중시키고, 계속적으로 보살피며, 서로 보호하라'는 말씀입니다. 왜 그렇습니까? 우리 중 한 사람도 낙심치 않고 사랑과 선행을 하도록 하기 위해서입니다.

넷째, 모이기를 폐하지 말고 함께 모여야 하는 것입니다. 자주 모여서 예배드리고, 기도하고, 하나님의 말씀을 공부하고, 봉사와 전도를 해야 합니다. 이웃의 생명을 살리기 위해 우리 모두 믿음과 소망과 사랑의 공동체이기에 모이기를 폐하지 말고, 사랑과 선행을 격려하십시다.

· 함께 읽어요 : 히브리서 10장 23~24절

"23 또 약속하신 이는 미쁘시니 우리가 믿는 도리의 소망을 움직이지 말며 굳게 잡고 24 서로 돌아보아 사랑과 선행을 격려하며"

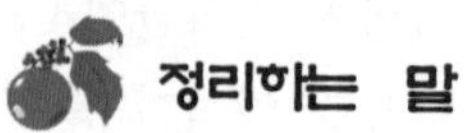

## 정리하는 말

성도 여러분! 예수 그리스도께서 새로운 살길을 열어놓으셨으니 예수의 피를 힘입어 참 마음과 온전한 믿음으로 나아갑시다. 서로 돌아보고 사랑과 선행을 격려하며, 주 오실 때까지 모이기를 힘쓰셔서 이웃의 생명을 살리는 위대한 대 역사에 참여하시기를 간절히 소원합니다.

## 평가와 결심

1. 새롭고 산 믿음은 어떤 믿음입니까?
(히 10:19-20, 하나님 전에 들어갈 담력, 큰 제사장을 소유하는 것)
2. 새롭고 산 믿음을 얻는 길에 무엇이 있습니까?
(히 10:21-22, ① 하나님께 나아감 ② 믿는 도리의 소망 굳게 잡음)
3. 새롭고 산 믿음을 얻는 길에 또 무엇이 있습니까?
(히 10:24-25, ① 서로 돌아보아 사랑과 선행을 격려 ② 모이기를 힘씀)

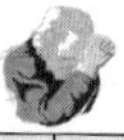

## 주간 경건의 시간 <24> · 날마다 말씀과 함께

| 요일 / 내용 | 월(Mon) | 화(Tue) | 수(Wed) | 목(Thu) | 금(Fri) | 토(Sat) |
|---|---|---|---|---|---|---|
| 찬송 | 303 / 403 | 302 / 408 | 321 / 351 | 320 / 350 | 325 / 359 | 324 / 360 |
| 성경 | 히 6: | 히 7: | 히 8: | 히 9: | 고후 10: | 고후 11: |
| 적용 | 다시 새롭게 | 영원한 제사장 | 새 언약의 대제사장 | 하늘의 성전 | 언약의 피 | 더 나은 본향 |

* 성취가 불가능한 일에 매혹되는 것은 영혼의 질병이다. <비아스 B.C. 570년경, 그리스 현인>

제6단원 이웃 사랑의 달

# 이웃에게 생명을 전하자

찬송 / 331, 333, 325 / 통 375, 381, 359

성경 / 히브리서 12:11-17

요절 / 히브리서 12:12

"그러므로 피곤한 손과 연약한 무릎을 일으켜 세우고"

목표 / 성도로서 이웃에게 생명을 전하는 태도를 기른다.

## 시작하는 말

로마의 황제 가이사 아구스도(Ceasar Aurgustus) 시대에는 유리컵 하나와 인간의 생명 하나를 맞바꾸던 시대이었습니다. 가미가제라는 해괴망측한 군대를 만들어 철부지 소년들을 비행기에 태워서 그 비행기와 함께 적진에 충돌하게 하던 일본의 군국주의자들도 망했습니다. 유태인의 생명을 600만이나 가스실에서 무참하게 살해했던 아이히만과 히틀러가 망했습니다. 인간의 생명을 우습게 여기는 경제, 인간의 생명을 천시하는 문화는 심판을 받는 것입니다. 이 진리는 오고 오는 시대에도 영원히 변치 않을 것입니다. 그러나 본문에는 하나님의 징계가 시행된 것은 이 징계가 사람들에게 더 많은 생명, 풍성한 생명과 다음 세상에서 누리게 될 영생을 가져다준다는 사실을 아시기 바랍니다.

## 오늘의 말씀

1. 징계는 튼튼한 신앙을 위해 필요합니다(히 12:12~13).

하나님께서 자녀들에게 징계를 주심은, ① 하나님의 자녀임을 확신시키기 위해, ② 우리를 구원하고 올바른 삶을 살게 하시기 위해, ③ 우리의 유익을 위해 우리로 하나님의 거룩하심에 참여케 하기 위해서입니다. 하나님의 징계에 따른 믿는 자에게 다음 3가지 의무가 있습니다. ① 믿는 자는 그의 피곤한 손을 들어 올리고, 연약한 무릎을 강하게 해야 합니다. ② 믿는 자는 그의 발을 위해 곧은 길을 만들어야 합니다. ③ 믿는 자는 저는 다리를 치료해야 합니다. 곧 자신의 행위 가운데 저는 부분을 고쳐야 하고, 자신의 피곤한 손과 연약한 무릎을 튼튼하게 하고, 곧은길을 만들어서 저는 다리를 가진 다른 믿는 자들을 치료해주고 도와주어야 한다는 것입니다.

· 함께 읽어요 : 히브리서 12장 12~13절

"12 그러므로 피곤한 손과 연약한 무릎을 일으켜 세우고 13 너희 발을 위하여 곧은길을 만들어 저는 다리로 하여금 어그러지지 않고 고침을 받게 하라."

## 2. 믿는 자는 거룩함을 추구해야 합니다(히 12:14).

본문 14절에 '따르라'(διώκετε: 디오케테)라는 말은 '따라가다, 갈망하다, 추구하다'라는 의미입니다. 믿는 자는, ① 모든 사람들과 더불어 '화평함'을 추구해야 합니다. ② '거룩함'을 추구해야 합니다. 여기서 '거룩함'(ἁγιασμόν: 하기아스몬)이란 '거룩, 성화, 구별'을 의미합니다. 세속과 떨어져 있고 따로 구별되어 하나님께 따로 구별된 것을 뜻합니다. 믿는 자가 과소비하는 물질주의자가 되어서는 안 되고, 과식(탐식가)이나 잠만(게으른 자) 자서는 안 되는 것입니다. 지나친 치부나 지나친 교제나 세상의 쾌락에 빠져서는 안 되는 것입니다. 믿는 자들은 세상에 속한 사람들과 뭔가 다른 점이 있어야 하는 것입니다. 취미생활도, 건강생활도, 입는 것, 먹는 것, 친구 사귐, 독서생활이나 영상물을 감상하는 데까지라도 세상 사람들과는 구별이 되어야 하는 것입니다. 소돔과 고모라나 폼

페이의 음탕한 문화가 멸망 받았던 역사에서도 교훈을 얻어야 합니다. 신자는 이웃사람들과 화평한 교제, 거룩한 삶을 보여주려 해야 합니다.

· 함께 읽어요 : 디모데전서 4장 4~5절

"4 하나님께서 지으신 모든 것이 선하매 감사함으로 받으면 버릴 것이 없나니
5 하나님의 말씀과 기도로 거룩하여 지느니라."

### 3. 믿는 자는 위험요소를 조심해야 합니다(히 12:15~17).

믿는 자들은 세상 사람들과 마찬가지여서는 안 됩니다. 정신적으로나 영적으로 깨어있어야 하는 것입니다. 그러므로 믿는 자가 자기 자신과 다른 자들을 부지런히 돌아보아야 합니다. 여기서 '돌아보다'(*ἐπισκοπούντες*: 에피스코푼테스)라는 말은 '주의하다, 감시하다, 돌보다'라는 의미입니다. 왜요? 곳곳에 위험들이 도사리고 있기 때문입니다. 믿는 자들을 위협하는 4가지의 큰 위험이 있습니다.

① 하나님의 은혜에 이르지 못할 위험이 있습니다. 하나님의 은총과 자비는 받을 자격도, 가치도 없지만 주시는 것입니다.

② 쓴 뿌리의 위험이 있습니다. 모든 쓴 뿌리의 근원은 '낙담, 사고나 질병, 무시나 학대 받음, 소홀히 여김을 받음 등일 것입니다. 또한 인간 관계에서 가족, 친구, 사역자나 감독들일 수 있습니다.

③ 음행하는 자(*πόρνος*: 포르노스)가 될 위험이 있습니다.

④ 망령된 자가 될 위험이 있습니다. '망령되다'(*βέβηλος*: 베벨로스)라는 말은 '부정되다, 더럽다, 음탕하다'는 뜻입니다. 우리 믿는 자들은 이러한 위험에 빠지지 않도록 부지런히 주의하여 돌아보시기 바랍니다.

· 함께 읽어요 : 히브리서 12장 16절

"음행하는 자와 혹 한 그릇 음식을 위하여 장자의 명분을 판 에서와 같이 망령된 자가 없도록 살피라."

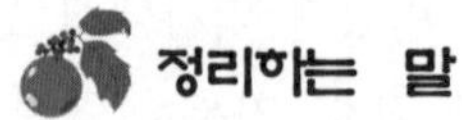

## 정리하는 말

사랑하는 성도 여러분! 누구나 인간은 유혹에 빠질 수 있다는 것을 명심하십시오. 어떤 분은 유흥점이나 술집에 전도하러 나갔다가 여인의 유혹에 빠졌답니다. 인간은 믿을 것이 못 됩니다. 믿는 신자들이 먼저 신앙에 든든히 서서 흔들리지 않을 때 이웃의 생명을 돌아보아 건질 수 있는 것임을 명심하십시오. 우리는 항상 음란이나 유혹, 위험에 처할 수 있다는 사실을 깨달으세요. 하늘 영광의 보좌를 버리시고, 이 땅 위에 오신 그리스도를 본받아 이웃에게 생명을 전하시는 여러분 되시기를 바랍니다.

## 평가와 결심

1. 하나님이 신자들에게 왜 징계를 주시는 것입니까?
   (히 12:12-13, ① 자녀임을 확신시키려 ② 구원, 올바른 삶 주시려 ③ 거룩함 주시려)
2. 믿는 자들에게 두 가지 의무는 무엇입니까?
   (히 12:14, ① 화평함을 추구하라 ② 거룩함을 추구하라)
3. 믿는 자들에게 4가지 위험 요소가 무엇입니까?
   (히 12:15-17, ① 은혜에서 탈락 ② 쓴 뿌리 ③ 음행 ④ 망령됨)

### 주간 경건의 시간 <25> · 날마다 말씀과 함께

| 요일 / 내용 | 월(Mon) | 화(Tue) | 수(Wed) | 목(Thu) | 금(Fri) | 토(Sat) |
|---|---|---|---|---|---|---|
| 찬송 | 324 / 360 | 314 / 511 | 315 / 512 | 317 / 353 | 311 / 185 | 312 / 341 |
| 성경 | 히 13: | 약 1: | 약 2: | 약 3: | 약 4: | 약 5: |
| 적용 | 우리 위해 기도하라 | 진리의 말씀으로 | 가난한 자 택하사 | 위로부터 난 지혜 | 주 앞에서 낮추라 | 간절히 기도한 즉 |

* 종교상의 불신앙과 신을 경멸하는 것은 큰 악이지만 미신은 더욱 큰 악이다.
<플루타크 46~120, 그리스 전기 작가>

6단원 이웃 사랑의 달

# 믿음의 결국은 구원이다

찬송 / 283, 284, 287 / 통 183, 206, 205
성경 / 베드로전서 1:1-12
요절 / 베드로전서 1:9
"믿음의 결국 곧 영혼의 구원을 받음이라."
목표 / 성도로서 믿음의 결국은 구원임을 알게 한다.

## 시작하는 말

사도 베드로는 로마제국 도처에서 모진 핍박과 고통과 환난을 겪는 사람들에게 권면합니다. 예수 그리스도를 위해 살았기 때문에 조롱과 핍박을 받으면서 가정, 재산, 사업, 직업, 돈, 교회, 친구, 동지를 남겨 두고 떠나야 했던 이들을 위해 편지를 썼습니다. 그들이 느끼는 공포와 불확실함과 불안정한 삶의 모습 속에서 어떻게 신앙을 지켜가면서 살아가야 할지 굳센 격려가 그들에게 절대적으로 필요했을 것입니다. 그러한 환난과 고통을 이기면서 흔들리지 않고 살아나가는 방법은 '내가 구원받았다는 것과 자신이 하나님의 사랑과 돌보심 아래 있다는 절대적인 확신'이 필요했습니다. 오늘 공과의 말씀은 지금도 불확실성 속에서 맥없이 살아가는 믿는 사람들을 위해 아주 필요 적절한 메시지이기도 합니다.

## 오늘의 말씀

1. 믿는 자들은 하늘나라를 향한 나그네 인생입니다(벧전 1:1).

믿는 자들은 세상에서는 나그네요, 순례자요, 방문자요, 망명한 사람들입니다. 세상은 영원히 머물 안전한 곳이 아닙니다. 믿는 자들은 하늘나라의 시민입니다. 그들의 집은 하나님께서 다스리시는 하늘에 있으며, 이 세상의 통치자들이 다스리는 땅에 있지 않습니다. 이 땅의 통치자들이 믿는 자들을 핍박할 수는 있지만, 믿는 자들은 단지 나그네와 순례자로서 이 땅에 일시적으로 있을 뿐입니다. 우리 믿는 자들은 하나님의 택함을 받은 자들이요, 세상에서는 나그네들입니다. 그러므로 믿는 자들은 ① 세상에서 어떻게 사는가는 큰 문제가 아닙니다. 영구히 거할 집이 아니기 때문입니다. ② 우리의 눈과 마음을 영원한 집 하늘나라에 초점을 맞추고 살아가야 합니다. 나그네라 서러워하지 마시기 바랍니다.

· 함께 읽어요 : 베드로전서 2장 11절

"사랑하는 자들아 거류민과 나그네 같은 너희를 권하노니 영혼을 거슬러 싸우는 육체의 정욕을 피하라."

## 2. 믿는 자들은 하나님의 택하신 구속된 자들입니다(벧전 1:2).

믿는 자들이 비록 세상에서 나그네처럼 살아가지만 그들은 베드로 사도의 표현대로 "···· 택하신 족속이요, 왕 같은 제사장들이요, 거룩한 나라요, 그의 소유가 된 백성"(벧전 2:9)인 것입니다. 오늘날 믿는 사람들이 세상의 부에 밀리고, 명예에 밀리고, 영화에 밀리지만 그렇게 낙심할 것이 못 됩니다. 믿는 사람들은 세상 사람들의 틈새에 끼어 경쟁력에 밀려 탈락할 수도 있고, 실패할 수도 있다는 사실을 미리 알아야 합니다. 왜냐하면 이 세상 부귀영화가 믿는 자들의 최고의 가치와 목표가 아니기 때문입니다. 그러나 많은 크리스천들이 세상 사람들의 방식으로 살다가 돈 좀 벌고 인기와 명예를 좀 얻으면 그것이 마치 성공인 것처럼 떠벌입니다. 사랑하는 성도 여러분! 이런 세상이 주는 기쁨에 만족하십니까? 그것을 추구하시면서 살아가시겠습니까? 베드로 사도는 "모든 육체는 풀과 같고 그 모든 영광은 풀의 꽃과 같으니…."(벧전 1:24)라고 했습니다. 여러분들은 택하신 하나님의 자녀로서 프라이버시를 지켜가면서 살아가시기를 바랍니다. 진정 이것이 살맛나게 살아가는 방법일 것입니다.

· 함께 읽어요 : 베드로전서 2장 9절
"그러나 너희는 택하신 족속이요 왕 같은 제사장들이요 거룩한 나라요 그의 소유 된 백성이니 이는 너희를 어두운 가운데서 불러내어 그의 기이한 빛에 들어가게 하신 이의 아름다운 덕을 선포하게 하려 하심이라."

### 3. 믿는 자들은 구원과 영생의 주인공입니다(벧전 1:3~12).

베드로 사도는 찬송을 부릅니다. 우리 주 예수 그리스도의 아버지 하나님이 긍휼대로 부활하게 하심으로 우리에게 산 소망을 주셨기 때문입니다. 썩지 않고 더럽지 않고, 쇠하지 아니하는 하늘의 유업을 주셨기 때문입니다. 구원을 얻기 위하여 믿음으로 말미암아 하나님의 능력으로 보호하심을 받기 때문입니다. 시련과 환난이 와도 걱정 없음은 이길 수 있기 때문입니다. 이길 수 있는 방법이 무엇이겠습니까?

① 예수 그리스도를 향한 사랑으로 이겨야 합니다.
② 예수 그리스도를 믿는 믿음으로 이겨야 합니다.
③ 우리 마음에 가득 찬 즐거움과 기쁨으로 이겨야 합니다.
④ 우리 영혼구원에 집중함으로 이겨야 하는 것입니다.

우리가 주님의 품안에 밀착할수록 더 든든하고 사탄마귀의 그 어떤 세력도 우리를 손대지 못하는 것입니다. 우리가 그리스도를 믿는 '믿음의 결국은 구원이요 생명'입니다. 영원한 생명에 거하시기 바랍니다.

· 함께 읽어요 : 베드로전서 1장 9절
"믿음의 결국은 곧 영혼의 구원을 받음이라."

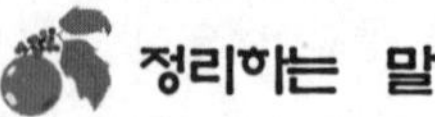

## 정리하는 말

사랑하는 성도 여러분! 복음 때문에 뿔뿔이 흩어져 산속에나 토굴에 은신하면서도 그러한 고통과 핍박이나 환난을 기쁘게 이겨낼 수 있었던 것은 세상의 돈이나 물질, 명예가 아니었습니다. 그들을 지켜준 것은 금이나 없어질 보배가 아니고, '예수 그리스도의 피 뿌림'이었습니다. 택하심을 받아 그리스도의 보배로운 피로 구속, 곧 죄 사함을 받았다는 구원의 확신이었습니다. 이런 믿음의 주인공들이 되시기를 바랍니다.

## 평가와 결심

1. 믿는 자들의 세상에서의 신분은 무엇입니까?
   (벧전 1:2, 세상에서는 나그네요)
2. 믿는 자들이 시련과 환란 핍박을 이겨낼 수 있었던 것은?
   (벧전 2:9, 택함을 받고 구원받은 자녀라는 확신 때문에)
3. 믿는 자들의 믿음의 결국은 무엇입니까?
   (벧전 1:9, 영혼의 구원 즉 생명과 영생임)

## 주간 경건의 시간 <26> · 날마다 말씀과 함께

| 요일 / 내용 | 월(Mon) | 화(Tue) | 수(Wed) | 목(Thu) | 금(Fri) | 토(Sat) |
|---|---|---|---|---|---|---|
| 찬송 | 255 / 187 | 257 / 189 | 258 / 190 | 259 / 193 | 260 / 194 | 261 / 195 |
| 성경 | 벧전 2: | 벧전 3: | 벧전 4: | 벧전 5: | 벧후 1: | 벧후 2: |
| 적용 | 왕을 공경하라 | 기도 막히지 않게 | 허다한 죄를 덮음 | 근신하라 깨어라 | 신의 성품 | 불법한 행실 |

* 은밀한 사랑은 나쁘다. 그것은 곧 파멸에 이른다.

<플라우투스, B.C. 254~184, 로마 희극 시인>

제27과

# 인생을 소성케 하는 말씀

찬송 / 197, 198, 199 / 통 178, 284, 234
성경 / 마태복음 4:1-14
요절 / 마태복음 4:4
"예수께서 대답하여 이르시되 기록되었으되 사람이 떡으로만 살 것이 아니요 하나님의 입으로부터 나오는 모든 말씀으로 살 것이라 하였느니라 하시니"
목표 / 말씀으로 생명을 살리는 줄 알고 성경교육에 힘쓰는 태도를 기른다.

## 시작하는 말

이스라엘 백성들은 애굽에서 400년 동안 노예생활을 했습니다. 하나님의 적극적인 개입으로 그들은 해방의 자유를 얻은 지 50일 만에 그들의 지도자 모세를 통해 시내산에서 십계명을 받았습니다. 이는 이스라엘이 신앙적으로 어떻게 삶을 영위해야 하는지에 대한 지표의 제시였습니다.

사실 출애굽은 했지만 광야나 가나안에서의 생활이 애굽생활보다 더 나으리라는 보장은 없는 것입니다. 척박한 광야생활 동안 하나님께서는 불평불만이 가득 찬 이스라엘에게 만나를 주신 것은 '사람이 떡으로가 아니라 하나님의 말씀으로 산다'는 것을 가르쳐 주시기 위함이었습니다. 본과를 통하여 우리 인생이 살아가는 것은 물질적인 조건이 아니라 하나님의 말씀을 순종함이 우선임을 배워야 합니다.

## 오늘의 말씀

1. 하나님의 말씀은 인생을 위로합니다(마 4:1~4; 시 119:50).

시편 119편 50절에 “이 말씀은 나의 고난 중의 위로라 주의 말씀이 나를 살리셨기 때문이니이다”라고 했습니다. 다윗은 ‘하나님의 말씀이 고난 중에 큰 위로가 되었다’고 고백합니다. 그는 충성을 바쳤던 사울 왕에게 일생 동안 쫓기며 생명의 위험 속에 살았습니다. 본문을 보면, 예수께서 공생애를 시작하시기 전 성령에게 이끌리시어 마귀에게 시험을 받으셨습니다. 40일을 금식하셨기에 굶주리셨습니다. 인생에서 배고픔의 시련보다 더한 것이 없습니다. 이럴 때, 시험하는 자가 다가와서 40일을 금식한 예수께 나아와 ‘돌을 명하여 떡덩이가 되게 하라’고 했습니다. 그러나 예수께서는 ‘사람이 떡으로만 살 것이 아니고 하나님의 입으로 나오는 말씀으로 살 것이라’고 대답하셨습니다. 성도 여러분! 한 마디의 위로가 죽어가는 인생을 살립니다. 그렇다면 치유의 능력을 지닌 하나님의 말씀의 위로는 수많은 인생을 파멸에서 살릴 수 있음을 믿으시고, 하나님의 말씀의 위로로 한 생명 한 생명을 살리시기를 바랍니다.

· 함께 읽어요 : 마태복음 4장 4절
“예수께서 대답하여 이르시되 기록되었으되 사람이 떡으로만 살 것이 아니요 하나님의 입으로부터 나오는 모든 말씀으로 살 것이라 하였느니라 하시니”

## 2. 하나님의 말씀은 인생의 등불이며 빛입니다(시 119:105~106).

여러분! 칠흑같이 캄캄하고 어두운 밤에 앞뒤를 분별하기 어려울 때 손전등 하나만 있어도 얼마나 힘이 되겠습니까? 성경은 단 한 번밖에 없는 인생길에 주의 말씀은 우리를 인도하시는 밝은 등불이며, 빛이라고 했습니다. 기도의 사람 조지 뮬러는 “성경말씀이 인간의 삶의 표준이요 판단의 근거라”고 했습니다. 다윗은 인생을 살아가면서 여러 가지로 어려운 일을 많이 당했지만 그때마다 하나님의 말씀이 그를 인도해 주셨던 것을 경험했습니다. 그래서 말씀은 “내 발등에 등이요 내 길에 빛이라”고 증거 했습니다. 만일 풍랑이 이는 흑암 중 바다에서 조난을 당했을 때나 깊은 산 중에서 길을 잃었을 때, 우리는 빛을 향해 길을 찾아나서야 하는 것처럼 여러분의 인생길에 조난을 당했을 때 하나님의 말씀은 등불이며 빛인 줄 믿으시고, 말씀을 묵상하고 순종하면서 여러분들의 막혀진 인생길을 뚫어가며 살아가시기를 바랍니다.

· 함께 읽어요 : 시편 119편 105~106절
"105 주의 말씀은 내 발에 등이요 내 길에 빛이니이다. 106 주의 의로운 규례를 지키기로 맹세하고 굳게 정하였나이다."

## 3. 하나님의 말씀을 순종하면 앞길에 장애가 없습니다(시 119:116).

여러분! 인생을 살아가면서 앞길에 장애물이 가로 놓이게 될 때 어떻게 해결해 가십니까? 장애물은 우리 개인의 능력이나 준비에 관계없이 우리 앞에 닥칩니다. 우리가 만든 것이 아니므로 우리 힘으로 치울 수도 없습니다. 이스라엘 백성이 애굽을 떠나 가나안을 향해 가는 동안 수많은 장애를 경험했습니다. 그들이 물리적인 힘으로 해결해 보려고 했을 때는 더 큰 어려움이 그들 앞에 다가왔습니다. 그러나 하나님이 주신 율법 모세 5경의 말씀대로 이행했을 때는 그 장애를 넉넉하게 통과했던 것을 봅니다. 사사시대에도 마찬가지였습니다. 사사시대의 종말을 고하면서 사무엘은 이스라엘 백성들이 왕을 세워 달라고 했을 때 사울을 왕으로 세웠습니다. 그가 아말렉과의 전쟁 시에 '모두 진멸하라'는 명령을 어기고, 살진 짐승들을 남겨두었습니다. 그때 사무엘은 "순종이 제사보다 낫고, 듣는 것이 수양의 기름보다 나으니"(삼상 15:22)라고 했습니다. 그렇습니다. 하나님의 말씀을 순종하기란 힘든 것 같지만 제대로 순종만 하면 장애가 해결되고 행복한 삶이 되는 줄 믿으시기 바랍니다.

· 함께 읽어요 : 시편 119편 116절
"주의 말씀대로 나를 붙들어 살게 하시고 내 소망이 부끄럽지 말게 하소서."

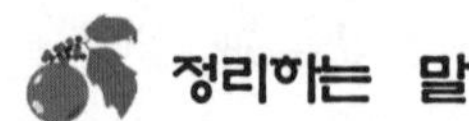

## 정리하는 말

사랑하는 성도 여러분! 여러분 앞에 장애물이 나타나고, 인생의 풍파가 산더미처럼 다가올 때 여러분은 어떻게 하시겠습니까? 많은 우리 신앙의 선배들은 그때마다 '하나님의 말씀'을 붙잡았습니다. 하나님의 말씀인 성경이 하찮게 보일지라도 하나님의 말씀만을 붙들고 등대 삼아 살아가세요. 말씀 앞에 겸손하세요. 그 말씀을 묵상하며, 순종하시면 조난당한 인생의 생명이라도 구원해 주실 줄 믿으시기를 바랍니다.

## 평가와 결심

1. 인생길에 하나님의 말씀이 주는 유익이 무엇입니까?
   (마 4:4, 시 119:50, 하나님의 말씀이 위로를 줌)
2. 하나님의 말씀은 여러분의 인생길에 어떤 역할을 합니까?
   (시 119:105, 말씀은 인생길에 등, 앞길에 빛의 역할을 함)
3. 하나님의 말씀을 순종하면 어떤 유익이 옵니까?
   (시 119:116, 인생길에 장애가 해결됨)

### 주간 경건의 시간 <27> · 날마다 말씀과 함께

| 내용 \ 요일 | 월(Mon) | 화(Tue) | 수(Wed) | 목(Thu) | 금(Fri) | 토(Sat) |
|---|---|---|---|---|---|---|
| 찬송 | 183 / 172 | 452 / 505 | 421 / 210 | 434 / 491 | 446 / 500 | 445 / 502 |
| 성경 | 마 2: | 마 3: | 마 4: | 마 5: | 마 6: | 마 7: |
| 적용 | 베들레헴아! | 하나님의 성령 | 기록되었으되 | 세상의 소금 | 이렇게 기도하라 | 구하라 |

* 다른 사람의 좋은 것을 받기를 원하는 자는 이미 자기의 몫을 받았다.
<공자, B.C.550~478, 중국 춘추전국시대 도덕가>

7단원 교육 정진의 달

제28과

# 생명의 원천은 십자가 보혈

찬송 / 144, 145, 268 / 통 144, 145, 202
성경 / 요한일서 1:1-10
요절 / 요한일서 1:7
"그가 빛 가운데 계신 것 같이 우리도 빛 가운데 행하면 우리가 서로 사귐이 있고 그 아들 예수의 피가 우리를 모든 죄에서 깨끗하게 하실 것이요."
목표 / 생명의 원천은 예수 십자가 보혈임을 알게 한다.

## 시작하는 말

요한일서는 사도 요한의 개인적인 인사나 문안이 없이 아주 중요한 '생명의 말씀'에 관하여 이야기를 시작합니다. 하나님은 우리를 사랑하시고 보살피시며, 또한 그 사실을 가장 뛰어난 방법으로 증명해 주셨습니다. 하나님께서는 자신의 아들을 세상에 보내주셨습니다. 즉 하나님의 아들이 세상에 오셨으며 그분의 이름은 예수 그리스도이십니다. 예수는 메시야이시요, 세상의 구주이십니다. 본과는 기독교의 가장 소중한 이치를 가르쳐주십니다. 곧 세상에 오신 예수가 그리스도시요, 그분의 생명의 말씀에 관하여는 귀로 들은 바요, 눈으로 본 바요, 손으로 만진 바를 나타내 보이신 것입니다. 이 시간 '십자가 보혈'의 참 이치를 깊이 묵상하시면서 그 은혜에 감사하시기 바랍니다.

## 오늘의 말씀

1. 사도 요한의 증거의 핵심은 '그리스도'입니다(요일 1:1~2).

예수 그리스도는 세상이 미처 창조되기도 전에 존재하셨습니다. 그분은 과거에도 계셨고, 항상 살아계십니다. 그분은 생명, 즉 생명의 기력, 힘, 능력을 지니고 계십니다. 그분은 생명의 본질이시요, 그 실체이시며, 생명 바로 그 자체이십니다. 그분은 한 사람의 인간이 되심으로써, 사람들로 하여금 그분을 듣고 보고 주목하고 손으로 만져보게 하심으로써 증거해 보이셨습니다. 요한과 초대교회 믿는 자들은 '하나님의 아들에 관해 들었습니다.' 하나님의 아들은 실제로 육신을 입고 사람이 되셔서 '사람들에게 말씀하셨습니다'(히 2:14-15). 초대교회의 믿는 자들은 '그들의 눈으로 직접 하나님의 아들을 보았습니다'. '하나님의 아들을 주목했습니다'. '손으로 하나님의 아들 예수 그리스도를 만져보았습니다'.그리고 믿고 이해하고 담대하게 전했습니다.

· 함께 읽어요 : 요한일서 1장 1절
"태초부터 있는 생명의 말씀에 관하여는 우리가 들은 바요 눈으로 본 바요 자세히 보고 우리의 손으로 만진 바라."

### 2. 예수 그리스도는 '생명의 말씀' 자체이십니다(요일 1:3~4).

말이 무엇입니까? 말은 그 사람의 마음속에 있는 관념이나 사고나 형상의 표현입니다. 요한은 하나님께서 예수 그리스도의 생애를 통하여, 세상 사람들에게 말씀하고 계신다고 증언합니다. 예수 그리스도는 생명의 기력, 힘, 능력, 본질 그 자체가 참으로 오직 하나님 안에만 있다는 것을 보여주시려고 세상에 오신 '생명의 말씀'이셨습니다. 사도 요한은 요한복음 초두에서 "태초에 말씀이 계시니라 이 말씀이 하나님과 함께 계셨으니 이 말씀은 곧 하나님이시니라"(요 1:1)고 증거했습니다. 예수 그리스도는 '말씀'이시고, 그분이 '생명의 말씀, 생명의 메시지' 그 자체라는 것입니다. 예수 그리스도는 우리에게 생명을 나타내시고 계시하셨습니다. 사람의 몸을 입으시고 인간이 되셨습니다. 그리스도는 ① 사람들로 하나님과 그분의 아들 예수 그리스도와 서로 사귐을 갖게 하기 위하여 오셨습니다. ② 우리의 기쁨이 충만케 하기 위하여 오셨습니다. ③ 하나님이 빛이시라는 소식을 전하러 오신 것입니다.

· 함께 읽어요 : 요한일서 1장 3~4절
"3 우리가 보고 들은 바를 너희에게도 전함은 너희로 우리와 사귐이 있게 하려 함이니 우리의 사귐은 아버지와 그의 아들 예수 그리스도와 더불어 누림이라 4 우리가 이것을 씀은 우리의 기쁨이 충만하게 하려 함이라."

### 3. 생명의 원천은 '그리스도의 보혈'입니다(요일 1:5~10).

사도 요한은 '하나님은 빛이시라'고 말하면서 어둠이 조금도 없으시다는 것을 증거합니다. "우리가 빛 가운데 행하면 서로 사귐이 있고, 그 아들 예수의 피가 우리를 모든 죄에서 깨끗하게 하실 것이라". 하나님과 더불어 사귀면서 어둠 속에 행할 수 없습니다. 하나님의 빛은 곧 하나님의 계시입니다. 주 예수 그리스도께서는 하나님을 세상에 계시해 주시려고 세상에 오셨습니다. 그분은 우리에게 어떻게 살아야 하는지, 하나님께서 바라는 바가 무엇인지 정확하게 가르쳐 주십니다. 우리가 빛 가운데 행한다면, 하나님의 아들 그리스도의 피가 우리를 모든 죄에서 깨끗하게 하십니다. 인간은 죄로 더러워져서 진리가 보이지 않습니다. 어둠이 지배합니다. 하나님을 무시하고, 비난하고, 반역했고, 거부하면서 믿지 않았습니다. 그 대가는 당연히 사형에 해당합니다(롬 1:32). "허물과 죄의 값으로 죽었던"(엡 2:1) 우리를 십자가에서 흘리신 보혈로 살리셨습니다. 하나님과 멀어졌던 우리가 "그리스도 예수 안에서 그리스도의 피로 가까워졌습니다"(엡 2:13).

· 함께 읽어요 : 에베소서 2장 1절
"그는 허물과 죄로 죽었던 너희를 살리셨도다."

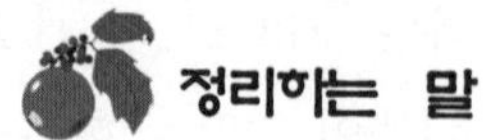

## 정리하는 말

사랑하는 성도 여러분! 인간이 일부러 잊으려 해도 지은 죄악이 없어지는 것이 아닙니다. 인간은 자신의 죄에 대한 심판을 감당할 방법이 없습니다. 그러므로 죄의 대가가 치러져야만 합니다. 그 일은 오직 아무 흠과 허물이 없으신 하나님만이 하실 수 있습니다. 그래서 하나님의 독생자 예수 그리스도를 '속죄의 제물'로 내어주시기 위해서 세상에 보내주신 것입니다. 성도 여러분! 생명의 원천인 '그리스도의 보혈의 은총'을 감사하며 찬양하시기 바랍니다.

## 평가와 결심

1. 사도 요한의 증거의 핵심이 무엇입니까?
   (요일 1:1-2, 예수 그리스도)
2. 생명의 기력, 능력과 힘, 생명의 본질이 누구이십니까?
   (요일 1:3-4, 예수 그리스도)
3. 죄의 본질을 깨뜨리는 영원한 생명의 원천은 무엇입니까?
   (요일 1:7, 예수 그리스도의 보혈의 능력)

## 주간 경건의 시간 <28> · 날마다 말씀과 함께

| 요일 / 내용 | 월(Mon) | 화(Tue) | 수(Wed) | 목(Thu) | 금(Fri) | 토(Sat) |
|---|---|---|---|---|---|---|
| 찬송 | 420 / 212 | 421 / 210 | 423 / 213 | 424 / 216 | 425 / 217 | 426 / 215 |
| 성경 | 벧후 3: | 요일 1: | 요일 2: | 요일 3: | 요일 4: | 요일 5: |
| 적용 | 주의 날이 도적같이 | 죄를 자백하면 | 하나님의 뜻 | 하나님의 씨 | 화목제로 아들을 | 세상을 이긴 믿음 |

* 하나님의 미소는 승리이다. <존 그린리프 위티어, 1807~1892, 미국 시인>

제29과

# 말씀은 생명의 양식

**찬송** / 186, 196, 212 / 통 176, 174, 347

**성경** / 마태복음 8:5-17

**요절** / 마태복음 8:16
"저물매 사람들이 귀신 들린 자를 많이 데리고 예수께 오거늘 예수께서 말씀으로 귀신들을 쫓아내시고 병든 자들을 다 고치시니"

**목표** / 하나님의 말씀이 생명의 양식이 되며 치유함을 알게 한다.

## 시작하는 말

기독교인들 중에 신앙생활을 하면서 믿음의 기도로 치유 받은 경험을 가진 성도들이 의외로 많습니다. 그러나 말씀으로 치유한 경험을 간증하라면 어리둥절합니다. 여러분! '하나님의 말씀'은 놀라운 치유의 능력을 가지고 있습니다. 마태도 '예수께서 말씀으로 귀신들을 쫓아내시고 병든 자들을 고치시니'라고 기록하고 있습니다. 성경은 1600년 동안 35여명의 저자에 의해서 성령의 감동으로 기록한 책입니다. 성경은 통일성이 있고, 인간의 마음을 감동케 하는 힘이 있고, 인간을 구원하는 능력이 있습니다. 이번 공과를 통해서 세계의 베스트셀러인 성경이 '생명의 양식'임을 공부할 것입니다. 여러분 모두 '생명의 양식인 말씀'으로 여러분 인생이 온전히 고침받기를 바랍니다.

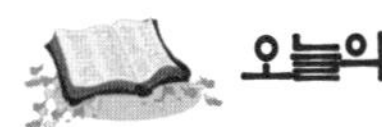

## 오늘의 말씀

### 1. 성경말씀은 인간의 영혼을 구원하는 능력이 있습니다(딤후 3:15).

여러분! 세상은 돈 없으면 죽겠다고 합니다. 군대에 가서 졸병이 죽을 때 '빽'(back: 등, 배후, 배경) 하면서 죽는다는 말이 있습니다. 사람들은 배경이 없으면 돌봐줄 사람이 없어서 죽는다는 말입니다. 성경은 그런 인간적인 시시한 배경을 이야기하지 않습니다. 우리의 든든한 배경은 '하나님'이십니다. 그분의 '말씀'이십니다. 돈이나 배경 따위는 시간과 상황에 따라서 변화무쌍하고 효력도 달라집니다. 영원히 사라지지 않는 생명의 말씀, 인간의 생명을 구원하는 '말씀'을 붙드시기 바랍니다. '말씀'은 인간의 영혼을 구원하는 능력이 있는 줄 믿으시기 바랍니다.

· 함께 읽어요 : 디모데후서 3장 15절

"또 어려서부터 성경을 알았나니 성경은 능히 너로 하여금 그리스도 예수 안에 있는 믿음으로 말미암아 구원에 이르는 지혜가 있게 하느니라."

## 2. 말씀은 인간의 마음을 새롭게 하는 능력이 있습니다(딤후 3:16).

인간의 마음과 정신을 새롭게 한다는 것은 귀중한 것입니다. 왜냐하면 잘못된 길을 수정해서 바른 삶의 궤도를 찾을 수 있기 때문입니다. 성경은 인간의 영혼을 구원하는 능력이 있음과 동시에 마음을 새롭게 하는 능력이 있다고 했습니다. 중세기의 암흑을 밝힌 성 어거스틴은 청년 시절 가출하여 쾌락과 세상 즐거움에 빠져 방황했습니다. 그러나 어머니 모니카의 기도와 "또한 너희가 이 시기를 알거니와 자다가 깰 때가 벌써 되었으니 이는 이제 우리의 구원이 처음 믿을 때보다 가까웠음이라"(롬 13:11)는 이 말씀에서 자신을 재발견하고 회개하고 돌아와 마음이 새로워져 중세기의 어둠을 밝힌 것입니다. 성경말씀은 인간의 마음을 새롭게 변화시켜 '새 사람'이 되게 하십니다. 마음을 새롭게 갱신시키는 것입니다. 디모데후서 3장 16절에 '교훈과 책망과 바르게 함과 의로 교육하기에 유익하다'고 했습니다. 하나님의 말씀이신 성경말씀을 읽고 공부하시고 묵상하시기 바랍니다.

· 함께 읽어요 : 디모데후서 3장 16절
"모든 성경은 하나님의 감동으로 된 것으로 교훈과 책망과 바르게 함과 의로 교육하기에 유익하니"

## 3. 성경말씀은 인간의 육신생활을 온전케 만들어 줍니다(딤후 3:17).

인간이란 바람 앞의 촛불과 같이, 갈대와 같이 바람 부는 대로 이리저리 흔들리는 존재입니다. 그러나 누군가가 그를 지탱해 주는 버팀목 역할을 해주기 때문에 든든히 성장할 수 있는 것입니다. 신앙도 마찬가지입니다. 어린 묘목에 버팀목을 세우는 것처럼 '어린 마음'에는 하나님의 말씀인 '성경'이 세상의 그 어느 것보다 강한 버팀목 역할을 해줍니다. 인간은 질병에 대한 두려움이 있습니다. 질병의 원인은 세균과 바이러스에 의해 병을 앓게 되고, 무절제한 삶과 과음, 흡연, 약물남용 등으로 병을 키우기도 합니다. 그러나 아무리 좋은 약과 의사의 처방을 받는다 하더라도 심리적인 불안이나 정신적인 스트레스가 겹치면 치료가 어렵다는 것입니다. 이상구 박사는 "인간이 하나님의 말씀대로 음식을 취하고, 절제 있는 생활을 하고, 경건한 생활을 한다면 인간의 수명대로 건강하게 산다"고 했습니다.

본문 16절을 함께 읽습니다. "저물매 사람들이 귀신 들린 자를 많이 데리고 예수께 오거늘 예수께서 말씀으로 귀신들을 쫓아내시고, 병든 자들을 다 고치시니"라고 했습니다. 살아 있는 하나님의 말씀으로 '생명'을 살리는 '생명 치유의 주인공'들이 되시기를 바랍니다.

· 함께 읽어요 : 디모데후서 3장 17절
"이는 하나님의 사람으로 온전하게 하며 모든 선한 일을 행할 능력을 갖추게 하려 함이라."

## 정리하는 말

사랑하는 성도 여러분! 오늘은 참으로 은혜로운 말씀을 공부했습니다. 하나님의 말씀이 우리의 영혼을 치유하여 구원하고, 인간의 마음을 새롭게 하여 새 사람 되게 하고, 육신의 생활까지 온전케 한다는 것입니다. 성도 여러분들은 모름지기 하나님의 말씀을 읽고, 묵상하며, 열심히 성경말씀을 공부하여 영육이 온전하여지는 삶을 살아가시기 바랍니다.

## 평가와 결심

1. 성경말씀으로 얻는 첫째 유익이 무엇입니까?(딤후 3:15, 영혼구원)
2. 성경말씀으로 얻는 둘째 유익이 무엇입니까?
   (딤후 3:15, 마음을 새롭게 함)
3. 성경말씀으로 얻는 셋째 유익이 무엇입니까?
   (딤후 3:17, 육신생활을 온전하게 함)

### 주간 경건의 시간 <29> · 날마다 말씀과 함께

| 요일 / 내용 | 월(Mon) | 화(Tue) | 수(Wed) | 목(Thu) | 금(Fri) | 토(Sat) |
|---|---|---|---|---|---|---|
| 찬8 | 457 / 510 | 456 / 509 | 458 / 513 | 459 / 514 | 461 / 519 | 463 / 518 |
| 성경 | 마 9: | 마 10: | 마 11: | 마 12: | 마 13: | 마 14: |
| 적용 | 나를 좇으라 | 선지자의 상 | 천국은 침노 당함 | 하나님의 성령 | 백배의 결실 | 기도하러 따로 산에 |

* 나는 승리를 쟁취하지 훔치지는 않을 것이다.

<알렉산더, B. C. 356~323, 마케도니아 왕>

제30과

# 말씀 교육이 영생의 입문

찬송 / 283, 285, 286 / 통 183, 209, 218
성경 / 마태복음 19:16-26
요절 / 마태복음 19:17
"예수께서 이르시되 어찌하여 선한 일을 내게 묻느냐 선한 이는 오직 한 분이시니라 네가 생명에 들어가려면 계명들을 지키라."
목표 / 영생에 들어가려면 말씀을 배우고 지켜야 함을 안다.

## 시작하는 말

남태평양에서 배 한 척이 파선을 당했습니다. 선원들은 재빠르게 구명보트에 옮겨 타고 안전한 곳으로 노를 저어 갔습니다. 그런데 배의 선장은 물속, 침몰해 가는 배 안으로 헤엄쳐 내려갔습니다. 조금 후에 물에 떠오른 그의 한손에는 나침반이 들려져 있었습니다. 배가 난파하여 구명보트에 옮겨 타고 가더라도 나침반이 있어야 했기 때문입니다. 여기 당신의 인생에 구명보트보다 더 귀중하고, 아니 나침반보다 더 소중한 인생의 내비게이션이 있습니다. 바로 '하나님의 말씀'이 여러분들을 영생의 문으로 안내해 줄 것입니다. 이 시간 인생길의 안내자인 하나님의 말씀의 독특성에 대해서 함께 공부하면서 은혜 받으시기 바랍니다. 주의 말씀은 발에 등이요, 인생길에 빛인 줄 믿으시기 바랍니다.

## 오늘의 말씀

1. 하나님의 말씀은 완전합니다(시 19:7~8).

어느 건물에 들어가든지 비상구를 먼저 확인하는 것이 지혜로운 인생인 것입니다. 주 예수 그리스도는 "내가 진실로 진실로 너희에게 말하노니 나는 양의 문이라"(요 10:7)고 했습니다. 그러면서 "내가 문이니 누구든지 나로 말미암아 들어가면 구원을 받고 또는 들어가며 나오며 꼴을 얻으리라"(요 10:9)고 했습니다.

주님은 본문 16절에서 "내가 무슨 선한 일을 하여야 영생을 얻으리이까?"라고 묻는 사람에게 "네가 생명에 들어가려면 계명들을 지키라"(17절 하)고 했습니다. 어느 계명입니까? "살인하지 말라, 간음하지 말라, 도둑질하지 말라, 거짓증거하지 말라, 네 부모를 공경하라, 네 이웃을 네 자신과 같이 사랑하라 하신 것이니라" 라고 말씀합니다. 그때에 그 청년은 "이 모든 것을 내가 지키었사온대 아직도 무엇이 부족하니이까?"라고 대답합니다. "네가 온전하고자 할진대 가서 네 소유를 팔아 가난한 자들에게 주라…. 그리고 와서 나를 좇으라"고 하셨습니다. 피상적으로 이웃을 사랑한 그는 치명적인 약점을 지적당하고, '길이요 진리요 생명이신 예수만 좇아야 영생이 있음'을 깨달았습니다.

· 함께 읽어요 : 마태복음 19장 21절

"예수께서 이르시되 네가 온전하고자 할진대 가서 네 소유를 팔아 가난한 자들에게 주라 그리하면 하늘에서 보화가 네게 있으리라 그리고 와서 나를 따르라 하시니"

## 2. 하나님의 말씀은 확실합니다(시 19:7).

하나님의 말씀은 그분의 성품과 의지를 반영합니다. 그러므로 그분의 증거는 성도들에게 확실한 위로의 근원이 되며, 끊임없는 소망의 근원이 됩니다. 그리고 하나님의 말씀은 변치 않는 영원성과 통일성을 지니고 있습니다. 신성 로마 제국의 샤를마뉴 대제(A. D. 742-814)의 무덤은 대왕의 실제 모습 그대로 보존되어 있다고 합니다. 지금까지 3번에 걸쳐 그 무덤을 공개한 바 있습니다. 그의 시체는 제복을 입힌 채 대리석

석판에 놓여 있는데, 한 손에는 왕의 홀이 들려 있고, 다른 한 손은 무릎 위에 놓인 성경 마가복음 8장 38절 "누구든지 이 음란하고 죄 많은 세대에서 나와 내 말을 부끄러워하면 인자도 아버지의 영광으로 거룩한 천사들과 함께 올 때에 그 사람을 부끄러워하리라"는 이 말씀을 가리키고 있다고 합니다. 여러분! 확실한 하나님의 말씀을 주님이 오실 때까지 증거하면서 참으로 복된 인생을 살아가시기를 바랍니다.

· 함께 읽어요 : 시편 19장 7절
"여호와의 율법은 완전하여 영혼을 소성시키며 여호와의 증거는 확실하여 우둔한 자를 지혜롭게 하며"

### 3. 하나님의 말씀은 정직하고 순결합니다(시 19:8).

바울 사도는 디모데에게 "나의 밤낮 간구하는 가운데 쉬지 않고 너를 생각하며 청결한 양심으로 조상 적부터 섬겨 오는 하나님께 감사하고"(딤후 1:3)라고 말했고, 집사의 자격을 말하면서도 "깨끗한 양심에 믿음의 비밀을 가진 자라야 할지니"(딤전 3:9)라고 했습니다. 그러면서 "하나님의 말씀과 기도로 거룩하여짐이라"(딤전 4:5)고 했습니다.

세상에서 믿음의 사람들은 어디를 가나 사단 마귀의 표적이 되고 있습니다. 작은 실수라도 성직자가 범하면 신문이나 방송에 대서특필합니다. 그렇지 않더라도 우리 신자들은 항상 하나님의 말씀의 거울에 비치기 때문에 작은 먼지라도 바로 나타나 보이는 것입니다. 항상 깨끗하고 정직하게 살아가기 위해서 애쓰는 자들은 하나님의 말씀을 기뻐하고, 그것을 지켜 살려고 노력해야 합니다. 세상의 사람들은 불의한 방법으로 쉽게 부하고, 출세하고, 성공하려고 합니다. 그러나 하나님의 사람들은 하나님의 말씀을 순종하면서 정직하고 순결하게 살아가야 하는 것입니다. 성도여! 정직하고 순결한 삶을 살아가시기를 바랍니다.

· 함께 읽어요 : 마태복음 19장 17절

"예수께서 이르시되 어찌하여 선한 일을 내게 묻느냐 선한 이는 오직 한 분이시니라 네가 생명에 들어가려면 계명들을 지키라."

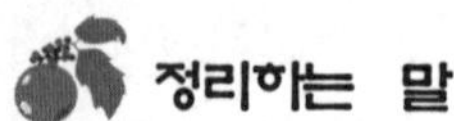

## 정리하는 말

사랑하는 성도 여러분! 하나님께서는 성도가 거룩하게 살아가기를 원하십니다. '말씀과 기도로 거룩해진다'고 했으니, 하나님의 말씀을 제대로 배우시고, 그 말씀 계명들을 지킴으로 영생하시기를 바랍니다.

## 평가와 결심

1. 하나님의 말씀의 특성 첫째가 무엇입니까?
(시 19:7-8, 하나님의 말씀은 완전함)
2. 하나님의 말씀의 특성 둘째가 무엇입니까?
(시편 19:8, 하나님의 말씀은 확실함)
3. 하나님의 말씀의 특성 셋째가 무엇입니까?
(시편 19:8, 하나님의 말씀은 정직하고 순결함)

## 주간 경건의 시간 <30> · 날마다 말씀과 함께

| 요일 / 내용 | 월(Mon) | 화(Tue) | 수(Wed) | 목(Thu) | 금(Fri) | 토(Sat) |
|---|---|---|---|---|---|---|
| 찬송 | 430 / 456 | 429 / 489 | 436 / 493 | 435 / 492 | 438 / 495 | 439 / 496 |
| 성경 | 마 16: | 마 17: | 마 18: | 마 19: | 마 20: | 마 21: |
| 적용 | 주는 그리스도 | 오직 예수 | 소자 중 하나 | 소유를 팔아 | 내 뜻이니라 | 호산나 |

*동정은 산 자를 위한 것이며, 시기는 죽은 자를 위한 행동이다.
<마크 트웨인, 1835~1910, 미국 작가, 해학가>

8단원 환경 생명의 달

# 하나님이 주신 생명 건강

**찬송** / 101, 91, 428 / 통 106, 91, 488

**성경** / 창세기 1:1-31

**요절** / 창세기 1:28

"하나님이 그들에게 복을 주시며 하나님이 그들에게 이르시되 생육하고 번성하여 땅에 충만하라, 땅을 정복하라, 바다의 물고기와 하늘의 새와 땅에 움직이는 모든 생물을 다스리라 하시니라."

**목표** / 인류가 살아가는 것은 하나님 주신 '생명'에 의한 것임을 안다.

## 시작하는 말

현대인들은 웰빙, 건강에 관심이 많습니다. 이는 역설적으로 인간의 건강과 행복을 위협하는 외적 환경요인들이 많아졌다는 사실입니다. 본문은 하나님의 창조사역으로서 피조된 생명체에 식물을 마련하여 주시는 하나님의 마지막 사역에 대한 기록입니다. 하나님의 사랑은 인간에게 국한된 것이 아니라 동물들의 먹을 양식에 관한 문제까지도 포함된 무궁하신 사랑입니다. 하나님께서 동식물까지라도 사랑하시고 배려하시는데 인간에게 더 큰 사랑을 주시지 않겠습니까? 이 하나님의 영원한 사랑의 표현인 '녹색생명'을 사랑하시며 실천하시기를 바랍니다.

## 오늘의 말씀

### 1. 하나님은 우리에게 식물을 통해 '녹색생명'을 주셨습니다(창 1:27~28).

옛날 속담에 "3일 굶어서 담을 넘지 않을 사람이 없다"고 했습니다.

그만큼 식물은 인간의 성격이나 버릇에 큰 영향을 미친다는 것입니다. 인간이 음식이 없어서 굶주리게 되면 난폭하고 잔인해집니다. 또한 “금강산도 식후경이라”고 했습니다. 아무리 좋은 일이 있더라도 배고프면 관심이 없고, 배가 부른 후에야 가능하다는 말입니다. 육신이 굶주리면 잔인해지듯, 우리 영혼도 굶주리면 사단의 종으로 전락하게 되는 것입니다. 창조주께서 ‘씨 맺는 모든 채소와 씨가진 열매 맺는 모든 나무’, 녹색생명을 우리게 주셨습니다. 감사하시기를 바랍니다.

· 함께 읽어요 : 창세기 1장 29절

“하나님이 이르시되 내가 온 지면의 씨 맺는 모든 채소와 씨가진 열매 맺는 모든 나무를 너희에게 주노니 너희의 먹을거리가 되리라.”

## 2. ‘녹색생명’은 인간 생명과 문명의 근간이 되었습니다(창 1:28~29).

인간들이 쌀이나 밀 등을 식물로 먹기 위해서 쟁기와 보습, 농기구를 제작해야 했고, 그러기 위해서 철이나 금속을 다룰 줄 알아야 했습니다. 또한 농사를 짓기 위해서 전답(田畓)을 개간해 만들고, 파종의 시기를 알고, 농사를 짓기 위해서는 기상의 변화와 재배의 기술을 익혀야 합니다. 농산물의 유통판매 통로도 개발해야 합니다. 이러한 곡물의 출하에 대한 보장도 해주어야 합니다. 그래야 농사를 계속 짓게 될 것입니다. 식물이 우리에게 제공되기까지의 과정들이 문명의 발달을 가져오게 만들었던 것입니다. 문명은 인간의 문화수준을 향상시켰습니다. 하나님이 주신 식물(食物)이지만 입에 들어가 섭취되기까지는 여러 과정을 거치게 됩니다. 그러한 과정에서 인간은 생각하게 되고, 새로운 것을 발명하면서 점층적으로 문명적인 것들을 개발해 가는 것입니다. 마찬가지로 ‘영혼의 양식’이 되는 ‘하나님의 말씀’을 읽고 또 묵상하면서 살아갈 때, 인간이 더욱 거룩하고 존귀한 사람으로 만들어져 가는 것입니다.

· 함께 읽어요 : 창세기 1장 28절

“하나님이 그들에게 복을 주시며 하나님이 그들에게 이르시되 생육하고 번성하여 땅에 충만 하라, 땅을 정복하라, 바다의 물고기와 하늘의 새와 땅에 움직이는 모든 생물을 다스리라 하시니라.

## 3. 하나님이 주신 ‘녹색생명’은 사회를 변화시킵니다(창 1:30~31).

설탕은 지금까지 발견된 것 중에 가장 달고 순수한 것입니다. 이것은 아라비아인들에게서 서반아 사람들에게 전해졌고, 마데이라(Madeira)라고 하는 섬에서 처음으로 경작되기 시작했습니다. 그 후에 유럽지방으로 전해져서 서인도제도에서 대규모로 재배되었습니다. 그리하여 당밀은 럼주(rum), 브랜디 등 알코올성 음료를 만드는 원료가 되었습니다.

이러한 당밀은 보잘것없어서 무시될 정도의 것이었지만 나중에는 사회를 일반적으로 변화시킬 만큼 강력한 영향을 미쳤습니다.

존슨 박사는 “저녁 식사를 무엇으로 해야 할 것인가에 대해서 무관심한 사람은 다른 어떤 것에 대해서도 무관심하다”라고 말합니다. 일반적으로 음식을 거칠게 먹는 사람은 대부분 사물을 대충 판단하고 결정하는 성격의 소유자라고 합니다. 엔지니어나, 시인, 소설가, 도덕가나 성직자일지라도 그들의 신체에 활력을 주지 못한다면 자신들의 업무에 전념할 수 없는 것입니다. 흔히 “건강한 육체에 건전한 정신이 깃든다”고 말합니다. 위의 내용을 간추리면 식생활이 사회에 영향을 미치듯이, 또한 말씀과 복음은 상황이라는 운동장에서 개인과 가정과 사회에 영향을 끼쳐 세상을 천국으로 만들어 가는 것입니다.

· 함께 읽어요 : 창세기 1장 31절

“하나님이 지으신 그 모든 것을 보시니 보시기에 심히 좋았더라. 저녁이 되고 아침이 되니 이는 여섯째 날이니라.”

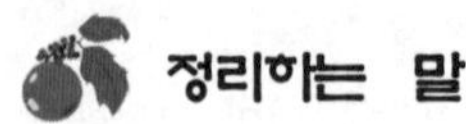

## 정리하는 말

성도 여러분! 이런 말 아시죠? "몸이 먼저 건강해야 일이 돼 간다"는 말이 있습니다. 육체의 건강함은 육적인 문제에 국한되는 것이 아닙니다. 고상한 사상이나 숭고한 정신이 고상하고 숭고하게 되는 것은 식물의 섭취를 통하여 건강한 육체를 유지시켜 줄 때 가능한 것입니다. 마찬가지로 '영혼의 양식'인 '하나님의 말씀'을 충분히 섭취했을 때 건강한 영의 사람이 되어 영혼이 잘됨 같이 범사가 잘 되고 강건한 축복을 누리게 되는 것입니다. 여러분! 하나님이 주신 '녹색생명'을 충만하게 받아 영혼과 육체가 행복을 누리며 살아가는 여러분 되시기를 소원합니다.

## 평가와 결심

1. 하나님이 지상에 주신 최상의 선물이 무엇이라고 생각합니까?
(창 1:29, 푸른 채소와 곡식 즉 '녹색생명')
2. 하나님주신 '녹색생명'이 우리에게 첫째 무슨 유익을 줍니까?
(창 1:28~29, 인간을 문명화되도록 함)
3. 하나님주신 '녹색생명'이 우리에게 둘째 무슨 유익을 줍니까?
(창 1:30~31, 정신과 영혼을 일깨워 사회를 좋은 세상으로 변화시킴)

## 주간 경건의 시간 <31> · 날마다 말씀과 함께

| 요일 / 내용 | 월(Mon) | 화(Tue) | 수(Wed) | 목(Thu) | 금(Fri) | 토(Sat) |
|---|---|---|---|---|---|---|
| 찬송 | 78 / 75 | 182 / 169 | 265 / 199 | 266 / 200 | 421 / 210 | 450 / 376 |
| 성경 | 창 2: | 창 3: | 창 4: | 창 5: | 창 6: | 창 7: |
| 적용 | 사람은 생령 | 종신토록 수고하여 | 여호와의 이름 부름 | 하나님의 형상 | 명하신 대로 준행 | 의로움을 |

* 맹렬한 시기를 타이를 수 있는 것은 아무 것도 없다. <클라우디아누스, 365~408, 라틴 시인>

8단원 환경 생명의 달

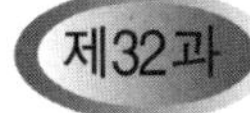

# 창조질서를 회복하자

찬송 / 451, 449, 455 / 통 504, 377, 507

성경 / 창세기 8:13-22

요절 / 창세기 8:22

"땅이 있을 동안에는 심음과 거둠과 추위와 더위와 여름과 겨울과 낮과 밤이 쉬지 아니하리라."

목표 / 하나님께서 세우신 '창조 질서'를 회복하고 보존하는 태도를 기른다.

## 시작하는 말

국가의 통치자들은 옛날에는 '치산치수'(治山治水)라 하여 천재지변으로부터 백성의 삶을 보호하려고 노력했습니다. 오늘날에는 국가의 통치자들의 범위를 벗어나서 온난화가 문제가 되어 전 지구적으로 '녹색 운동'을 통해서 살기 좋은 세상, 공해 없는 세상을 만들어 가려고 정책을 세워갑니다. 본문에 홍수로 인해 40일 동안 쏟아지던 폭우가 그치고, 노아의 방주가 아라랏 산 산꼭대기에 머무른 후 노아는 하나님께 번제를 드립니다. 이때에 하나님께서 제사를 흠향(歆饗: 신이 제물을 받음) 하시고, 홍수로 인한 혼돈과 무질서의 세상, 파괴된 자연과 세상을 다시금 새롭게 질서를 약속하시는 축복의 말씀을 하셨습니다.

성도 여러분! '녹색생명 운동'으로 생명을 살려 가시기를 바랍니다.

## 오늘의 말씀

1. 인간과 자연은 질서가 무너지고, 병들었습니다(창 8:13~19).

하나님께서 세상을 창조하시고 한 말씀은 '좋았더라'입니다. 그러나 이렇게 좋았던 자연과 세상이 인간의 죄악이 관영(貫盈: 꿰뚫고 가득 참, 창 6:5)함으로 악해지기 시작했습니다. 하나님이 세상을 홍수로 심판하신 것은 죄악의 결과입니다. 오늘날 우리의 지구는 위기에 처해 있습니다. 노아 시대의 윤리, 도덕과 다를 바가 없습니다. 소돔과 고모라와 다를 바가 없습니다. 욕심은 하늘을 찌를듯합니다. 자연과 인간은 멍들어 지쳐서 스스로가 무너지고 있습니다. 이에 대한 해결책은 예수 그리스도를 통한 창조질서의 회복뿐입니다.

· 함께 읽어요 : 창세기 7장 23절

"지면의 모든 생물을 쓸어버리시니 곧 사람과 가축과 기는 것과 공중의 새까지라. 이들은 땅에서 쓸어버림을 당하였으되 오직 노아와 그와 함께 방주에 있던 자들만 남았더라."

### 2. 깨뜨려진 인간과 자연의 '생명의 회복'을 약속했습니다(창 8:20~22).

땅에 있는 모든 자연에는 일정한 법칙이 존속합니다. 수고 끝에 성공이 있고, 노력한 후에 좋은 결과가 있듯이 자연도 마찬가지로 씨를 뿌릴 때가 있고 거둘 때가 있습니다. 이 같은 사실이 계절의 변화에서 알 수 있습니다. 겨울 동안에는 메마르고 얼어붙었던 대지는 봄이 되면 녹습니다. 봄에 씨를 뿌리고, 여름에 따가운 햇살에 무럭무럭 자랍니다. 추수의 계절 가을이 오면 영근 곡식과 과일들을 거두어 드립니다. 농부들은 한 해 농사의 결실을 거두면서 보람을 찾게 됩니다. 추수의 계절이 지나면 또 추운 겨울 매서운 한파가 찾아옵니다.

자연계에 사계절이 있듯이 우리 인생에게도 영적인 계절이 있습니다. 즉 계절이 오고 가고 그리고 만상이 모두 추위에 떠는 겨울이 오듯이 인생도 죄를 짓게 되면 영적인 추위 겨울이 찾아옵니다.

왜냐하면, 하나님께서 죄를 깨닫게 하기 위해 모든 축복과 영광을 빼앗아 가실 때, 영적인 상태는 메마른 영적 겨울이 오게 되는 것입니다.

이 겨울을 이기기 위해서는 회개가 필요합니다. 회개할 때 성령님이 임하셔서 꽁꽁 얼어붙었던 영적문제가 녹아져 내리면서 새봄이 찾아옵니다. 성령께서 따뜻한 마음을 주시고, 사랑과 기쁨과 소망을 주십니다. 사랑하는 성도 여러분! 꽁꽁 얼어붙은 겨울처럼 죄악으로 뒤덮였을 때 회개하며 기도하면서 우리를 향하신 하나님의 뜻이 어디 있는지 깨달으시기 바랍니다. 교회에도 성도간의 교제가 끊겨지고, 양과 목자 사이에도 갈등으로 찬바람이 쌩쌩 불어 올 때, 이러한 영적 겨울을 이겨가기 위해 하나님께 엎드려 자복하고 울부짖는 기도드리시기 바랍니다.

· 함께 읽어요 : 요엘 2장 12절

"여호와의 말씀에 너희는 이제라도 금식하고 울며 애통하고 마음을 다하여 내게로 돌아오라 하셨나니"

### 3. 오직, 하나님만이 '영적 생명'을 회복시켜 주십니다(창 8:22).

여러분! 노아가 방주에서 나와 먼저 여호와를 위하여 단을 쌓고 하나님께 번제를 드렸다는 사실에 주목하십시오. 범죄한 인간이 파괴된 녹색생명의 회복을 위해서는 오직 하나님께 제사(예배)를 드려야 한다는 사실을 꼭 기억하시기 바랍니다. 여호와께는 노아를 통하여 '녹색생명'을 회복시켜 살기 좋은 세상으로 재창조하여 주셨던 것입니다. 또한 로마서 8장 22, 23절은 모든 하나님의 피조물이 탄식하고 고통당하며 구속을 기다린다고 했습니다. 우리는 그리스도 예수께서 우리를 위하여 예비하신 새 하늘과 새 땅을 바라보며 인내로써 그날을 기다려야 할 것입니다(계 21:1).

· 함께 읽어요 : 창세기 8장 20-21절

"20 노아가 여호와께 제단을 쌓고 모든 정결한 짐승과 모든 정결한 새 중에서 제물을 취하여 번제로 제단에 드렸더니 21 여호와께서 그 향기를 받으시고……"

## 정리하는 말

창조질서의 회복은 자연과 인간 모두에게 꼭 필요합니다. 우리가 사는 세상에는 생명의 사이클이 작동합니다. 봄, 여름, 가을, 겨울 4계절이 오듯이 인생에도 유아기, 청소년기, 장년기, 노년기가 다가옵니다. 그러나 '생명의 법칙'에 죄가 들어오면 깨어져 헛바퀴가 돕니다. 우리의 생명의 호흡을 주관하시는 하나님의 법칙대로 순종하면서 살아가심으로 하나님을 기쁘시게 하며, 온전한 '생명운동'을 펼쳐 가시기를 바랍니다.

## 평가와 결심

1. 무엇 때문에, 왜 자연의 질서가 깨지고 병들었습니까?
   (창 6:5~7, 인간 세상에 죄악이 가득함으로)
2. 깨뜨려진 '자연 녹색생명의 회복'을 누가 약속해 주셨습니까?
   (창 8:22, 창조주 하나님)
3. '자연녹색생명'을 누가, 무엇을 전제로 회복시켜 주십니까?
   (창 8:9~10, 하나님께서 인간의 죄악 회개를 전제로)

### 주간 경건의 시간 <32> · 날마다 말씀과 함께

| 요일 / 내용 | 월(Mon) | 화(Tue) | 수(Wed) | 목(Thu) | 금(Fri) | 토(Sat) |
|---|---|---|---|---|---|---|
| 찬송 | 455/ 507 | 490/ 542 | 494/ 188 | 493/ 545 | 497/ 274 | 498/ 275 |
| 성경 | 창 9: | 창 10: | 창 11: | 창 12: | 창 13: | 창 14: |
| 적용 | 자기 형상대로 | 처음 영걸이라 | 가나안 땅으로 | 네게 복을 주어 | 여호와 이름 부름 | 염해에 모였더라 |

* 세월은 허무를 낳는다. <아브라함 링컨, 1809~1865, 미국 16대 대통령>

# 신앙의 건강은 말씀으로

찬송 / 510, 509, 526 / 통 276, 314, 316

성경 / 창세기 15:1~6

요절 / 창세기 15:6
"아브람이 여호와를 믿으니 여호와께서 이를 그의 의로 여기시고"

목표 / '건강한 신앙'은 하나님 말씀을 붙들고 살아갈 때 가능한 것임을 안다.

## 시작하는 말

어떤 탁아소에 '리딩 스트링'(leading-string)이라는 기구가 있는 걸 보았습니다. 그것은 어린아이들이 걸음마를 배우기 시작할 때 잡고 걷는 줄입니다. 사랑하는 성도 여러분! 하나님의 자녀들도 '하나님의 말씀'이라는 '리딩 스트링'이 필요하다는 것을 깨달으시기 바랍니다.

본문에 아브라함은 그의 나이 구십이 넘었어도 아들이 하나도 없었습니다. 그런데 그의 방패와 상급이신 하나님께서 "하늘을 우러러 뭇별을 셀 수 있나 보라 네 자손이 이와 같으리라"(창 15:5)는 말씀했을 때, 아브람은 그 '말씀의 줄'을 붙들고 그대로 믿었습니다(창 15:6). 여기에 아브라함의 믿음의 위대함이 있었던 것입니다. 하나님께서는 그의 '믿음'을 보시고, 17장에 '할례' 언약을 주셔서 인을 쳐 주셨던 것입니다. 여러분! "마음으로 믿어 의에 이른다"는 말씀을 기억하시기 바랍니다.

## 오늘의 말씀

1. 불신과 물질주의에서 벗어나야 합니다( 창 15:1~4, 욜 2:12).

오늘날 한국교회의 문제점은 바로 불신과 물량주의 때문입니다. 교회마다 양적 성장만 기대합니다. 대나무처럼 키만 커가며 속이 텅 비었습니다. 겉으로는 성장해 가는 것 같지만 속으로는 상처가 깊어져 썩어만 갑니다. 현대인들은 라오디게아 인들처럼 '나는 부자라 부족한 것이 없다하며, 곤고한 것, 가련한 것, 가난한 것, 눈 먼 것, 벌거벗은 것'을 알지 못합니다(계 3:17). 예수께서 '누구든지 목마르거든 내게로 와서 마시라'(요 7:37)고 외치시지만 더럽고 음란한 세상에 마음이 송두리째 빼앗겨 돌아올 줄 모릅니다. 죄악에 빠지면 말씀의 기갈함이 옵니다.

본문의 아브라함은 현실에 만족하며, "나의 상속자는 이 다메섹 사람 엘리에셀이니이다"라고 합니다. 여호와의 말씀이 임하여 "그 사람이 네 상속자가 아니라 네 몸에서 날 자가 네 상속자가 되리라"고 하십니다. 여러분! 여호와 하나님의 말씀이 임할 마음의 토양을 준비하세요.

많은 영적인 사람들이 하나님의 성전에서 이슬처럼 내리는 하나님의 말씀을 받았습니다. 사무엘은 성전에서 거하면서 하나님의 말씀을 음성으로 들었습니다. 영이 깨어나야 기갈함을 면할 수 있습니다.

· 함께 읽어요 : 요엘 2장 12절

"여호와의 말씀에 너희는 이제라도 금식하고 울며 애통하고 마음을 다하여 내게로 돌아오라 하셨나니"

## 2. 말씀의 기갈함을 치유 받아야 합니다(암 8:11-14)

오늘날은 모든 것이 풍족합니다. 원하는 것은 무엇이든지 만들어내고, 필요한 것을 소유할 수 있는 세상이 되었습니다. 그러나 아무리 가져도 마음을 채우지 못합니다. 공허가 점점 커져만 갑니다. 권태와 무의미, 그리고 세상 살아가는 재미가 없습니다. 날마다 늘어나는 자살률, 마약중독, 알코올 중독 등이 건전한 영혼을 삼키고 있습니다. 이 사회 전반에 흐르고 있는 탄식과 절망의 소리에 교회는 귀를 기울여야 합니다. 사회가 어두워지면 어두워질수록 교회는 빛을 발하고 희망을 주어야 하는데 그럴 정화력을 잃었습니다. 말씀의 기갈함 때문입니다. 성령의 단비를 맞아 영혼이 하나님의 말씀을 통해 '녹색생명'으로 소생되기 바랍니다.

· 함께 읽어요 : 아모스 8장 11절

"주 여호와의 말씀이니라. 보라 날이 이를지라. 내가 기근을 땅에 보내리니 양식이 없어 주림이 아니며 물이 없어 갈함이 아니요 여호와의 말씀을 듣지 못한 기갈이라."

### 3. '신앙 건강'은 하나님의 말씀으로 만이 가능합니다(눅 1:37).

인간이 하나님을 떠난 데서 불행이 왔습니다. 하나님을 멀리 떠나니 '하나님의 말씀'을 들을 수 없었던 것입니다. 탕자가 아버지 품으로 돌아올 때 그에게는 모든 것이 회복되어졌습니다. 오늘 하나님께서는 지금도 어서 돌아오라고 부르십니다. ♬ 어서 돌-아 오오 어서 돌아만 오오/ 지은 죄가 아무리 무겁고 크기로/ 주 어찌 못 담당하고 못 받으시리요./ 우리 주의 넓은 가슴은 하늘보다 넓고 넓어. ♬

인생의 모든 불행은 하나님의 품을 떠나 세상 향락에 빠진 순간부터 닥쳐옵니다. 아무리 세상의 물을 들이켜도 갈증은 여전합니다. 사랑하는 성도 여러분! 우리들의 오염된 귀와 입을 성령의 말씀으로 변화 받고 고침 받으세요. 치유의 원천이신 하나님의 말씀의 생수로 기갈 함을 치유 받으세요. 여러분의 개인, 가정, 이 사회의 희망은 말씀의 생수로 '녹색 건강'을 회복하는 방법밖에 없음을 명심하세요.

· 함께 읽어요 : 예레미야 24장 7절, 누가복음 1장 37절

"렘 24:7 내가 여호와인 줄 아는 마음을 그들에게 주어서 그들이 전심으로 내게 돌아오게 하리니 그들은 내 백성이 되겠고 나는 그들의 하나님이 되리라."

"눅 1:37 대저 하나님의 모든 말씀은 능하지 못하심이 없나니"

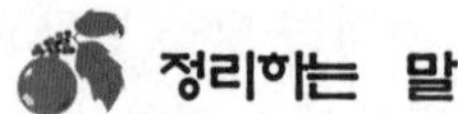

## 정리하는 말

본문에서 가장 중요한 구절 창세기 15장 6절을 함께 읽겠습니다. "아브람이 여호와를 믿으니 여호와께서 이를 그의 의로 여기시고", 그렇습니다. 로마서 4장에 보면 아브라함의 믿음을 이야기하면서 18절에 "아브라함이 바랄 수 없는 중에 바라고 믿었으니"라고 했습니다. 하나님의 말씀을 액면 그대로 믿고 받아드리세요. 우리들은 아무 것도 아닌 데도 '여겨주신다'는 그 말씀대로 여러분들의 척박한 심령을 '생명수'로 온전한 '생명의 터전'을 만들어 주실 것을 믿으시기 바랍니다.

## 평가와 결심

1. '신앙의 건강' 함을 얻는 첫째 단계는 무엇입니까?
   (창 15:1-4, 욜 2:12, 말씀의 기갈 함의 원인을 알아야 함)
2. '신앙의 건강' 함을 얻는 둘째 단계는 무엇입니까?
   (암 8:11-14, 말씀의 기갈 함을 치유 받아야 함)
3. '신앙의 건강' 함을 얻는 셋째 단계는 무엇입니까?
   (눅 1:37, 하나님의 말씀으로 치유함을 받아야 함)

## 주간 경건의 시간 <33> · 날마다 말씀과 함께

| 요일 / 내용 | 월(Mon) | 화(Tue) | 수(Wed) | 목(Thu) | 금(Fri) | 토(Sat) |
|---|---|---|---|---|---|---|
| 찬송 | 324 / 360 | 325 / 359 | 337 / 363 | 336 / 383 | 347 / 382 | 348 / 388 |
| 성경 | 창 16: | 칭 17: | 창 18: | 창 19: | 창 20: | 창 21: |
| 적용 | 사래의 말을 | 열국의 아비 | 능치 못한 일이 | 농담으로 여겼더라 | 기도하리니 | 네 씨라 칭하리라 |

* 여자에게는 사랑 이외의 인생의 즐거움은 없다.

<로버트 브라우닝, 1812~1896, 영국 시인>

8단원 환경 생명의 달

# 택한 백성을 통한 섭리

찬송 / 78, 79, 478 / 통 75, 40, 78

성경 / 창세기 22:1-14

요절 / 창세기 22:14

"아브라함이 그 땅 이름을 여호와 이레라 하였으므로 오늘날까지 사람들이 이르기를 여호와의 산에서 준비되리라 하더라."

목표/ 자연은 하나님의 통치영역 임을 알고 살아가는 태도를 가지도록 한다.

## 시작하는 말

옛날 한 사람이 가파른 밤길을 가다가 발을 헛디뎌 넘어지면서 굴러 떨어지면서 나무뿌리를 잡고 매달렸습니다. 그러나 아무리 소리를 쳐도 구해줄 이 아무도 없었습니다. 손에 힘이 다 빠지고 잡았던 손을 놓으면서 '쿵'하고 떨어졌습니다. "이젠 죽었구나!" 했습니다. 높은 낭떠러지에 매달려진 줄 알았는데, 그 높이 겨우 2m도 안 되는 곳에 몇 시간을 매달려 있었던 것입니다. 여러분! 손을 펴세요. 하나님의 손끝에 닿아 바로 자연 속에서 그분을 만날 수 있습니다. '섭리'(攝理)란 '하나님께서 자신이 창조하신 만물을 보존하시고 통치하시는 것'을 말합니다(느 9:6). 자연 속에서 하나님의 손끝을 느끼며 역사하심 속에 살아가시기를 바랍니다.

## 오늘의 말씀

### 1. 하나님은 우리에게 적절한 것을 준비해 주십니다(창 22:8, 요 1:9~11).

하나님은 아브라함을 위해 하늘에서가 아니라 산 수풀에서 수양을 만나게 해 주셨습니다. 그것은 이삭을 대신하는 것이었습니다. 여호와 하나님께 제물로 바쳐진 자의 자리를 대신하여 죽어야 할 제물이었던 것입니다. 우리 인생은 죄 때문에 정죄당하고 저주받았으며 죽었었습니다(엡 2:1). 이러한 우리에게 무엇이 필요한지 하나님께서는 알고 계셨으며, 오직 그분만이 우리에게 필요한 희생 제물을 마련해 주실 수 있었습니다. 죄의 값을 지불해야만 되는 우리에게는 교육도 문명도 쓸모없고 하나님께서 정하신 어린양의 피를 통한 중생(重生)만이 필요했습니다. "그는 주 앞에서 자라나기를 연한 순 같고 마른 땅에서 나온 뿌리 같아서 고운 모양도 없고 풍채도 없은즉 우리가 보기에 흠모할 만한 아름다운 것이 없도다!"(사 53:2). 이사야의 예언대로 그리스도는 우리에게 다가오셨습니다. 그러나 사람들이 빛이요 생명이신 그분을 알지 못했고, 영접하지 아니했던 것입니다(요 1:10-11). 하나님은 우리 인생에게 가장 적절한 것을 준비해 우리에게 거저 주십니다.

· 함께 읽어요 : 요한복음 1장 10절

"그가 세상에 계셨으며 세상은 그로 말미암아 지은 바 되었으며 세상이 그를 알지 못하였고"

## 2. 하나님은 필요한 장소에 준비해 놓으셨습니다(창 22:1~8).

아브라함이 하나님께서 부르시고 지시하시는 모든 것을 그대로 순종하고 있음에 주목하십시오. ① 아침 일찍이 일어나서, ② 이삭을 데리고, ③ 번제에 쓸 나무 준비하여, ④ 일러 주신 곳으로 가서, ⑤ 가서 예배(번제 드림)하고, 돌아옵니다. 아무 이유를 달지 않고 어려운 일, 장애되는 일을 마다않고 순종하고 있습니다. 이러한 순종을 하기까지 여러 개의 장벽이 그를 막고 있었지만 묵묵히 인내하며 순종하고 있는 그의 행동에서 우리가 무엇을 배워야 하겠습니까? 하나님이 원하시는 곳까지 나아가야 합니다. 어렵더라도 중도하차 하면 지금까지의 모든 수고가 헛

될 수도 있다는 것을 알아야 합니다. '여호와의 준비하신 산'까지 삼일 길이라 할지라도 감내(堪耐)해야만 합니다. 여러분들에게 맡겨주신 일을 즐거운 마음으로, 십자가를 지는 심정으로 순종하면 '여호와이레'(여호와 준비하심)의 축복을 주실 줄 믿으시기 바랍니다.

· 함께 읽어요 : 창세기 22장 14절
"아브라함이 그 땅 이름을 '여호와 이레'라 하였으므로 오늘까지 사람들이 이르기를 여호와의 산에서 준비되리라 하더라."

### 3. 하나님은 가장 적절한 때에 응답해 주십니다(창 22:8-14)

하나님께서 해결해 주시는 그 시기는 누구도 예측할 수 없습니다. 아브라함은 삼일 길을 가서야 여호와의 지시한 산에 이르렀습니다. 아직 산꼭대기까지 올라가기까지는 아무 것도 보이지 않습니다. 제물이 준비되지 않은 상황에서 아들인 이삭이 묻습니다. "불과 나무는 있거니와 번제할 어린 양은 어디 있나이까?" 그때 "내 아들아! 번제할 어린 양은 하나님이 자기를 위하여 친히 준비하시리라"고 대답해 줍니다.

우리는 이러한 날카로운 질문을 당해도 '너희 속에 있는 소망에 관한 이유를 묻는 자에게는 대답할 것을 항상 준비'(벧전 3:15)해야 하는 것입니다. 요사이 '성경공부 합시다' 하면서 교묘한 질문을 만들어 성경을 자세히 읽지 않은 분들을 당황하게 만들고, 더 만나 공부하면 가르쳐주겠다면서 이단사이비의 교리를 주입시키려 발광하는 이들을 멀리해야 합니다. 구원의 도리는 그렇게 교묘하게 꾸며낸 것이 아닙니다.

여러분! 여러분은 확신 있게 대답하세요. ① 당신의 아들을 주신 하나님이 모든 것을 우리에게 은사로 주시지 아니하겠습니까?(롬 8:32) ② 우리에게 언약하시고 미쁘신 하나님은 위로와 긍휼을 채워주십니다.

부르짖어 기도하면 반드시 응답해 주시고, 기대 이상으로 풍족하게 주시며, 꼭 적절한 때에 모든 것을 준비해 주시는 분이십니다.

· 함께 읽어요 : 히브리서 13장 5절

"돈을 사랑하지 말고 있는 바를 족한 줄로 알라 그가 친히 말씀하시기를 내가 결코 너희를 버리지 아니하고 너희를 떠나지 아니하리라 하셨느니라."

### 정리하는 말

여러분! 아무리 힘들어도 하루에 한 번씩은 밖에 나가 푸른 하늘을 바라보면서 심호흡을 해 보세요. 하나님의 손끝인 '자연의 섭리' 속에 생명이 피어납니다. 자연은 하나님의 손끝을 만날 수 있는 접촉점입니다. 창조주 하나님의 손끝이 머무는 자연에서 영감과 기도의 제목을 얻으십시오. 하나님은 사랑이십니다. 자연을 아끼고 사랑하시기를 바랍니다.

### 평가와 결심

1. 자연 속에서 허락하시는 하나님의 섭리 첫째가 무엇입니까?
(창 22:8, 요 1:9-11, 적절한 것을 마련해 주심)
2. 자연 속에서 허락하시는 하나님의 섭리 둘째가 무엇입니까?
(창 22:1-8, 필요한 장소에 준비해 놓으심)
3. 자연 속에서 허락하시는 하나님의 섭리 셋째가 무엇입니까?
(창 22:8-14, 적절한 때에 꼭 응답해 주심)

### 주간 경건의 시간 <34> · 날마다 말씀과 함께

| 요일 / 내용 | 월(Mon) | 화(Tue) | 수(Wed) | 목(Thu) | 금(Fri) | 토(Sat) |
|---|---|---|---|---|---|---|
| 찬송 | 357 / 397 | 182 / 169 | 187 / 171 | 531 / 321 | 495 / 271 | 496 / 260 |
| 성경 | 창 23: | 창 24: | 창 25: | 창 26: | 창 27: | 창 28: |
| 적용 | 내 소유 매장지 | 사자를 네 앞서 | 간구를 들어셨음 | 계명 율례 법도 | 즐기는 별미 | 사닥다리 |

* 고통이 없는 사랑에는 삶이 없다. <토마스 아캠피스, 1380~1471, 독일 학자, 성직자>

8단원 환경 생명의 달

# 영적 생명을 위해 투자하라

**찬송** / 445, 70, 606 / 통 502, 79, 291
**성경** / 창세기 28:10-22
**요절** / 창세기 28:22
"내가 기둥으로 세운 이 돌이 하나님의 집이 될 것이요 하나님께서 내게 주신 모든 것에서 십분의 일을 내가 반드시 하나님께 드리겠나이다 하였더라."
**목표** / '영적 생명'의 중요성을 알고 투자하는 태도를 가지도록 한다.

## 시작하는 말

데이비드 리빙스턴은 야만인과 맹수들, 열대의 기후와 질병과 자신의 목숨을 걸고 싸우면서 아프리카 원시림에 가서 주님의 복음을 전했습니다. 그에게는 어려운 일이 한 두 가지가 아니었습니다. 사람의 힘으로는 어떻게 할 수 없는 어려움과 위험이 닥칠 때마다 "내가 세상 끝 날까지 너희와 항상 함께 있으리라 하시니라"(마 28:20)는 말씀을 의지하고 고난과 역경을 이기면서 힘겨운 봉사를 잘 해냈습니다.

본문에 나오는 야곱은 형님인 에서와의 갈등으로 집을 떠나 밧담 아람 외삼촌의 집으로 도망가는 길 벧엘에서 만난 하나님께 자신이 가지고 있던 모든 것, 곧 '기름'을 부어드립니다. 그리고 '평안히 돌아오게 하실진대 십일조를 반드시 드리겠습니다'라고 약속 까지 하였습니다.

## 오늘의 말씀

### 1. 인생길에는 반드시 위기가 다가옵니다(창 28:10~11).

야곱 자신이 생명을 부지하기 위해 형의 낯을 피하여 가는 길은 멀고도 멀었습니다. 한 곳에 이르러 해가 졌습니다. 당시 여행은 인적이 드문 광야 같은 길, 산과 들이 인간에게 쉼을 줄 수 있는 안락한 곳이 아니었습니다. 밤과 낮의 기온 차가 심한 곳에서 해가 졌습니다. 바로 추위가 온 몸을 감싸고 한기가 듭니다. 들짐승들이 얼마든지 해할 수 있는 위험에 처해 있었습니다. 날이 저문 길에 나그네는 은신할 곳이 없었습니다.

땅을 요 삼고, 하늘을 이불 삼아 돌을 베개하고 누었을 때, 그에게 인생은 한없이 처량하게 느껴졌을 것입니다. 여러분! 희망의 태양이 빛을 감추고, 절망의 휘장이 드리워질 때 조용히 위를 쳐다보십시오. 그리고 위에 계신 분께 부르짖으면 만나주시는 주 하나님을 부르짖으세요. 그러면 하나님의 능력과 은혜의 주 하나님을 만나 뵙게 될 것입니다.

· 함께 읽어요 : 창세기 28장 11절

"한 곳에 이르러는 해가 진지라 거기서 유숙하려고 그 곳의 한 돌을 가져다가 베개로 삼고 거기 누워 자더니"

## 2. 꿈을 향한 하늘의 사닥다리가 펼쳐졌습니다(창 28:12).

우리의 인생에서 고난과 역경에 빠져 지치고 쓰러질 때, 영적인 깊은 잠에 빠집니다. 어떤 이에게는 '사망의 잠'이 될 수도 있지만 어떤 이에게는 '비전의 꿈'을 꿀 수도 있습니다. 야곱의 경우는 후자였습니다. 대부분의 사람들은 곤하고 지칠 때 꿈을 포기하고 잠에 빠집니다. 그러나 은혜와 은총의 사람들은 꿈을 꿉니다. 하늘에서 땅에 드리워진 사닥다리를 보게 됩니다. 요한복음 1장 46절 이하의 기사에서 무화과나무 아래서 메시야가 오시기를 기다리며 기도했던 나다나엘은 메시야이신 예수님을 만났습니다. 곧바로 믿지 않았지만 '무화과나무 아래에서 보았다'고 말씀하시는 예수님의 말씀을 듣고 즉시 "당신은 하나님의 아들이시요 당신은 이스라엘의 임금이로소이다"(49절)라고 신앙고백을 했습니다. 그러자 예수께서는 "진실로 진실로 너희에게 이르노니 하늘이 열리고 하나님의 사자들이 인자 위에 오르락 내리락 하는 것을 보리라"(요 1:51)고 말씀하셨습니다. 아무도 찾아주는 이 없고, 만나주는 이 없어도 주님은 함께 하십니다. 고요히 주님을 사모하며 기다리며 기도생활을 계속하면, 주님은 우리를 도우사 생명으로 연결해 주실 것입니다. 이분이 곧 십자가의 주 예수 그리스도이십니다. 곧 '길'이요, '진리'요, '생명'이요, '희망'이신 그분을 영접하고, 희망과 생명을 이어 가시기를 바랍니다.

· 함께 읽어요 : 창세기 28장 12절
"꿈에 본즉 사닥다리가 땅 위에 서 있는데 그 꼭대기가 하늘에 닿았고 또 본즉 하나님의 사자들이 그 위에서 오르락내리락하고"

### 3. 영적 생명을 위해 투자를 할 줄 알아야 합니다(창 28:18~19).

야곱은 이기적인 사람이었습니다. 그의 인생은 욕심과 야욕으로 일관합니다. 그러나 막다른 골목 악조건 속에서 노숙하면서 잠을 자다가 깨어 하늘로 뻗친 사닥다리 위에 천사가 오르락내리락 하는 것을 보고 베개 했던 돌을 기둥으로 세우고 그 위에 기름을 붓고 그 곳 이름을 '벧엘'(하나님의 집)이라 했습니다. 야곱의 성격을 볼 때, 이는 놀라운 전환입니다. 아버지와 형을 속이고 복을 탈취하여 도망치듯 떠나왔던 그가 인생의 처절한 위기에서 하나님을 만난 것입니다. 그리고 자신이 가졌던 전 재산이라고 볼 수 있는 기름을 몽땅 하나님께 부어드렸던 것입니다. 주님께 투자하면 넘치도록 주시는 줄 믿으시기 바랍니다.

· 함께 읽어요 : 말라기 3장 10절
"만군의 여호와가 이르노라 너희의 온전한 십일조를 창고에 들여 나의 집에 양식이 있게 하고 그것으로 나를 시험하여 내가 하늘 문을 열고 너희에게 복을 쌓을 곳이 없도록 붓지 아니하나 보라.

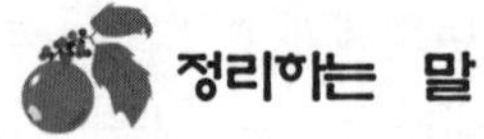

## 정리하는 말

여러분! 누구에게나 인생길에 위기가 다가옵니다. 춥고 배고프고 생명을 부지하기 힘든 겨울도 옵니다. 여러분들의 녹색 생명, 녹색 건강을 위해 시간과 물질, 그리고 가진 모든 것을 투자해 보십시오. 우주 삼라만상의 주인은 여호와 하나님이십니다. 부탁합니다. 선한 일에 부요하십시오. 그래서 여러분들 자신도 건강하시고, 가정도 사회도 건강하시기를 바랍니다.

## 평가와 결심

1. 영적 생명을 위해 투자해야 할 첫째 이유가 무엇입니까?
   (창 28:10-11, 인생길에도 황혼이 오기 때문)
2. 영적 생명을 위해 투자해야 할 둘째 이유가 무엇입니까?
   (요 1:51, 하늘에까지 이어주는 십자가의 사닥다리가 있어야 하기 때문)
3. 영적 생명을 위해 투자해야 할 셋째 이유가 무엇입니까?
   (창 28:18-19, 생명을 위해 값진 것을 투자해야 하기 때문)

### 주간 경건의 시간 <35> · 날마다 말씀과 함께

| 요일 / 내용 | 월(Mon) | 화(Tue) | 수(Wed) | 목(Thu) | 금(Fri) | 토(Sat) |
|---|---|---|---|---|---|---|
| 찬송 | 9 / 53 | 242 / 233 | 20 / 41 | 35 / 50 | 80 / 101 | 280 / 338 |
| 성경 | 창 30: | 창 31: | 창 32: | 창 33: | 창 34: | 창 35: |
| 적용 | 너로 인하여 | 네 눈을 들어보라 | 네 씨로 바다모래 | 하나님의 얼굴을 | 디나의 치욕 | 일어나 벧엘로 |

* 사랑의 고통은 다른 모든 쾌락보다 훨씬 감미로울 수 있다. <존 드라이든, 1631~1700, 영국 시인 작가>

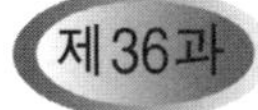
제36과

# 영적 생명의 성취 조건

찬송 / 436, 435, 321 / 통 493, 492, 351
성경 / 창세기 35:1-15
요절 / 창세기 35:15
"하나님이 자기와 말씀하시던 곳의 이름을 벧엘이라 불렀더라."
목표 / 하나님의 자녀로서 '영적생명'을 사모하며 회복하는 태도를 기른다.

## 시작하는 말

육체가 건강하려면 음식을 얼마나 많이 먹느냐가 아니라, 얼마나 잘 소화시키느냐에 달렸습니다. 부자가 되는 것도 얼마나 벌어들이느냐가 중요한 것이 아니라 어떻게 돈을 쓰고 저축하느냐가 중요한 것입니다. 사람을 박식하게 하는 것은 얼마나 책을 읽었느냐가 아니고, 얼마나 이해하고 기억하느냐에 달려 있습니다. 참다운 성도의 삶도 그렇습니다. 성경을 많이 읽고 성경지식을 많이 아느냐에 문제가 아니라, 얼마나 그 말씀대로 실천하여 살았느냐가 중요한 것입니다. 본문에서 야곱은 고향을 떠나 고독한 밤을 루스라는 곳에서 지새울 때 벧엘(하나님의 집)에 성전을 세우고 십일조를 드리겠다고 서원하였던 것입니다. 그 서원을 이제 지켜야 할 때가 온 것입니다.

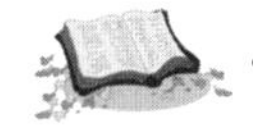

## 오늘의 말씀

1. 세겜(세속 세상)에서 목표를 앞두고 지체하지 마십시오(창 35:1~3).

인생은 오르막길이 있으면 내리막길이 있는 법입니다. 인생의 오르막길은 오르기 힘들지만 오르면 말할 나위 없이 기쁜 것입니다. 에서를 피하여 도망하여 가나안에서 유목민의 생활을 하던 야곱이 금의환향(錦衣還鄕)합니다. 밧담 아람 외삼촌 집에서 거부가 되어 돌아옵니다. 그러나 마중을 나온 형 에서를 돌려보내고, 이방인이 살고 있는 숙곳에서 자기의 장막을 짓고 그들과 함께 새 생활을 시작했습니다. 20년 전 화가 난 형의 얼굴을 대하고 사는 것보다 차라리 모르는데서 그냥 부를 누리며 살아가는 것이 좋겠다 싶었을 것입니다. 그러다가 딸 디나가 그 성의 추장 아들 세겜에게 성추행을 당하고, 통혼을 요청당합니다. 세상에서 목적을 앞에 놓고서 특별한 이유가 없이 지체하면 엉뚱한 일이 발생하는 것입니다. 하나님의 뜻은 신속하게 행동해야 함을 기억하시기 바랍니다.

· 함께 읽어요 : 창세기 35장 1절

"하나님이 야곱에게 이르시되 일어나 벧엘로 올라가서 거기 거주하며 네가 네 형 에서의 낯을 피하여 도망하던 때에 네게 나타났던 하나님께 거기서 제단을 쌓으라 하신지라."

## 2. 벧엘로 올라가기 전 먼저 자신을 돌아보고 회개해야 합니다(창 35:3~4).

벧엘은 '하나님의 집'이란 뜻입니다. 하나님의 집에 올라가려면 먼저 잘못된 것은 버려야 합니다. 하나님께서 야곱을 하란에서 부르실 때에 "네 출생지로 돌아가라"하셨는데, 지금 야곱은 숙곳이란 곳에 정착할 준비를 하고 있다가 그만 씻을 수 없는 욕을 당한 것입니다. 다시는 고향 땅을 볼 수 없을지도 몰랐던 그 상황에서 여호와께서는 그에게 올라가라고 하십니다. 그 곳 벧엘에서 그의 앞길 모든 것을 보장해 주실 계획이셨습니다. 그럼에도 불구하고, 그는 올라가지 않고 머뭇거린 것입니다. 하나님의 불호령이 떨어졌습니다. 그러나 먼저 버려야 할 것이 있었습니다. "너희 중에 있는 이방 신상을 버리고 자신을 정결하게 하고 너희들의 의복을 바꾸어 입으라"(창 35:2)고 했습니다. 여기서 구약성경의 최초의 부흥의 역사가 일어납니다. 부흥의 3단계는 ① 이방 신상을 버려라 ② 자신을 정결하게 하라 ③ 의복을 바꾸어 입으라는 것입니다. 지금까지 야곱 자신이 신앙의 모범을 보이지 못했습니다. 또한 집안 식구들의 우상숭배를 묵인했습니다. 처절한 절망의 그림자가 점점 그에게 다가오고 있을 때 그는 더 이상 지체할 수 없어 몸부림치면서 기도했을 것입니다. 이때 '과거 모든 죄악을 버리고 돌아가라는 것'입니다. 회개는 생명으로 나아가는 길목입니다.

· 함께 읽어요 : 이사야 1장 16~17절
"16 너희는 스스로 씻으며 스스로 깨끗하게 하여 내 목전에서 너희 악한 행실을 버리며 행악을 그치고 17 선행을 배우며 정의를 구하며 학대받는 자를 도와주며 고아를 위하여 신원하며 과부를 위하여 변호하라 하셨느니라."

### 3. 생명의 회복은 신령과 진리의 감격적인 예배입니다(창 35:3).

야곱 일행은 형, 에서를 따돌리고 숙곳에 이르러 축사를 지었습니다. 그러나 정착할 준비보다 먼저 하나님의 전 '성전'을 세웠어야 했고, 예배를 먼저 드려야 했습니다. 여러분! 여러분들의 문제가 잘 풀리지 않을 때 먼저 하나님과의 관계가 막혀있지는 않은지 살펴보시기 바랍니다. 다니엘이 기도를 시작할 즈음에 명령이 내려 가브리엘 천사가 도와주려고 오다가 그만 바사 왕국의 군주(君主)가 21일 동안 막았습니다. 그때 가장 높은 군주 중 하나인 미가엘이 도와줌으로써 풀려나 다니엘에게 '장래 일'을 알려주었습니다. 여러분들의 앞길이 막힐 때 무엇보다도 '예배'를 먼저 드림으로 하나님께 도우심을 구하세요. 그러면 생명 회복의 길이 열릴 줄 믿으시기 바랍니다. 언약을 이뤄주시는 하나님, 능력 주시는 하나님을 의지하시기 바랍니다.

· 함께 읽어요 : 빌 4장 13절
"내게 능력 주시는 자 안에서 내가 모든 것을 할 수 있느니라."

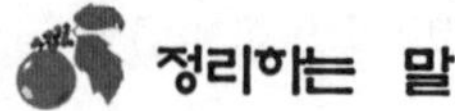

## 정리하는 말

사랑하는 성도 여러분! 여러분의 장막은 지금 어느 곳에 펼쳐져 있습니까? 여러분은 지금까지 인도하신 하나님의 크신 은혜를 잊지 않고, 하나님께 드린 서원을 지키고 있습니까? 세속적인 것을 버렸습니까? 여러분은 하나님께 제단을 쌓고 예배드리는 일을 거르지 않고, 모든 일보다 우선적으로 하고 있습니까? 야곱은 이 모든 일에 하나님께서 보시기에 아름답고 들으시기에 기쁘신 대답인 '예' 라고 응답함으로써, 자신과 후손들이 누릴 영적 생명을 회복시켜 축복의 길을 만들어 놓았습니다. 여러분들의 생애에 이런 복이 넘치기를 간절히 소망합니다.

## 평가와 결심

1. 영적 생명의 회복을 위해 해야 할 첫째 단계가 무엇입니까?
   (창 35:1, 세겜<세속 세상>을 떠나야 함)
2. 영적 생명의 회복을 위해 해야 할 둘째 단계가 무엇입니까?
   (창 33:2-3, 이방 신상 버리고, 정결하게 하고 벧엘로 올라가야함)
3. 영적 생명의 회복을 위해 해야 할 셋째 단계가 무엇입니까?
   (창 35:3, 환난에서 응답하시고 함께하신 하나님께 구해야함)

## 주간 경건의 시간 <36> · 날마다 말씀과 함께

| 요일 / 내용 | 월(Mon) | 화(Tue) | 수(Wed) | 목(Thu) | 금(Fri) | 토(Sat) |
|---|---|---|---|---|---|---|
| 찬송 | 542 / 340 | 250 / 182 | 407 / 465 | 434 / 491 | 456 / 509 | 524 / 313 |
| 성경 | 창 37: | 창 38: | 창 39: | 창 40: | 창 41: | 창 42: |
| 적용 | 꿈꾸는 자 오는도다 | 당신의 도장으로 | 가정 총무를 | 해석은 하나님께 | 평안한 대답 | 애걸할 때에 |

* 여성은 남성들보다 생태학적으로 볼 때 전적으로 우월하다는 증거가 있다.
<아쉴리 몬테이그, 1798~1856, 미국 목사 저술가>

9단원 영성 회복의 달

제37과

# 영생을 위한 삶의 자세

**찬송** / 421, 314, 349 / 통 210, 511, 387

**성경** / 창세기 43:1-15

**요절** / 창세기 43:9

"내가 그를 위하여 담보가 되오리니 아버지께서 내 손에서 그를 찾으소서. 내가 만일 그를 아버지께 데려다가 아버지 앞에 두지 아니하면 내가 영원히 죄를 지리이다."

**목표** / 바른 신앙생활을 회복하여 구원에 참여하는 태도를 기른다.

## 시작하는 말

사람의 말은 그 사람의 인격과 성품을 표현합니다. 인생을 살아가면서 '언어생활'은 그 무엇보다 중요합니다. 오늘날 '인간성공학'을 연구하는 학자들은 사람은 입에서 말하는 대로 그 인생이 되어져간다고 합니다. 오늘날 많은 사람들이 '말, 언어'에 주의를 기울이지 않고, 생명을 파괴하는 언어생활을 함으로써 인생 파멸의 길을 걷는 이들이 많습니다. 그러나 본문에 나오는 야곱과 대변자 유다는 탁월한 언어를 구사하면서 가족들과 가정의 어려운 현실을 지혜롭게 해결해 주고 있습니다.

모세는 원래 '말에 능치 못한 자'였습니다(출 4:10). 그러나 그는 그러한 장애를 극복하고 민족적인 지도자로 우뚝 섰습니다.

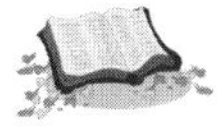

## 오늘의 말씀

### 1. 하나님 말씀과 신앙에 기초한 언어를 회복해야 합니다(창 43:14).

야곱은 진실하지 못하고 속이고 속으면서 살아온 생애였습니다. 아버지와 형, 에서를 속였지만 자신도 외삼촌에게 품삯 때문에 열 번이나 속았습니다. 뿐만 아니라, 아들들로부터 요셉을 대상들에게 팔아먹고도 짐승에 찢겨 죽었다고 속임을 당하여 처절한 정신적인 고뇌를 당했습니다. 그는 가족들의 생사를 책임질 가장이었습니다. 애굽에 양식을 사러갔다가 요셉의 생사를 확인하고 돌아온 아들들에게 베냐민까지 또 잃게 될까 염려하여 고뇌를 겪습니다. 그러면서도 다른 한편으로 성숙된 신앙, 하나님께 대한 철저한 신앙의 언어를 발견하게 됩니다. 유다의 설득에 할 수 없이 베냐민을 함께 보낼 결정을 내리면서 14절에서 "전능하신 하나님께서 그 사람 앞에서 너희에게 은혜를 베푸사 그 사람으로 너희 다른 형제와 베냐민을 돌려보내게 하시기를 원하노라" 이렇게 말을 합니다. 가장인 야곱의 언어는 '말씀과 신앙'에 기초하고 있습니다. 사랑하는 성도 여러분! 하나님의 말씀과 신앙에 기초한 언어생활을 회복하시기를 바랍니다.

· 함께 읽어요 : 야고보서 3장 2절
"우리가 다 실수가 많으니 만일 말에 실수가 없는 자라면 곧 온전한 사람이라 능히 온 몸도 굴레 씌우리라."

## 2. 가정에서 신뢰를 바탕으로 한 언어로 소통해야 합니다(창 42:36).

인간이 어려운 일을 당할 때, 하나님 다음으로 의지할 수 있는 곳은 가족과 이웃입니다. 특히 그들에게 듬직하게 장성한 자녀들이 있다면 그의 기대는 당연히 믿음직한 자녀들에게 쏠릴 것입니다. 그러나 야곱은 요셉과 시므온을 잃은 일(애굽에 속박됨)로 인하여 그 아들들을 그다지 신뢰하지 않았습니다. 이는 "너희가 나에게 내 자식들을 잃게 하도다"(창 42:36)라는 야곱의 탄식 속에서 잘 드러납니다. 자식들에게 대한 신뢰가 깊지 않다고 하여도 다른 방도가 없었습니다. 가장으로서의 책임을 다해야 하는 그의 입장에서 르우벤과 유다가 자신의 가족과 생명을 희생할지라도 그 형제를 책임지겠다는 맹세를 했을 때, 야곱은 다시금 그의 아들들에 대한 신뢰심이 싹트기 시작했습니다. 그는 자신의 가장 사랑하는 아들 베냐민을 그 형들과 함께 보내기로 했고, 이러한 결단과 신뢰는 그의 가정에 드리워졌던 고통과 슬픔의 어두운 그림자를 걷히게 합니다. 가족의 인간을 신뢰하는 언어가 사람의 마음에 호감과 신뢰를 더해줍니다. 신뢰를 바탕으로 한 언어생활을 회복하시기를 바랍니다.

· 함께 읽어요 : 잠언 25장 11절
"경우에 합당한 말은 아로새긴 은쟁반에 금 사과니라."

### 3. 고난 속에서도 정직한 언어생활과 바른 관계를 유지해야 합니다(창 43:11~13).

야곱이 베냐민을 형들과 함께 애굽으로 보내기로 결심한 후, 그는 요셉에게 보낼 예물을 준비하게 하고 자루 속에 들어 있던 돈을 배로 계산하여 가져가도록 했습니다. 여기서 야곱이 그 어려운 경황 중에서도 정직한 예절을 잃지 않는 태도와 정직한 삶의 모습을 발견하게 됩니다. 야곱은 기근으로 가족들이 생사의 기로에 있었지만 곤궁한 중에도 정직함과 예절을 잃지 않았습니다. 이러한 정직한 생활이 그로 하여금 참으로 어렵고 힘든 상황 속에서도 자녀들에게 정직함과 예절 바른 생활을 가르쳐 주는 계기가 된 것입니다. 세상을 살아가면서 '대인관계'(인간과의 관계) '대신 관계'(하나님과의 관계)를 제대로 대처할 줄 알면 십계명의 두 기둥인, ① 하나님 사랑 ② 이웃 사랑의 생활을 이룬 것입니다. 사랑하는 성도 여러분! 정직한 생활, 정직한 언어생활을 회복하여 하나님께 사랑 받고, 이웃에게 기쁨을 주는 생활을 이뤄 가시기를 바랍니다.

· 함께 읽어요 : 잠언 16장 13절
"의로운 입술은 왕들이 기뻐하는 것이요 정직하게 말하는 자는 그들의 사랑을 입느니라."

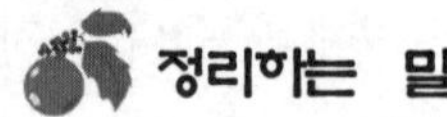

## 정리하는 말

사랑하는 성도 여러분! 바른 언어생활을 하며 살아가는 사람이 얼마나 됩니까? 인간의 마음들이 뒤집어지고 엎어져서 모두가 구부러지고 비꼬여진 말, 비웃는 말을 뱉으면서 살아갑니다. 올바른 언어생활이야말로 세상에서의 인간관계에서 성공적인 인생을 살아가는 첩경이 되는 것입니다. 속담에 "말로서 말 많으니 말을 말까 하노라"하는 말이 있습니다. 여러분! 신앙과 신뢰를 바탕으로 한 언어생활로 대인관계에 모범되고, 크리스천의 생활로서 아름답고 풍요로운 삶을 영위하며 하나님께 영광된 삶을 살아가시기 바랍니다.

## 평가와 결심

1. 회복해야 할 생명의 언어 첫째가 무엇입니까?
   (창 43:14, 말씀과 신앙을 바탕으로 한 언어)
2. 회복해야 할 생명의 언어 둘째가 무엇입니까?
   (창 42:36, 인간 신뢰를 바탕으로 한 언어)
3. 회복해야 할 생명의 언어 셋째가 무엇입니까?
   (창 43:11-13, 정직한 삶과 정직한 언어)

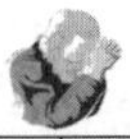

## 주간 경건의 시간 <37> · 날마다 말씀과 함께

| 요일 / 내용 | 월(Mon) | 화(Tue) | 수(Wed) | 목(Thu) | 금(Fri) | 토(Sat) |
|---|---|---|---|---|---|---|
| 찬송 | 214 / 349 | 380 / 424 | 374 / 423 | 372 / 420 | 521 / 253 | 519 / 251 |
| 성경 | 창 44: | 창 45: | 창 46: | 창 47: | 창 48: | 창 49-50: |
| 적용 | 무슨 말을 하오리까? | 생명을 구원하시려 | 너와 함께 내려가고 | 험악한 세월 | 내가 축복하리 | 나는 죽으나 |

* 환상이 없는 국민은 소망이 없다.

<존 핏저랄드 케네디, 1917~1963, 미국 제 35대 대통령>

9단원 영성 회복의 달

# 신앙의 리듬을 회복하자

찬송 / 370, 532, 442 / 통 455, 323, 499
성경 / 출애굽기 2:11-25
요절 / 출애굽기 2:24
"하나님이 그들의 고통 소리를 들으시고 하나님이 아브라함과 이삭과 야곱에게 세운 그의 언약을 기억하사"
목표 / 영적 생명의 리듬을 회복하고 섬김을 다 하는 태도를 기른다.

## 시작하는 말

모세는 이제 40세요 장성한 나이였습니다. 그가 자기 형제들에게로 찾아갔을 때 동족애가 일어납니다(출 2:11). 거기서 동족을 핍박하는 애굽인을 쳐 죽였습니다. 다음날 히브리인끼리 싸운 것을 말리려다 애굽인을 죽인 죄가 드러났습니다. 그가 미디안으로 도망을 가 거기서 준비와 성장을 합니다. 이스라엘에 대한 고난과 그들의 부르짖음에 하나님께서 반응하십니다. 인생의 삶은 끝없는 리듬의 반복입니다. 여기서 영적 생명에 대한 리듬도 있고, 육적이고 세속적인 무가치한 사이클도 있습니다. 하나님께서는 '생명의 리듬'을 살리기 위해 어떤 때는 고난과 역경의 리듬도 허락하십니다. 때로는 연약한 싹이 자라도록 잔잔한 훈풍도 주십니다. 하나님께서 원하시는 '생명의 리듬'을 회복하시기 바랍니다.

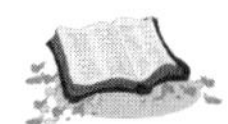

## 오늘의 말씀

### 1. 사랑과 긍휼의 리듬을 회복해야 합니다(출 2:11~12).

사람은 유아기에 어머니의 사랑을 통해서 사랑을 느끼게 됩니다. 그리고 사춘기를 맞으면서 이성간의 사랑을 배우기 시작합니다. 결혼을 하면서 가족 사랑을 실천하게 됩니다. 남자는 국방의 의무를 이행하면서 나라사랑을 실천하게 됩니다. 모세는 궁중에서 배우고 자랐습니다. 그러나 동족을 돌아보아야겠다는 엄청난 심경의 변화를 보여줍니다. ① 모세는 장성한 후에 자기 형제들에게 나아갔습니다. 그의 인격의 성숙을 통해 인생의 목적과 자신이 해야 할 일에 대한 깨달음을 갖게 되었습니다. ② 모세는 자기 백성들을 도와야겠다는 마음을 가지고 그들에게 나아갔습니다. ③ 모세는 자기 동족들의 삶의 현장에서 그들의 고역을 직접 보았습니다. ④ 나이 40에 그의 형제 이스라엘을 돌아보아야겠다는 마음이 들었습니다. 사랑과 긍휼의 마음은 인간을 성숙하게 만드는 것입니다.

· 함께 읽어요 : 에베소서 4장 32절

"서로 친절하게 하며 불쌍히 여기며 서로 용서하기를 하나님이 그리스도 안에서 너희를 용서하심과 같이 하라."

## 2. 미움과 욕심의 골짝에서 회복되어야 합니다(출 2:12~14).

모세가 동족인 히브리 사람끼리 싸우는 것을 중재하려던 동기는 좋았습니다. ① 서로 화해시키려 했습니다(13절). 화해시키려는 선한 목적에도 불구하고, 그 결과는 엉뚱한 방향으로 흘러갔습니다. ② 육신적인 반응의 결과를 거두게 되었습니다(14절). 모세의 중재는 실패로 돌아갔습니다. 그의 도움은 거절당했습니다. 그가 가지고 있던 소망이 무엇이든지 간에 백성을 돕고자 하는 계획은 육신적이고 세속적인 본성 때문에 무산되었습니다. 성도의 삶 중에 때로는 육신적인 열심이 일을 그르치는 경우가 많습니다. 육신적인 열심이란 대개 욕심에서 비롯되기 때문입니다. 사랑하는 성도 여러분! 미움과 욕심의 골짝에서 하루 속히 탈출하십시오. 미움과 시기는 영·육간에 손해를 줍니다. 어떠한 경우에서든지 미움과 시기의 늪에서 빠르게 헤쳐 나오세요. 욕심은 당신을 점점 깊은 골짝으로 빠뜨립니다. 그러기에 바울 사도는 '분이 죄와 연결되지 않도록 하고, 해가 지도록 분을 품지 말라'고 했습니다. 사랑하는 성도 여러분! 어떤 이유나 핑계대지 말고, 욕심의 골짝에서 탈출하세요. 하루 속히 미움과 시기의 골짝에서 벗어나 생명의 리듬을 회복하시기를 바랍니다.

· 함께 읽어요 : 에베소서 4장 26~27절

"26 분을 내어도 죄를 짓지 말며 해가 지도록 분을 품지 말고 27 마귀에게 틈을 주지 말라."

### 3. 실패와 도망자의 삶에서 회복되어져야 합니다(히 11:24~27).

모세의 생애는 ① 애굽 궁중에서의 40년, ② 미디안에서 40년, ③ 광야 생활 40년으로 크게 구분할 수 있습니다. 웬만한 사람 같으면 애굽 궁중 40년의 삶에 만족했을 것입니다. 그러나 민족을 사랑하는 동족애를 통하여 격동의 세월을 살았지만 결코 좌절하지 않고 오뚝이처럼 다시 일어섭니다. 그에게 동족의 미움을 받아 도망자의 삶에 오른 그는 장차 그가 이스라엘 200만을 이끌고 출애굽하여 펼쳐질 광야의 험악한 지형을 익히고, 사막 기후에 적응하는 훈련 코스를 통과하게 됩니다. 하나님의 사랑 받는 성도의 생애에 결코 무의미한 과정은 없습니다. 지나보면 모두 그 과정 속에서 새로운 하나님의 뜻을 발견하게 되고, 우리는 단련시키며 성장시키는 계기였던 것을 발견하게 됩니다.

히브리서 기자는 "믿음으로 모세는···· 애굽을 떠나 왕의 노함을 무서워하지 아니하고 곧 보이지 아니하는 자를 보는 것 같이 하여 참았으며"(히 11:24-27)라고 기록하고 있습니다.

· 함께 읽어요 : 히브리서 11장 24절

"믿음으로 모세는 장성하여 바로의 공주의 아들이라 칭함 받기를 거절하고"

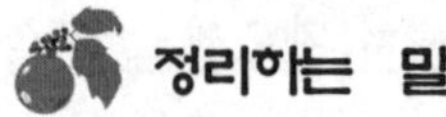

## 정리하는 말

여러분! 리듬(rhythm)이란 말은 흔히 음악에서 쓰는 말인데 “규칙적인 반복운동”, 혹은 “일정한 틀에 따라 반복하는 것”을 의미합니다. 하나님의 사람들은 영적 생활에 성공과 실패, 상승과 하강, 골짝과 봉우리의 리듬을 이해하고 적응해야 합니다. 말하자면 세상을 살아가면서 영육 간의 삶의 ‘파도타기’를 잘해야 한다는 것입니다. 생명의 리듬을 회복하셔서 하나님의 축복과 보호를 받는 역사를 경험하시기를 바랍니다.

## 평가와 결심

1. 회복해야 될 생명의 리듬 첫째가 무엇입니까?
(출 2:11-12, 사랑과 긍휼의 리듬)
2. 회복해야 될 생명의 리듬 둘째가 무엇입니까?
(출 2:12-14, 시기와 욕심의 골짝에서 회복)
3. 회복해야 될 생명의 리듬 셋째가 무엇입니까?
(히 11:24-27, 실패와 도망자의 삶에서 회복)

### 주간 경건의 시간 <38> · 날마다 말씀과 함께

| 요일 / 내용 | 월(Mon) | 화(Tue) | 수(Wed) | 목(Thu) | 금(Fri) | 토(Sat) |
|---|---|---|---|---|---|---|
| 찬송 | 327 / 361 | 534 / 324 | 354 / 394 | 397 / 454 | 249 / 249 | 265 / 199 |
| 성경 | 출 2: | 출 3: | 출 4: | 출 5: | 출 6: | 출 7: |
| 적용 | 삯을 주리라 | 스스로 있는 자 | 네 손에 있는 것 | 여호와는 감찰하심 | 나는 여호와라 | 내 백성 이스라엘 |

* 인내하고 기다리는 것이 가장 고상하게 하나님의 뜻을 행하는 길인 경우가 허다하다. <제레미 콜리어, 1650~1726, 영국 교회 주교>

9단원 영성 회복의 달

제39과

# 잃은 생명력을 회복하자

찬송 / 292, 471, 546 / 통 415, 528, 399

성경 / 출애굽기 12:1-14

요절 / 출애굽기 12:14

"너희는 이 날을 기념하여 여호와의 절기를 삼아 영원한 규례로 대대로 지킬지니라."

목표 / 그리스도인으로서 잃은 생명력을 회복하여 살도록 한다.

## 시작하는 말

우리 인생에서 천하를 주고도 바꿀 수 없는 고귀한 생명을 보존하는 비결은 공부를 많이 하고, 돈을 많이 벌어 부자 되는 데 있는 것이 아닙니다. 마음과 양심을 지키는데 있다고 성경은 말합니다. 잠언 4장 23절에 "모든 지킬만한 것 중에 더욱 네 마음을 지키라 생명의 근원이 이에서 남이니라"고 했습니다. 그 고귀한 양심은 우주 만물 중에 인생들이 지니고 있는 보배 중에 보배입니다. 인간이 만물의 영장이라고 하는 고귀한 지위나 가치는 이 양심을 소유한 데 있다고 봅니다. '생명의 근원인 마음'을 지키려면 어떻게 해야 합니까? 그 방법을 알아보겠습니다.

## 오늘의 말씀

### 1. 마음의 근원은 하나님께 있음을 기억해야 합니다(창 2:7).

고귀한 의나 양심의 근원과 출처에 관해서 고찰해 보면, 이는 과학자들의 작품이나 산물도 아니고, 나아가서는 어떤 철인이나, 종교인들의 작품이나 산물도 아니라는 것입니다. ① 양심의 근원은 하나님께 있습니다(창 2:7). ② 양심은 하나님께 선물 받은 보배입니다. 고린도후서 4장 7절에 "우리가 이 보배를 질그릇에 가졌으니"라고 했습니다. 인간의 육체나 동물의 육체는 모두 질그릇의 원재료가 되는 흙으로 지음을 받았습니다. 그러나 동물들에게는 양심을 주시지 아니하시고, 사람들에게만 주셨습니다. 그러므로 양심을 상실하고 살아가는 인생은 비이성적인 동물이나 짐승과 별로 다를 바가 없습니다. 인간이 이 양심을 지킬 때 인간의 고귀한 지위와 생명이 보존되는 것입니다.

· 함께 읽어요 : 창세기 2장 7절

"여호와 하나님이 땅의 흙으로 사람을 지으시고 생기를 그 코에 불어넣으시니 사람이 생령이 되니라."

## 2. 청결함과 착한 마음의 기능을 회복하도록 해야 합니다(딤후 1:3).

양심은 ① '인생의 등불'이라고 했습니다. 눈은 우리 몸의 등불이요, 마음은 우리 인격과 이 세상에 밝은 등불입니다. 또 양심은 ② '인생의 나침판'이라고 했습니다. 인간의 양심은 우리 인생들의 삶의 지표와 행보를 올바로 안내하여 주는 것입니다. 그리고 양심은 ③ '인생의 법관'이라고 했습니다. 국어사전에 보면 "양심은 사물의 선악과 행동의 정사를 판단하고 명령하는 기능과 힘이라"고 했습니다. 이 양심은 내 것이지마는 내 편이 되어 나를 두호하는 것이 아니라, 언제나 하나님 편에서 나의 잘못을 고발하고 있습니다. 오리겐은 말하기를 "양심은 정의의 근원이라"고 했고, 톨스토이는 '양심의 소리는 하나님의 소리'라고 했습니다. 요약하면 양심은 하는 일이 있는데, ① 등불, ② 나침판, ③ 인생의 법관이 되어서 인생길을 밝히 비추어줍니다. 방향을 지시해 줍니다. 무엇이 옳은가 판단해 주는 것입니다. 사람의 얼굴이 서로 다른 것 같이 사람의 마음도 여러 가지입니다. ① 단 쇠에 화인 맞은 양심(딤전 4:2), ② 더러운 양심(디도 1:15), ③ 청결한 양심(딤후 1:3)이 있습니다. 여러분! 생명을 주는 청결한 양심과 착한 믿음으로 살아가시기를 바랍니다.

· 함께 읽어요 : 디모데후서 1장 3절
"내가 밤낮 간구하는 가운데 쉬지 않고 너를 생각하여 청결한 양심으로 조상적부터 섬겨 오는 하나님께 감사하고"

### 3. 하나님이 주신 생명력을 회복하도록 합시다(출 12:5~14).

본문에는 여호와께서 이스라엘 백성들에게 주신 유월절 규례입니다. 유월절은 오늘날 해방 기념일과 같은 절기입니다. 애굽의 장자가 죽던 날 밤 믿는 자들은 흠 없는 어린 양의 피가 자신들을 구원한다는 하나님의 약속을 믿었습니다. ① 유월절에 희생되는 어린 양은 주 예수 그리스도의 예표였습니다. 예수 그리스도는 아브라함과 그의 후손들에게 약속된 언약의 후사요, 세상을 부활시키실 구주이셨습니다. 예수 그리스도는 세상 죄를 위하여 죽어야 했던 '하나님의 어린 양'이었습니다. 그래서 세례 요한은 '세상 죄를 지고 가는 하나님의 어린 양이라' 했습니다.

② 유월절 양은 가장 좋은 일 년 된 것이어야 합니다. 예수 그리스도는 어린 아이 때도 아니고 늙어서도 아니고, 바로 인생의 힘이 넘치는 청춘을 온전히 바치셨습니다. ③ 유월절 양은 흠이나 점이 없어야 했습니다. 예수 그리스도야말로 흠이나 점이 없어 완전한 분이셨습니다. 그분은 죄를 전혀 몰랐습니다. 그분은 하나님의 아들이셨습니다.

· 함께 읽어요 : 고린도후서 5장 21절
"하나님이 죄를 알지도 못하신 이를 우리를 대신하여 죄로 삼으신 것은 우리로 하여금 그 안에서 하나님의 의가 되게 하려 하심이라."

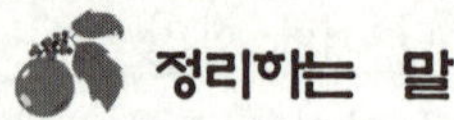

## 정리하는 말

여러분! 세상에서 가장 불쌍한 인생은 생명력을 잃은 인생일 것입니다. 그러나 이스라엘 백성들이 출애굽 전 여호와 하나님께서는 애굽에서 '유월절을 지키라'고 하셨습니다. 정월 14일 저녁 일 년 된 어린양을 잡아 그 피를 문설주와 인방에 바르고 양고기를 불에 구워 쓴 나물과 같이 허리띠를 두르고 급히 먹으라 했습니다. 양의 피를 바른 집은 죽음의 천사가 넘어갔습니다. 유월절 제사는 어린 양 예수 그리스도를 상징합니다. 예수 그리스도께서 우리 대신 십자가를 지시고 대속의 희생을 하셨기에 우리는 생명을 얻었습니다. 그리스도로 생명력을 얻으시기를 바랍니다.

## 평가와 결심

1. 잃은 생명력을 회복하는 방법 첫째가 무엇입니까?
   (잠 4:23, 마음의 근원은 하나님께 있음을 알아야 함)
2. 잃은 생명력을 회복하는 방법 둘째는 무엇입니까?
   (딤후 1:3, 청결한 양심을 가져야 함)
3. 잃은 생명력을 회복하는 셋째 방법은 무엇입니까?
   (출 12:5-14, 어린양 그리스도 피로 죄 씻어 의로운 인생으로 하나님과 교제하며 살아야 함)

## 주간 경건의 시간 <39> · 날마다 말씀과 함께

| 요일 / 내용 | 월(Mon) | 화(Tue) | 수(Wed) | 목(Thu) | 금(Fri) | 토(Sat) |
|---|---|---|---|---|---|---|
| 찬송 | 445 / 502 | 299 / 418 | 180 / 168 | 265 / 199 | 455 / 507 | 165 / 155 |
| 성경 | 출 9: | 출 10: | 출 11: | 출 12: | 출 13: | 출 14: |
| 적용 | 마음을 강퍅케 | 이번만 용서하사 | 구별하는 줄 알게 | 여호와의 유월절 | 밤에는 불기둥 | 두려워 말고 |

* 우리의 자연의 양육 부모는 휴식이다.

<윌리엄 셰익스피어, 1564~1616, 영국 시인, 극작가>

10단원 말씀 충만의 달

제40과

# 말씀은 믿음의 초석

찬송 / 200, 199, 198 / 통 235, 234, 284
성경 / 시편 1:1-6
요절 / 시편 1:2
"오직 여호와의 율법을 즐거워하여 그의 율법을 주야로 묵상하는 도다."
목표 / 하나님의 말씀이 믿음의 초석임을 알게 한다.

## 시작하는 말

세계 역사를 보면 문명의 발상지들이 다 큰 강가에 위치하고 있음을 알게 됩니다. 이집트 나일 강, 중국의 황하, 인도의 인더스 강 하구에서 문명이 시작되었습니다. 본문은 하나님의 말씀의 강가가 '생명의 원천'이 됨을 강조하고 있습니다. 미국의 16대 대통령 링컨도 성경을 읽으면서 그의 인생이 놀랍게 성장한 것을 보여줍니다. 하나님의 말씀은 단순한 지식의 말이 아닙니다. 하나님의 말씀 속에 하나님의 인격과 생명이 담겼습니다. 그 말씀이 부정적이든 긍정적이든 하나님의 말씀은 우리의 인생을 변화시키고 성장시키는 샘물이요, 원천(源泉)입니다. 성경 말씀을 통해 우리 인생길에 방향을 제시해 주고, 목표를 제시해 줍니다. 그렇다면 우리가 어떻게 살아야 하겠습니까?

## 오늘의 말씀

### 1. 삶의 방향을 말씀의 토대위에 세워야 합니다(시 1:1).

성도인 우리가 삶을 올바르게 영위하기 위해서는 어디서, 어떤 환경에서, 무슨 일을 하든 그 뿌리를 하나님의 말씀에 두어야 합니다. 하나님의 말씀에 뿌리를 두고 살아가면 그것이 영적생활 뿐만 아니라, 육적생활에도 든든한 토대가 되어 성공적인 인생을 영위할 수 있습니다. 링컨은 비가 새는 통나무집에 살면서도 성경을 빌려다가 열심히 읽었습니다. 워싱턴은 성경을 통해서 어려서부터 정직성을 배웠습니다.

본문 1절에서 피해야 할 부정적 삶은 ① 악인의 꾀를 좇지 않음, ② 죄인의 길에 서지 않음, ③ 오만한 자의 자리에 앉지 않음이라고 설명합니다. 세상을 살다보면 악한 길에 대한 미혹은 성도의 삶에 수없이 일어납니다. 피할 것을 잘 피해 가십시오. 그러면 복된 삶의 길이 보입니다.

· 함께 읽어요 : 시편 1편 1절
"복 있는 사람은 악인들의 꾀를 따르지 아니하며 죄인들의 길에 서지 아니하며 오만한 자들의 자리에 앉지 아니하고"

## 2. 말씀으로 신앙도 인생도 성숙해가야 합니다(시 1:2).

길이 없는 곳은 한번 두번 사람들이 걸어 다니다보면 길이 만들어집니다. 이런 길은 대개가 굽어지고, 다니기가 불편합니다. 그래서 장비를 동원하여 도로를 내고 포장을 합니다. 자연 소로(小路)의 길이 편리함은 어느 한계가 있습니다. 우리가 세상을 살아가는 데는 도덕률이 어느 정도는 길을 밝혀 줍니다. 그러나 그러한 법과 율법은 초등교사(몽학선생 : 蒙學先生-어린이나 가르칠만한 선생)에 불과하여 믿음이 오기 전까지만 인도하다가 믿음이 온 후에는 믿음으로 말미암아 의롭다 함을 얻게 하려 하신 것입니다. 그렇지만 율법에 대한 복 있는 자의 태도는 ① 즐거워하며, ② 주야로 묵상해야합니다. '베뢰아 사람들은 데살로니가 사람보다 더 너그러워서 간절한 마음으로 말씀을 받고 날마다 성경을 상고(詳考: 자세히 참고하고 검토함)'한다고 했습니다.

· 함께 읽어요 : 시편 19장 8~10절
"8 여호와의 교훈은 정직하여 마음을 기쁘게 하고 여호와의 계명은 순결하여 눈을 밝게 하도다. 9 여호와를 경외하는 도는 정결하여 영원까지 이르고 여호와의 규례는 확실하여 다 의로우니 10 금 곧 많은 정금보다 더 사모할 것이며 꿀과 송이 꿀보다 더 달도다."

## 3. 성도는 의인의 길을 선택해야 합니다(시 1:3~6).

시편 1편은 시편 전체의 내용을 요약하고 있는 시입니다. 시인은 복 있는 자와 악인의 두 길과 그 결과를 비유로 보여줍니다.

① 의인은 행사가 다 형통합니다. 시절을 좇아 과실을 맺으며 그 잎사귀가 마르지 아니합니다. 자신의 마음대로 모든 것이 이루어진다는 의미가 아닙니다. '형통'이란 하나님께서 그의 길을 인정하시는 것과 하나님께서 그와 함께 계심을 말합니다.

② 악인은 바람에 나는 겨와 같습니다. 겨는 바람에 날려 보내든지 불에 태워집니다. 현실에서는 악인이 잘되고 형통하게 보이는 것 같습니다. 그러나 악인들의 형통은 수단과 방법을 가리지 않고 원칙을 바꾸는 삶에서 이루어졌기에 그들의 불의가 들통이 납니다. 그러므로 악인에 대한 심판은 '하나님의 공의'가 나타날 때 종국적으로 심판을 자초하게 되는 것입니다. 하나님의 심판의 영원성은 필연적이고 무서운 것입니다. 악인들의 위장된 불의가 들어나고 결국은 하나님의 진노의 채찍에 결국은 망하게 된다는 것입니다. 다음 성경구절을 의미를 새기면서 함께 읽겠습니다.

· 함께 읽어요 : 시편 1편 4~5절
"4 악인들은 그렇지 아니함이여! 오직 바람에 나는 겨와 같도다. 5 그러므로 악인들은 심판을 견디지 못하며 죄인들이 의인들의 모임에 들지 못하리로다."

## 정리하는 말

사랑하는 성도 여러분! 악은 선과 의의 가면을 쓰고 있는 경우가 허다합니다. 입에는 선한 말을 하며 하나님을 찬양하지만 한편으로는 죄를 밥 먹듯 할 수 있습니다. 하나님을 믿지 않으면서 성경을 가르칠 수 있습니다. 가르치지만 자기는 행하지 않는 자들입니다. 예수께서는 '이 계명 중 지극히 작은 것 하나라도 버리고 또 그 같이 사람을 가르치는 자는 천국에서 지극히 작다 일컬음을 받을 것이라' 했습니다. '생명의 원천'인 말씀을 일고 묵상하며, 그 말씀 순종하며 살아가시기 바랍니다.

## 평가와 결심

1. 생명의 원천인 말씀을 따라 첫째 어떻게 살아야 합니까?
(시편 1:1, 부정적인 삶과 함께 하지 말아야 함)
2. 생명의 원천인 말씀을 따라 둘째 어떻게 살아야 합니까?
(시편 1:2, 말씀에 긍정적인 태도로 살아야함)
3. 생명의 원천인 말씀을 따라 셋째 어떻게 살아야 합니까?
(시편 1:3-6, 의인의 길 선택하여 살아야 함)

## 주간 경건의 시간 <40> · 날마다 말씀과 함께

| 요일 / 내용 | 월(Mon) | 화(Tue) | 수(Wed) | 목(Thu) | 금(Fri) | 토(Sat) |
|---|---|---|---|---|---|---|
| 찬송 | 170 / 16 | 255 / 187 | 354 / 394 | 362 / 481 | 376 / 422 | 381 / 425 |
| 성경 | 시 2: | 시 3: | 시 4: | 시 5: | 시 6: | 시 7: |
| 적용 | 아들에게 입맞추라 | 나의 방패 나의 영광 | 내가 부를 때에 | 주에게 피하는 자 | 밤마다 눈물로 | 성실함을 따라 |

* 이 땅에서 아내보다 더 훌륭한 사람은 오직 어머니뿐이다.

<레오폴드 셰퍼, b.1784, 독일 시인>

10단원 말씀 충만의 달

# 말씀 신앙은 기적을 낳는다

찬송 / 366, 183, 182 / 통 485, 172, 169

성경 / 시편 13:1-6

요절 / 시편 13:3

"여호와 내 하나님이여 나를 생각하사 응답하시고 나의 눈을 밝히소서. 두렵건대 내가 사망의 잠을 잘까 하오며"

목표 / 말씀에 근거한 신앙만이 생활의 기적을 가져옴을 알게 한다.

## 시작하는 말

세상에 가장 불행한 사람은 시각장애로 살아가는 사람일 것입니다. 꽃이 피지만 봄의 아름다움을 느낄 수 없습니다. 여름의 싱그러운 녹음을 볼 수 없습니다. 가을의 황금물결 들판의 풍요를 만끽할 없는 것입니다. 신구약 성경말씀은 인생이 살아가는 생명의 들판입니다. 그러나 영적인 시각장애를 가지면 이 신비한 말씀을 보고 느낄 수 없습니다. 인생 최고의 행복은 '길이요 진리요 생명'이라고 하신 주님의 말씀을 따라 아름다운 창조의 들판을 사랑하는 주님과 함께 찬송하며 거니는 행복일 것입니다. 사랑하는 성도 여러분, 말씀을 따라 눈을 밝혀 살아가려면 어떻게 해야 하겠습니까?

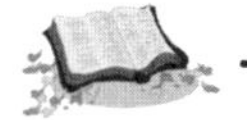

## 오늘의 말씀

### 1. 하나님의 도우심을 갈망해야 합니다(시 13:1~4).

시인은 스스로의 힘으로 탈출할 수 없는 위기의 수렁에 빠져있습니다. 그는 4번이나 "어느 때 까지니이까?" 이어서 "여호와 내 하나님이여! 나를 생각하사 응답하시고"라고 부르짖었습니다. 여리고 성 근처에서 걸식하던 바디매오는 시각장애자였습니다. 사람들이 웅성거리고, 발자국 소리 요란합니다. '소경의 눈도 뜨게 해 주셨다'는 이야기가 들려옵니다. 그래서 그는 낮이면 사람들이 통행하는 길가에서 예수께서 지나가시기를 학수고대했습니다. 소문을 들은 후부터 밤잠을 설치며 너무 가슴이 설렙니다. '예수님을 만나자. 눈은 보이지 않지만 그냥 예수께로 달려 갈 것이다.' 결심을 했습니다. 어느 날 많은 사람들이 지나갑니다. 나사렛 예수라는 말을 듣자마자, 그는 목청을 다해 소리를 지릅니다. "다윗의 자손 예수여! 나를 불쌍히 여기소서". '좀, 조용히 해요', 그러나 더 큰 소리로 "다윗의 자손이여 나를 불쌍히 여기소서." 그 소리를 들으신 예수께서 머물러 서서 "그를 부르라"고 하셨습니다. 그날 그는 주님을 만나 평생의 소원인 '눈을 떴습니다'. 사랑하는 성도 여러분! 주님은 여러분들의 도우미십니다. 어려운 일 만날 때마다 주 하나님의 도우심을 구하시기 바랍니다.

· 함께 읽어요 : 시편 18편 1절
"나의 힘이 되신 여호와여 내가 주를 사랑하나이다."

## 2. 하나님의 사랑을 의지해야 합니다(시 13:5~6).

시인은 이제 혼돈과 슬픔에서 벗어나 확신 가운데 고요한 기쁨과 마음의 안식을 찾았습니다. 그리하여 그는 구원의 하나님을 찬양합니다. 본문에 개역성경의 '인자'(헤세드:חסד)라는 말은 '하나님의 언약의 신실성'을 뜻합니다. 시인은 하나님의 신실성에 대하여 확신합니다. 그래서 기쁨과 찬양이 터져 나옵니다. 그는 과거의 경험을 통하여 미래에도 구원하여 주실 것을 소망하며, 찬송을 부릅니다. 하나님의 사랑하심은 변치 않는 구원의 약속에 근거합니다. 사도 요한은 "····하나님께로부터 나신 자가 그를 지키시매 악한 자가 그를 만지지도 못하느니라"(요일 5:18)고 했습니다. 주님은 "····세상에서는 너희가 환난을 당하나 담대하라 내가 세상을 이기었노라"(요 16:31)라고 했습니다. 성도가 세상에서 살아갈 때 담대함을 가질 수 있는 것은 확실한 보장이 약속되었기 때문입니다. 아무리 힘들고 어려워도 불평이나 원망을 하지 마세요. 어려움을 만나면 가장 든든히 지켜주실 주님께 감사와 찬송을 드려 보세요. 그러면 놀라운 확신과 함께 힘이 솟아나는 체험을 할 것입니다.

· 함께 읽어요 : 시편 59편 17절
"17 나의 힘이시여 내가 주께 찬송하오리니 하나님은 나의 요새이시며 나를 긍휼히 여기시는 하나님이심이니이다."

### 3. 하나님의 베푸신 은덕을 찬송해야합니다(시 13:6).

시인은 지금 믿음을 상실케 하는 절망의 상황임에도 불구하고 하나님을 찬송하고 있습니다. 이러한 변화는 오직 하나님 안에 소망을 두고 그분의 구원을 확신하는 자 안에서만 솟아오르는 '생명의 활기'인 것입니다. 절망이 찬양으로, 슬픔이 기쁨으로, 고뇌가 즐거움으로 변한 것은 하나님의 은덕을 그가 믿었기 때문입니다. 그러한 그의 믿음은 그의 영혼을 소생시켜 주었으며, 하나님을 찬양하는 기쁨을 주었습니다. 여러분! 괴로울 때 그 괴로움을 주는 세상의 환경에서 눈을 돌려 주님의 얼굴을 바라보세요. 고통 자체에서 눈을 돌리세요. 외적인 어려운 환경에서 언제나 후대해 주시는 하나님께 눈을 돌리세요. 그러면 찬양이 저절로 흘러나올 것이며, 찬양은 우리에게 힘을 줄 것입니다.

· 함께 읽어요 : 시편 13편 6절
"내가 여호와를 찬송하리니 이는 주께서 내게 은덕을 베푸심이로다."

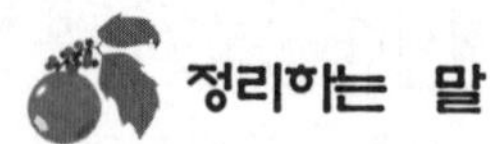

## 정리하는 말

시인의 애틋한 기도가 바로 우리들의 기도가 되어야 하겠습니다. 하나님께서 우리를 영원히 잊으시고, 얼굴을 숨기셨다고 느낄 때, 원수가 우리를 치며 자랑할 때에 여러분은 어떻게 대처하시겠습니까? 절박함이 문 앞에 다가왔을 때 하나님의 도우심을 구하세요. 주님의 사랑을 의지하고 구원을 기뻐하세요. 주의 은덕 베푸심을 찬송하시기 바랍니다.

## 평가와 결심

1. 말씀을 따라 눈을 밝혀 살아가려면 첫째 어떻게 해야 하겠습니까?
(시 13:1-4, 하나님의 도우심을 갈망해야 함)
2. 말씀을 따라 눈을 밝혀 살아가려면 둘째 어떻게 해야 하겠습니까?
(시 13:5, 주의 사랑을 의지해야 함)
3. 말씀을 따라 눈을 밝혀 살아가려면 셋째 어떻게 해야 하겠습니까?
(시 13:6, 하나님의 후대하심을 찬양해야 함)

### 주간 경건의 시간 <41> · 날마다 말씀과 함께

| 요일 / 내용 | 월(Mon) | 화(Tue) | 수(Wed) | 목(Thu) | 금(Fri) | 토(Sat) |
|---|---|---|---|---|---|---|
| 찬송 | 159 / 149 | 237 / 226 | 241 / 232 | 242 / 233 | 257 / 189 | 258 / 190 |
| 성경 | 시 9: | 시 10: | 시 11: | 시 12: | 시 13: | 시 14: |
| 적용 | 주의 이름 찬송 | 손을 드옵소서 | 의인을 감찰하시고 | 자랑하는 혀 끊으심 | 나의 눈 밝히소서 | 가난한 자 경영 |

* 내가 나 된 것이나 내가 소망하였던 것 등은 모두 천사 같은 나의 어머니의 영향을 받았기 때문이다. <아브라함 링컨, 1809~1865, 미국 16대 대통령>

# 말씀이 드러나는 세상

찬송 / 202, 204, 205 / 통 241, 379, 236

성경 / 시편 19:1-14

요절 / 시편 19:8

"여호와의 교훈은 정직하여 마음을 기쁘게 하고 여호와의 계명은 순결하여 눈을 밝게 하도다."

목표 / 자연과 말씀을 통해 역사하시는 율법, 교훈, 계명과 함께 살아가는 태도를 기른다.

## 시작하는 말

여러분! 하나님께서 창조하신 자연을 통해서 하나님의 영광을 깊은 경외심과 함께 예술적인 통찰력으로 노래하는 시인의 영성(靈性)을 바라보세요. 그리고 하나님의 율법을 통해 주시는 '특별계시'를 찬양하는 시인의 은혜 풍성함을 주목하시기 바랍니다. 시인 다윗은 자연과 율법의 조화를 주의 깊게 관찰하고 생각하는 가운데, 엄청난 감동과 경건한 두려움을 느끼게 되었으며, 그를 통하여 하나님을 알게 된 기쁨을 노래하고 있습니다. 한편의 시에서 하나님의 '자연 계시'와 '특별 계시'를 생생하게 보여주고 있습니다. 피조물로서 계시를 통하여 위대하신 창조주 하나님을 찬양하고 기쁨을 노래하고 있습니다.

## 오늘의 말씀

1. 자연계시 속에 나타난 하나님의 영광을 노래합니다(시 19:1~4).

① 하늘이 하나님의 영광을 증언합니다. '하늘이 하나님의 영광을 선포하고 궁창(穹蒼:높고 맑게 갠 푸른 하늘)이 그 손으로 하신 일을 나타낸다.'고 했습니다. 우주의 하늘은 존재자체가 하나님의 영광을 선포하며 찬양을 하는 것입니다. 오묘하게 창조하신 하나님의 솜씨를 드러내며 찬양하고 있는 것입니다. 하늘은 인간들에게 하나님을 계시하며 창조주 하나님과 하나님의 창조 행위를 증언하고 있습니다. 그렇게 함으로써 인간들로 하여금 하나님을 찬양하도록 가르치는 것입니다.

② 낮과 밤은 창조주 하나님의 영광을 신비롭게 전합니다. 창조하신 우주와 하늘은 정말 아름답고 경이롭습니다. 낮을 비추는 빛을 통하여 생명을 유지합니다. 빛은 사람들로 생명을 영위하는 데 있어서 없어서는 안 될 적절한 발기와 온기를 가져다줍니다. 하나님의 솜씨와 영광이 그 속에 나타납니다.

· 함께 읽어요 : 시편 19편 1~4절

"1 하늘이 하나님의 영광을 선포하고 궁창이 그의 손으로 하신 일을 나타내는 도다. 2 날은 날에게 말하고 밤은 밤에게 지식을 전하니 3 언어도 없고 말씀도 없으며 들리는 소리도 없으나 4 그의 소리가 온 땅에 통하고 그의 말씀이 세상 끝까지 이르도다. 하나님이 해를 위하여 하늘에 장막을 베푸셨도다."

## 2. 여호와의 율법이 하나님의 영광을 드러냅니다(시 19:7~11).

하나님의 창조물에 대한 찬양을 통해 하나님의 영광을 드높인 시인은 이제 그 같은 피조물보다 더 탁월한 것, 즉 하나님께서 인간들을 위해 주신 율법을 찬양합니다. 또 다른 측면에서 하나님의 영광을 증언합니다. 인간을 향한 자기 계시는 일반적으로는 자연을 통해서 일방적으로 나타나지만 특별하게는 인간과 교제하시는 말씀, 즉 율법을 통해서 분명하게 전해집니다. 시인은 자연을 창조하신 분으로서의 '하나님'의 이름을 사용한 반면 율법을 주신 분으로서의 하나님을 '여호와'라는 칭호를 사용합니다. 하나님이라는 칭호는 창조적인 능력, 즉 전능자이심을 강조합니다. '여호와'라는 칭호는 하나님의 언약백성과 밀접한 관련이 있는 이름입니다. 하나님의 언약관계에서 주시는 말씀을 통해 그의 사랑하심과 공의로우심을 나타내주시는 것입니다. 말씀을 사모하며 온전하게 살아가시기 바랍니다.

· 함께 읽어요 : 디모데후서 3장 16~17절

"16 모든 성경은 하나님의 감동으로 된 것으로 교훈과 책망과 바르게 함과 의로 교육하기에 유익하니 17 이는 하나님의 사람으로 온전하게 하며 모든 선한 일을 행할 능력을 갖추게 하려 함이라."

### 3. 말씀 앞에 겸허하게 살아야 합니다(시 19:12~14).

시인은 하나님의 창조물인 거대한 우주의 하늘과 궁창을 통해 무한한 하나님의 영광을 노래하고, 율법, 교훈, 계명, 여호와의 법도를 통해 주시는 엄청난 은혜 가운데 한없이 초라하게 느껴지는 자신의 모습에서 겸허함을 느낍니다. 거룩한 율법, 하나님의 말씀을 통해 교제하는 놀라운 영적 은혜와 축복을 누리는 것입니다.

우리의 신분은 "그는 허물과 죄로 죽었던 너희를 살리셨도다"(엡 2:1). "너희는 그 은혜에 의하여 믿음으로 말미암아 구원을 받았으니 이것은 너희에게서 난 것이 아니요 하나님의 선물이라"(엡 2:8)고 했으니 하나님 아버지와 독생자 예수 그리스도의 은혜와 은총이 어찌 감사하지 않겠습니까? 우리는 감사 찬송하면서 겸손하게 살아야 합니다.

· 함께 읽어요 : 시편 19편 13절

"또 주의 종에게 고의로 죄를 짓지 말게 하사 그 죄가 나를 주장하지 못하게 하소서 그리하면 내가 정직하여 큰 죄과에서 벗어나겠나이다."

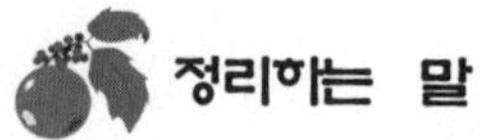

## 정리하는 말

사랑하는 성도 여러분! 우리 크리스천들은 그리스도의 십자가로 대속함과 구원과 영생을 받았으니 반석이시요 구속자이신 여호와를 찬양드릴 수밖에 없습니다. 그러므로 고의로 죄를 짓는 '고범죄'(故犯罪: 고의로 저지른 죄)를 지어서는 안 되는 것입니다. 시인의 겸손한 모습을 발견합시다. 하늘이 하나님의 흠 없는 증언자가 되었듯이 자신의 '입의 말과 마음의 묵상이 주의 앞에 열납'(悅納: 기쁘게 받아드림) 되기를 소원하고 갈망합시다. 여러분들도 시인처럼 하나님과의 관계에서 출발한 경건과, 하나님의 바른 증언자가 되기를 소원합니다.

## 평가와 결심

1. 하나님의 영광을 위해 첫째 어떻게 살아야 합니까?
   (시 19:1-4, 자연계시를 통해 나타난 영광을 노래함)
2. 하나님의 영광을 위해 둘째 어떻게 살아야 합니까?
   (시 19:5-11, 특별계시인 말씀을 통해 영광을 나타내야 함)
3. 하나님의 영광을 위해 셋째 어떻게 살아야 합니까?
   (시 19:12-14, 하나님 말씀 앞에 겸손하게 살아야 함)

### 주간 경건의 시간 <42> · 날마다 말씀과 함께

| 요일 / 내용 | 월(Mon) | 화(Tue) | 수(Wed) | 목(Thu) | 금(Fri) | 토(Sat) |
|---|---|---|---|---|---|---|
| 찬송 | 546 / 399 | 333 / 381 | 347 / 382 | 351 / 389 | 381 / 425 | 411 / 473 |
| 성경 | 시 16: | 시 17: | 시 18: | 시 19: | 시 20: | 시 21: |
| 적용 | 주밖에 복이 없다 | 정직함 들으소서 | 나의 힘 여호와 | 여호와의 교훈 | 성소에서 너를 도움 | 주의 구원 기뻐함 |

* 비록 세상 사람들이 유죄라 말하지 않을지라도 잘못을 저지른 사람은 반드시 그 행위에 대해 죄책감을 갖는다. <마르틴 파쿠아 터퍼, 1810~1889, 영국 시인>

10단원 말씀 충만의 달

# 고난을 극복케 하는 말씀

찬송 / 27, 251, 420 / 통 27, 137, 212

성경 / 시편 22:1-31

요절 / 시편 22:25

"큰 회중 가운데에서 나의 찬송은 주께로부터 온 것이니 주를 경외하는 자 앞에서 나의 서원을 갚으리로다."

목표 / 말씀을 통한 신앙이 우리의 고난을 극복하게 하심을 알게 한다..

## 시작하는 말

이 시의 핵심은 극도의 고난 중에서 하나님을 찾고 의지하는 신앙입니다. 신약의 그리스도인들은 본 시편을 십자가에 달리셨던 '메시아의 고난과 승리의 노래'로 기억합니다. 예수께서 십자가에서 극한 고통과 수치를 당하실 때 이 시편을 이용하여 기도하셨기 때문입니다. 실제로 예수께서는 이 시의 수난자를 자신과 동일시하셨습니다. 본 시편은 십자가 수난의 의미와 고난의 본질에 대한 이해와 안목을 갖게 해 줍니다. 주님은 몸소 십자가의 고난을 통해 인간의 모든 고난을 체휼하신 것입니다. 죽음을 넘어 부활로써 성취된 구원을 노래하고 있습니다.

## 오늘의 말씀

### 1. 고난 중의 탄식과 구원을 바라는 간절한 호소입니다(시 22:1~18).

이 시는 탄식과 기원이 교차되는 탄원의 기도로서 시인이 고난을 묘사하는 말, 한 마디 한 마디가 읽는 이의 가슴에 깊은 감동을 줍니다. 시인의 곤경은 고난 자체보다 그로 인한 영적인 번민이 하나님의 평안과 안전, 그리고 하나님과의 교제를 무너뜨리고 있기 때문입니다. ① 하나님께 버림받았다는 느낌으로 절규합니다(1-5절). "내 하나님이여 내 하나님이여 어찌 나를 버리셨나이까?"(*ἠλί ἠλί λεμὰ σαβαχθάνι* : 엘리 엘리 라마 사박다니), 이 말씀은 예수께서 십자가에 못 박하셨을 때 절규하신 말씀(마태복음 27:46)입니다. ② 사람들에게서 조롱받는 고통을 호소합니다(6-8절). 두려움과 낙망에서 벗어나려고 열조들의 구원을 회상해 보지만 '사람의 비방거리, 백성의 조롱거리, 보는 자들의 비웃음'이 못 견디게 합니다. ③ 평생의 의탁자이셨던 여호와께 호소합니다(9-11절). 대적자들의 악하고 모멸에 가득 찬 태도에도 불구하고 하나님을 생각합니다. ④ 극한 고통을 호소합니다(12-18절). 대적자들은 포악한 짐승처럼 공격합니다.

그러나, 시인은 구원의 하나님이 고난을 주관하신다는 인식을 합니다. 자신을 '사망의 진토'에 두신 분이 하나님이시라는 사실을 고백하는 놀라운 믿음으로 발전하고 있습니다.

· 함께 읽어요 : 시편 22편 17~18절
"17 내가 내 모든 뼈를 셀 수 있나이다 그들이 나를 주목하여보고 18 내 겉옷을 나누며 속옷을 제비 뽑나이다."

## 2. 하나님의 직접적인 임재와 응답을 확신합니다(시 22:19~21).

시인은 이 극심한 고난 속에서도 자신을 지탱하는 신앙의 관건은 하나님의 임재여부에 달려있다는 사실을 인식하고 있습니다. 19절에 "여호와여 멀리 하지 마옵소서. 나의 힘이시여 속히 나를 도우소서"라고 간구하면서 아무리 극한 상황 속에서라 할지라도 하나님만 임재하시기만 하다면 그는 고난을 감당할 수 있을 것이기 때문입니다.

20절에서 "내 생명을 칼에서 건지시며 내 유일한 것을 개의 세력에서 구하소서"라고 기도합니다. 지금 그의 절박한 위협이 이제는 삶과 죽음 사이에 놓였다는 말씀입니다. 그러나 시인은 계속되는 간구 속에서 마침내 큰 확신이 임했습니다.

· 함께 읽어요 : 시편 22편 21절
"나를 사자의 입에서 구하소서. 주께서 내게 응답하시고 들소의 뿔에서 구원하셨나이다."

### 3. 간구에 대한 응답과 축복에 대한 감사와 찬양입니다(시 22:22~31).

시의 두 번째 부분은 고난의 탄원 후에 그에게 일어난 기도와 응답에 대한 찬양과 감사입니다. 하나님께서 베풀어주신 구원을 증언하면서 그것을 통하여 '하나님께서는 고난 받는 자에게 실제적인 구원을 베풀어 주시는가?' 라는 근본적인 신앙문제에 대해 증거하고 있습니다.

① 형제들과 함께 기쁨을 누립니다(22-26절). 시인은 그를 죽음에 몰아넣었던 고난에서 벗어나게 되었습니다. 그의 영혼은 고난의 강을 건너 압박 가운데 짓눌리던 긴장상태에서 자유하게 되었습니다. 구원의 하나님께 찬양과 감사를 드립시다. ② 하나님의 주재되심을 온 세상에 선포하시기 바랍니다(27-31절). 하나님의 본성과 경륜과 섭리는 열방의 모든 족속에까지 미쳤으니 열방의 모든 민족들도 하나님 앞에 경배 드려야 합니다. 간구에 대한 응답과 축복에 대한 감사와 찬양을 드리기 바랍니다.

· 함께 읽어요 : 시편 22편 30~31절
"30 후손이 그를 섬길 것이요 대대에 주를 전할 것이며 31 와서 그의 공의를 태어날 백성에게 전함이여 주께서 이를 행하셨다 할 것이로다."

## 정리하는 말

사랑하는 성도 여러분! 시인은 "이스라엘의 찬송 중에 거하시는 주여 주는 거룩하시나이다"(3절)라고 고백합니다. 또한 "큰 회중 가운데에서 나의 찬송은 주께로부터 온 것이라"(25절)고 고백했습니다. "나라는 여호와의 것이요, 여호와는 모든 나라의 주재심이로다"(28절). 그러므로 성도 여러분! 마음과 뜻과 정성을 다해 찬송을 드리시기를 바랍니다.

## 평가와 결심

1. 주께로부터 온 것인 찬송의 첫째 요소는 무엇입니까?
   (시 22:1-19, 고난 중 탄식과 구원을 바라는 간구)
2. 주께로부터 온 것인 찬송의 둘째 요소는 무엇입니까?
   (시 22:19-21, 간구와 응답에 대한 확신을 노래함)
3. 주께로부터 온 것인 찬송의 셋째 요소는 무엇입니까?
   (시 22:22-31, 간구에 대한 응답과 축복에 대한 감사와 찬양)

## 주간 경건의 시간 <43> · 날마다 말씀과 함께

| 요일 / 내용 | 월(Mon) | 화(Tue) | 수(Wed) | 목(Thu) | 금(Fri) | 토(Sat) |
|---|---|---|---|---|---|---|
| 찬송 | 246 / 221 | 305 / 405 | 375 / 421 | 363 / 479 | 314 / 511 | 364 / 482 |
| 성경 | 시 23: | 시 24: | 시 25: | 시 26: | 시 27: | 시 28: |
| 적용 | 여호와 나의 목자 | 여호와 영광의 왕 | 영혼이 주 우러러 | 행악자의 집회 | 초막 속에 비밀히 | 나의 손을 들고 |

* 나의 통치는 양심이 시작하는 곳에서 끝난다.

<나폴레옹 보나파르트, 1769~1821, 프랑스 황제>

제 44과

# 찬송은 말씀의 결실이다

찬송 / 27, 251, 420 / 통 27, 137, 212
성경 / 시편 33:1-22
요절 / 시편 33:1
"너희 의인들아 여호와를 즐거워하라 찬송은 정직한 자들이 마땅히 할 바로다."
목표 / 찬송은 말씀의 신앙 고백으로 마땅히 할 바임을 알고 부르도록 한다.

## 시작하는 말

이 시편은 하나님을 창조주로, 역사를 섭리하며 주재하시는 분으로, 모든 인류를 다스리시는 분으로, 특별히 하나님을 바라고 의지하는 자들의 보호자이자 구원자로서 묵상하면서 그분을 높이 찬양하는 시입니다. 이러한 감사와 찬양과 함께 하나님의 백성들이 인간적인 수단이나 능력을 의지할 것이 아니라 하나님만을 영원한 신뢰의 대상이요 근원으로 삼을 것을 교훈하고 있습니다. 본 시편의 내용은 한 마디로 '신뢰와 찬송'입니다. 오늘날 많은 찬양대원들이나 예배 참례자들이 이러한 태도로 찬양을 드려야 할 것입니다. 하나님께 마땅히 찬양을 드려야 합니다. 하나님을 찬양할 자 누구며, 먼저 할 것은 무엇이며, 찬양할 이유는 무엇이며 찬양의 방법은 어떻게 해야 할 것입니까?

## 오늘의 말씀

1. 하나님을 찬양하도록 훈련하고 권고해야 합니다(시 33:1~3).

피조물들이라면 누구든지 하나님을 찬양해야 하지만 마음에서 우러나오는 진정한 찬양을 마땅히 드릴 수 있는 자들은 누구이겠습니까?

① 하나님의 백성들, 곧 여기 본문에는 '의인들', '정직한 자'들이라고 합니다. 찬양은 '감사'에서 우러나와야 하고, 즐거운 마음으로 드려져야 할 것을 강조하고 있습니다. ② 찬양과 감사는 언제나 변함없이 항상 하나님께 드려져야 합니다. 하나님이 베푸신 모든 은혜와 특별한 은사에 대한 자연스러운 태도요, 범사에 하나님께 대한 찬양과 감사를 드려야하는 것입니다. ③ 하나님의 백성들이 마땅히 드려야 할 공적인 예배에서 표현 되어야 하며, 매일의 삶 가운데서 자신을 드리는 헌신의 표현입니다.

찬양의 방법은 '수금'과 '열 줄 비파'와 '새 노래'와 '즐거운 소리로', '노래하며', '공교히 연주'하는 것이 모두 포함됩니다. 이는 여러 가지 종류의 악기와 방법으로 찬양을 드려야 한다는 것이 아니라 찬양은 '온 마음과 뜻을 다하여' '세심하게 준비'되고, '최선의 것'이 되어야 한다는 것을 말합니다. 예배 안에 새로워진 영혼이 하나님을 높이고, 회중의 영혼을 일깨워 언제나 '새 노래'로 숭고한 예배로 드려져야 하는 것입니다.

· 함께 읽어요 : 시편 33편 2~3절

"2 수금으로 여호와께 감사하고 열 주 비파로 찬송할지어다. 3 새 노래로 그를 노래하며 즐거운 소리로 아름답게 연주할지어다."

## 2. 하나님을 찬양해야 할 이유가 있습니다(시 33:4~19).

시인은 하나님께 찬양 드려야 할 이유 세 가지를 제시합니다.

(1) 하나님의 말씀 때문입니다(4-9절). ① 말씀은 정직합니다(3-5절). 행사가 정직하여 정의와 공의를 사랑하십니다. 여호와의 인자하심이 충만하십니다. ② 말씀으로 세상이 창조되었기 때문입니다(6-7절). 말씀의 능력 때문에 하나님을 찬양합니다. ③ 말씀 안에 하나님의 위대하심이 나

타나기 때문입니다(8-9절). 말씀 자체의 '정직함', '진실 됨' 때문입니다.

(2) 하나님의 주권과 섭리 때문입니다(10-12절). ① 하나님이 역사의 주재자 되시고, ② 하나님의 백성들의 주재자이시기 때문입니다(12절).

(3) 하나님의 통치 때문입니다(13-19절). ① 하나님의 전지하심(13-15절). ② 하나님의 구원하심 때문입니다(16-19절). 세상의 힘이나, 권력들 다 무가치합니다. 왜 그렇습니까? 하나님만이 우리들을 모든 상황 하에서 구원하실 수 있기 때문입니다.

· 함께 읽어요 : 시편 33편 18~19절

"18 여호와는 그를 경외하는 자 곧 그의 인자하심을 바라는 자를 살피사 19 그들의 영혼을 사망에서 건지시며 그들이 굶주릴 때에 그들을 살리시는 도다."

## 3. 하나님을 신뢰하며 찬양해야 하는 것입니다(시 33:20~22).

시인은 견고한 신뢰를 토대로 하여 여호와에 대한 사모함을 나타냅니다. 그의 소망은 오직 하나님 안에 있기 때문이 찬양으로 흘러나오는 것입니다. 시인은 하나님에 대하여 오랫동안 깊이 묵상하면서 하나님은 '창조의 하나님', '역사의 하나님', 모든 '인생의 주관자이신 하나님'에 대한 광대한 신학적 묵상과 경험이 어우러져 그의 마음속에 깊이 뿌리내린 신뢰가 개인적인 신앙고백으로 나타납니다. 하나님께 대한 진리를 아는 자들은 개인적으로 신앙을 고백하게 됩니다. 참된 진리는 고백적이어야 합니다. 성도 여러분! 하나님은 '우리의 도움과 방패시로다'라고 고백할 수 있기를 바랍니다. 시인은 하나님을 신뢰하는 신앙이 하나님의 은혜, 곧 '인자하심'에 달려 있다고 주저 없이 고백하고 있습니다.

· 함께 읽어요 : 시편 33편 20~22절

"20 우리 영혼이 여호와를 바람이여 그는 우리의 도움과 방패 시로다 21 우리 마음이 그를 즐거워함이여 우리가 그의 성호를 의지하였기 때문이로다 22 여호와여 우리가 주께 바라는 대로 주의 인자하심을 우리에게 베푸소서"

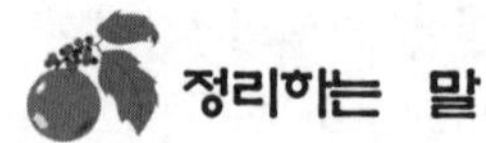

## 정리하는 말

사랑하는 성도 여러분! 누가 하나님을 찬양할 수 있습니까? 하나님께서 베풀어주신 인자하심이 없다면 인간의 어떠한 신뢰나 결단도 단지 물거품에 불과하며 헛될 뿐일 것입니다. 하나님의 인자하심이 언제나 있기에, 그리고 그분의 창조, 섭리, 통치하심을 확신함으로써 우리는 그분을 나의 신앙고백으로 찬양할 수 있어야 하는 것입니다. 할렐루야!

## 평가와 결심

1. 성도가 마땅히 할 바 찬송은 누가 드릴 수 있습니까?
   (시 33:1-3, ① 의인들, ② 정직한 자들)
2. 찬양 드려야 할 이유가 무엇입니까? (시 33:4-19, ① 하나님 말씀, ② 하나님의 주권과 섭리, ③ 하나님의 통치하심 때문에)
3. 어떻게 찬양 드려야 할까요? (시 33:20-22)
   (창조, 섭리, 통치하시는 하나님을 신뢰하며 신앙고백으로)

### 주간 경건의 시간 <44> · 날마다 말씀과 함께

| 요일 / 내용 | 월(Mon) | 화(Tue) | 수(Wed) | 목(Thu) | 금(Fri) | 토(Sat) |
|---|---|---|---|---|---|---|
| 찬송 | 364 / 482 | 246 / 221 | 305 / 405 | 375 / 421 | 363 / 479 | 314 / 511 |
| 성경 | 시 30: | 시 31: | 시 32: | 시 33: | 시 34: | 시 35: |
| 적용 | 슬픔이 변하여 | 주의 의로 나를 건져 | 죄의 가리움 | 하나님의 기업 | 여호와 선하심 | 기도가 내 품으로 |

* 모든 것에 비양심적인 사람은 아무 것도 신뢰하지 말라.

<로렌스 스턴, 1713~1768, 영구 성직자 해학가>

# 감사는 하나님께 큰 영광

찬송 / 50, 94, 93 / 통 71, 102, 93

성경 / 시편 37:1-16

요절 / 시편 37:4

"또 여호와를 기뻐하라 그가 네 마음의 소원을 네게 이루어 주시리로다."

목표 / 감사는 하나님께 영광이 됨을 알고 감사하며 살아가는 태도를 기른다.

## 시작하는 말

우리가 살아가면서 건강하지 못하면 불평이 쏟아지고, 원망이 나옵니다. 기분이 상해지면서 건강은 나도 모르게 나빠집니다. 윌리엄 셰익스피어는 "불 테면 불어라 겨울바람아, 눈보라와 섞어 치니 사정도 없다마는 인생의 감사치 않는 마음보다 모질지는 않구나!"라고 했습니다. 인간의 됨됨이는 감사와 비례하는 것 같습니다. 사도 바울은 "말할 수 없는 그의 은사로 인하여 하나님께 감사하노라"(고후 9:15). 성숙한 감사를 했습니다. 우리는 구역성경을 읽으면서 불평하는 요나보다 감사하는 하박국 선지자의 성숙한 신앙을 보게 됩니다. 생명력 있는 신앙의 성숙이란 감사와 찬양을 통해서 이루어짐을 명심하시길 바랍니다. 여호와를 기뻐하면 소원을 이루어 주신다고 시편 기자는 노래합니다. 하나님께 항상 감사드리고 그분을 사모하며 기뻐하시기를 바랍니다.

## 오늘의 말씀

1. 악인의 형통을 부러워하거나 기뻐하지 말아야 합니다(시 37:1~2).

우리는 입으로는 '청렴'을 말하면서도 부나 성공을 부러워합니다. 어떤 방법으로든 돈을 모으고, 취직을 하고, 명예를 얻었으면 그것을 보고 성공했다고 칭찬을 아끼지 않습니다. 사랑하는 성도 여러분! 악인의 살아가는 방법으로 부와 명예와 권력을 소유했다면 그것을 성공이라고 평가하는 자체가 잘못되었음을 명심하시기 바랍니다.

시편 기자는 '악을 행하는 자들' 때문에 불평하지 말라고 합니다. '불의를 행하는 자들'을 시기하지 말라고 합니다. 그렇습니다. 성도가 세상을 살아나갈 때, 바른 삶의 목표와 방향이 있어야 합니다. 여러분! 악인의 형통에 대하여 바른 인식을 가지시고 그들을 결코 부러워하지 마시고, 오히려 고난과 역경을 이겨가는 귀한 믿음을 주심을 감사하시기 바랍니다.

· 함께 읽어요 : 시편 37편 1절

"악을 행하는 자들 때문에 불평하지 말며, 불의를 행하는 자들을 시기하지 말지어다."

## 2. 하나님만 의지하는 실제적인 믿음을 가져야 합니다(시 37:3~6).

시편은 세상에서 흔히 볼 수 있는 악인들의 형통에 대하여 의인들이 괴로워하거나 고민하지 말라고 말씀합니다. 악한 자들이 매사에 잘 되는 것 같고, 출세의 길이 빠른 것 같습니다. 의인들의 삶은 늘 궁핍하고 곤란한 현실을 보면서도 하나님만을 바라보고 결코 실망하거나 불평하지 말라는 것입니다. 여기서 의인들이 실제적으로 가야할 길을 제시합니다.

① 주님을 의뢰하라(3절). 이는 여호와를 의뢰하고 선을 행하라는 것입니다. 성실로 일관하라는 것입니다. 하나님의 신실하심을 매일의 양식처럼 여기면서 살아가라는 것입니다. ② 주님을 기뻐하라(4절). 왜냐하면 "그가 네 마음의 소원을 이루어주시리라"는 것입니다. ③ 주님께 모든 것을 맡기라(5-6절). "네 길을 여호와께 맡기라 그를 의지하면 그가 이루시고"라고 했습니다. 사랑하는 성도 여러분! 우리는 이러한 방법이 적극적

이지 못하고, 형통한 삶을 쉽게 얻을 수 없는 것임을 잘 알고 있습니다. 그러나 우리의 소원을 이루어 주시고, 생사화복을 주장하시는 하나님께서 반드시 좋은 결과를 주신다는 것입니다. 때문에 하나님의 방법과 하나님의 뜻을 따라 기도하면서 응답을 기다려야 합니다. 이 기다림의 인내가, 곧 귀한 믿음이 되고, 결국은 감사의 감탄으로 넘쳐 나올 것입니다.

· 함께 읽어요 : 잠언 16장 3절

"너의 행사를 여호와께 맡기라 그리하면 네가 경영하는 것이 이루어지리라.

### 3. 행함에 따른 악인과 의인의 결국을 알아야 합니다(시 37:7~22).

여러분! 이스라엘 백성들이 출애굽 한 후 광야에서 불평, 원망하다가 불 뱀에 물려 죽게 되었습니다. 모세를 통해 놋뱀(구리뱀)을 만들어 장대 끝에 매달아 그것을 쳐다보는 자는 다 살았습니다. 시편 37편은 '불평의 해독제'입니다. 시인은 불평의 독을 해소 시키는 진정제로서 '감사'를 제시하고 있습니다. 속히 베임을 당할 하찮은 풀이나 쇠잔할 채소 같은 악인들을 결코 부러워말라는 것입니다. ① 악인은 끊어지고 의인은 땅을 차지하게 될 것입니다(7-11절). ② 하나님께서 악인을 저주하며 의인에게 복을 주실 것입니다(12-22절). 악인의 형통을 보고 부러워하지 말고, 궁극적으로 의인에게 베푸시는 하나님의 복을 보고 기뻐하시기 바랍니다. 의인들이 결과적으로는 복을 받는 것입니다. 예수께서 천국민의 복을 말씀하신 마태복은 5장의 '팔복'을 다시 한 번 읽어보시고 묵상해 보시기 바랍니다. 세상에 보이는 물질세계만을 보고 악인과 의인을 평가해서는 안 됩니다. 악인들의 멸망은 순식간일 수 있습니다. 그러나 의인의 복은 영원한 것입니다.

· 함께 읽어요 : 시편 37편 21~22절

"21 악인은 꾸고 갚지 아니하나 의인은 은혜를 베풀고 주는 도다. 22 주의 복을 받은 자들은 땅을 차지하고 주의 저주를 받은 자들은 끊어지리로다."

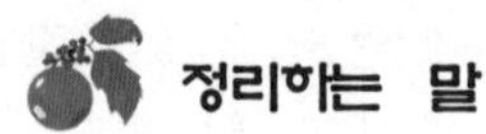

## 정리하는 말

출애굽한 이스라엘 백성들은 광야에서 불평과 원망을 하다가 애굽으로 돌아가기는커녕 광야 모래밭에 묻히고 말았습니다. 본 시편은 '불평의 해독제'라는 별명을 가졌습니다. 온 인류를 파멸로 이끌어간 불평을 해소시킬 방법이 무엇이겠습니까? 그것은 감사한 마음을 갖게 하는 데 있습니다. 무슨 이유에서든 성도들은 악인의 형통에 기뻐하지 말아야 합니다. 주님을 의뢰하고 기뻐하면서 모든 삶을 맡겨야 합니다. 이것이 실제적인 믿음생활인 것입니다. 여러분, 의인은 형통하지만 악인은 결국 멸망하게 된다는 것이 성경 역사 속에서 배울 수 있는 교훈입니다. 사랑하는 성도 여러분! 항상 기뻐하고 범사에 감사하시기 바랍니다.

## 평가와 결심

1. 주님께 영광된 감사를 하려면 방법 첫째가 무엇입니까?
   (시 37:1, 악인의 형통을 기뻐하지 말아야 함)
2. 주님께 영광된 감사를 하려면 방법 둘째가 무엇입니까?
   (시 37:3-6, 실제적인 믿음을 가져야 함)
3. 주님께 영광된 감사를 하려면 방법 셋째가 무엇입니까?
   (시 37:7-22, 악인과 의인의 결국을 알아야 함)

## 주간 경건의 시간 <45> · 날마다 말씀과 함께

| 요일 / 내용 | 월(Mon) | 화(Tue) | 수(Wed) | 목(Thu) | 금(Fri) | 토(Sat) |
|---|---|---|---|---|---|---|
| 찬송 | 298 / 35 | 569 / 442 | 89 / 89 | 487 / 535 | 523 / 262 | 528 / 318 |
| 성경 | 시 37: | 시 38: | 시 39: | 시 40: | 시 41: | 시 42: |
| 적용 | 불평하여 말지어다 | 죄악을 고하고 | 나의 소망 주께 | 주의 뜻 행하기 | 내 영혼 고치소서 | 찬송이 내게 있어 |

* 돈은 무자비한 주인이지만 유익한 하인도 된다. <탈무드>

# 감사는 응답의 촉진제

찬송 / 393, 429, 438 / 통 447, 489, 495

성경 / 시편 43:1-5

요절 / 시편 43:5

"내 영혼아 네가 어찌하여 낙심하며 어찌하여 내 속에서 불안해하는가? 너는 하나님께 소망을 두라 그가 나타나 도우심으로 말미암아 내 하나님을 여전히 찬송하리로다."

목표 / 기도응답의 촉진제는 감사임을 알고 감사를 실천하는 태도를 기른다.

## 시작하는 말

시편 42편과 43편은 한 편의 시로 봅니다. 42편은 영적인 곤경 가운데서 하나님을 사모하는 시인의 마음이 하나님의 성소에 대한 갈망으로 귀결되는 개인적인 애가인데 반해, 43편은 그 같은 간절한 기도 가운데 개인적으로 회복되는 내용으로 되어 있습니다. 현대인의 건강에서 가장 큰 장애요인이 있다면 바로 불안이라고 합니다. 이러한 불안으로 인해 질병 중에서도 암 발생률이 늘어만 간다고 합니다. 이에 대한 해결책은 하나님의 방법인 간구와 찬양의 결과로 얻게 되는 감사에 있다는 것입니다. 그렇습니다. 사랑하는 성도 여러분! 잃어버린 감사를 회복하려면 어떻게 해야 하겠습니까?

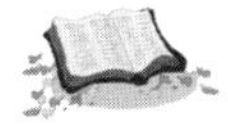

## 오늘의 말씀

### 1. 하나님께 불안을 치유받기 위해 간구해야 합니다(시 42:9~11)

시인은 자신의 마음을 있는 그대로 하나님 앞에 아룁니다. "내 반석이신 하나님께 말하기를 어찌하여…." 하나님을 '반석'이라고 표현합니다. 하나님은 결코 우리를 버리시거나 등을 돌리실 그런 분이 아니십니다. 대적의 비방과 상처는 잠깐일 뿐입니다. 오직 변치 않으시는 하나님께서 나의 고통을 돌아보시고 치유해 주실 것이라는 기대와 소망으로 간구해야 합니다. "너는 하나님께 소망을 두라 나는 그가 나타나 도우심으로 말미암아 내 하나님을 여전히 찬송하리로다"(시 42:11절 하). 사랑하는 성도 여러분! 세상이 주는 고통과 비방에 염려하지 마시고, 오직 하나님의 도우심에 여러분의 모든 인생을 걸어보시기 바랍니다. 그러면 하박국 선지자처럼 하나님을 인하여 감사하고 찬송하게 될 그 날이 속히 오게 것입니다.

· 함께 읽어요 : 하박국 3장 17~18절

"17 비록 무화과나무가 무성치 못하며 포도나무에 열매가 없으며 감람나무에 소출이 없으며 밭에 식물이 없으며 우리에 양이 없으며 외양간에 소가 없을지도 18 나는 여호와를 인하여 즐거워하며 나의 구원의 하나님을 인하여 기뻐하리로다."

## 2. 하나님이 응답하시리라는 믿음과 소망을 가져야 합니다(시 43:1~3).

우리가 믿고 의지하는 '여호와' 하나님은 언약을 분명히 지키시는 하나님이십니다. 이사야 7장 14절에 "….보라 처녀가 잉태하여 아들을 낳을 것이요 그의 이름을 임마누엘이라 하리라"고 했습니다. 성경은 언약과 약속의 책이요. 이에 대한 성취를 기록한 책입니다. 그 약속을 지켜주시는 하나님이 함께 하심을 믿는다면, ① 절대로 두려워하거나 놀라지 않습니다(사 41:10). ② 절대로 넘어지지 않습니다. ③ 능치 못한 일이 없습니다. 그 이유는, 그분이 굳세게 하시고 의로운 오른 손으로 붙들어 주시고 도와주시기 때문입니다. 베드로와 야고보와 요한을 데리시고 '변화산'에 올라가셨을 때, 산 아래에는 벙어리 귀신들린 아이의 부모가 다른 제자들에게 '귀신을 쫓아 달라'고 데려 왔을 때, 제자들은 속수무책이었습니다. 예수께서 오셔서 '믿음 없는 세대'를 꾸짖으시면서 '말 못하고 못 듣는 귀신아 내가 네게 명하노니, 그 아이에게서 나오고 다시 들어가지 말라'고 명하시니 귀신이 소리 지르며 아이로 심히 경련을 일으키게 하고 나갔습니다. 이 세대의 약점은 권능이 없음이 아닙니다. '믿음'이 적기 때문입니다. 다음 말씀을 읽으시면서 응답에 대한 기대와 소망을 가지시기 바랍니다.

· 함께 읽어요 : 마가복음 9장 23절

"예수께서 이르시되 할 수 있거든이 무슨 말이냐 믿는 자에게는 능히 하지 못할 일이 없느니라."

### 3. 믿음의 결과인 감사는 승리의 찬송이며 응답의 촉진제입니다(시 43:4~5).

시인은 이제 하나님께 적극적인 기도로 나아갑니다. 이 시인은 1-2절에서 하나님을 자신의 무죄를 입증하실 의의 판단자로, 그리고 구원자로 고백합니다. 히브리서 11장은 수많은 믿음의 선진들의 결과를 언급합니다. 우리 성도들의 믿음은 허상이 아닌 실상이며, 수많은 증언들의 초석위에 서있는 것입니다. 우리의 믿음이 반석위에 서게 되면 온갖 불안, 고통, 좌절, 낙망은 우리에게 아무런 영향도 끼칠 수 없음을 알게 될 것입니다. 여러분! '치료해 주시는 여호와'(출 15:26)께서 고쳐주실 것을 확신하고 감사를 드립시다. 시인처럼 기대했던 소망이 현실화 될 것이라는 확신으로 온 몸이 기쁨으로 떨려올 것입니다. '믿음의 기도와 감사의 찬양은 함께 나란히 달리는 철로와 같습니다'. 신앙인은 외부적인 고난과 핍박으로 상할 대로 상한 자신의 심령을 고칠 수 있습니다. 다음 찬송을 함께 불러 봅시다. 새찬송가 171장 후렴입니다. ♬ 살아계신 주 나의 참된 소망 두려움이 사라지네./ 사랑의 주 내 갈길 인도하니/내 모든 삶의 기쁨 늘 충만하네. ♬

· 함께 읽어요 : 시편 43편 5절

"내 영혼아 네가 어찌하여 낙심하며 어찌하여 내 속에서 불안해하는가? 너는 하나님께 소망을 두라 그가 나타나 도우심으로 말미암아 내 하나님을 여전히 찬송하리로다."

## 정리하는 말

사랑하는 성도 여러분! 인생의 험악한 골짜기에서 앞뒤가 전혀 예측이 불가능한 가운데 질식할 것 같을 때, 결코 낙심하거나 불안해하지 마시기 바랍니다. '살아계신 주 하나님'이 우리의 '빛'과 '진리'로 갈 길을 인도해 주실 것입니다. 무조건 입을 열어 감사로 일관하시기 바랍니다. 억지로라도 감사하면 전지전능하신 하나님께서 모든 불안을 해소시켜 주실 것입니다. 여러분의 모든 것을 좋은 것으로 응답하실 하나님을 신뢰하며 '감사의 생활'로 영육 간에 헌신하시기를 바랍니다.

## 평가와 결심

1. 병의 근원인 불안을 해소시키는 방법 첫째는 무엇입니까?
   (시 42:9-11, 불안을 퇴치키 위해 간구해야 함)
2. 병의 근원인 불안을 해소시키는 방법 둘째는 무엇입니까?
   (시 43:1-3, 응답하시리라는 기대와 소망을 가져야 함)
3. 병의 근원인 불안을 해소시키는 방법 셋째는 무엇입니까?
   (시 43:1-5, 믿음의 결과인 감사를 회복해야 함)

### 주간 경건의 시간 <46> · 날마다 말씀과 함께

| 요일 / 내용 | 월(Mon) | 화(Tue) | 수(Wed) | 목(Thu) | 금(Fri) | 토(Sat) |
|---|---|---|---|---|---|---|
| 찬송 | 370 / 455 | 430 / 456 | 441 / 498 | 375 / 421 | 382 / 432 | 369 / 487 |
| 성경 | 시편 44: | 시편 45: | 시편 46: | 시편 47: | 시편 48: | 시편 49: |
| 적용 | 종일 주를 위하여 | 저를 경배하라 | 새벽에 도우시는 | 손바닥을 치고 | 극진히 찬양 | 멸망하는 짐승 같다 |

* 덕이 있는 여자는 설령 그 용모가 추하여도 그 집의 치장이다. <영국 속담>

제47과

# 감사는 환란의 비상구

찬송 / 380, 381, 591 / 통 424, 425, 310

성경 / 시편 50:1-15

요절 / 시편 50:15

"환난 날에 나를 부르라 내가 너를 건지리니 네가 나를 영화롭게 하리로다."

목표 / 감사는 환란 때에 비상구 임을 알고 감사하는 태도를 기른다.

## 시작하는 말

'노래하면서 흘러가는 시냇물에 돌멩이를 치우면 노래를 잃어버린다'는 말이 있습니다. 나뭇가지가 있어야 바람의 노래 소리를 들을 수 있는 것처럼 말입니다. 많은 신앙의 간증자들의 간증을 들어보면 한 결 같이 자신들이 겪었던 모진 풍랑과 풍파에 떨며 울었던 '애가'(哀歌)들을 소개합니다. 본문에서 시인 아삽은 외적인 형식만 갖추고 진정한 감사와 찬송이 없는 예배, 즉 내면적 준비 없는 제물로 하나님께 예배하는 자들에 대해 책망하고, '참된 예배'가 무엇인지를 교훈하는 시입니다. 여기서 환난 때에 피할 비상구는 바로 그 때 건져주실 하나님께 드리는 '감사'임을 깨우쳐주고 있습니다.

## 오늘의 말씀

1. 환란은 하나님의 구원을 위한 소집 명령입니다(시 5:1~6).

이 단락의 중심 내용은 언약의 백성들을 판단하시려고 임재하시는 심판장으로서의 하나님께서 백성들을 불러 모으시는 것입니다.

① 심판장의 성격이 드러납니다(1절). 하나님의 이름에 심판장으로서의 성격이 드러납니다. '전능하신 자'('강한 자'라는 뜻)입니다. '하나님'은 최상의 경외심을 가지고 경배 드려야 할 분이십니다. '여호와'란 언약 백성과 관련되어 언약에 신실하신 인격적인 존재로서의 하나님을 말합니다. ② 세상을 증인으로 부르십니다(2-5절). 창조주 하나님께서 해 돋는 데서부터 해 지는 데까지 '세상 전체'를 호출하십니다. 부르신 언약백성의 판결내용을 보고 교훈을 얻게 하시려 함입니다. ③ 공의로 판결하십니다(6절). 공의와 사랑이 공존하시는 하나님이십니다.

· 함께 읽어요 : 시편 50편 6절
"하늘이 그의 공의를 선포하리니 하나님 그는 심판장이심이로다."

## 2. 환란은 하나님의 책망과 교훈입니다(시 50:7~13)

① 하나님께서 자기 백성을 소환하십니다(7절). '내 백성', 곧 '이스라엘'에게 '들을지어다'라고 하실 것은 '순종'하라는 의미가 있습니다. 오늘날 강단에서 드려지는 예배가 얼마나 문제가 많은지 한번 생각해 보아야 할 때입니다. ② 거짓된 제사를 판단하시고 책망하십니다(8-13절). 현대 교인들이 하나님께서 열납(悅納)하지 않으심이 제물만의 문제인 것처럼 생각합니다만 아닙니다. 창세기 4장에서 '아벨과 그의 제물', '가인과 그의 제물'(창 4:4-5)이라고 한 것은 제물보다 예배를 드리는 사람이 먼저 언급되어지고 있음을 기억하시기 바랍니다. 그렇습니다. "예물을 제단 앞에 두고 먼저 가서 형제와 화목하고 그 후에 와서 예물을 드리라"(마 5:24)는 주님의 말씀의 의미를 깊이 묵상해 보시기 바랍니다.

하나님께서 잡수실 것이 없어서 예물을 드리라는 것이 아니라는 말씀입니다. 제물을 받고 또 허기져서 다른 제물을 기다리는 신이란 인간의 손으로 섬김을 받는 우상일 뿐입니다. 이방신들의 경우에는 그럴 수 있겠지만 천지만물을 창조하시고 다스리시는 하나님, 없는 것을 있는 것처럼 부르시는 하나님, 만유의 주되신 하나님께서 자신의 백성들에게 형식에 치우친 예배를 꾸짖고, 진정한 예배의 의미를 가르쳐주십니다.

· 함께 읽어요 : 시편 50편 12~13절
"12 내가 가령 주려도 네게 이르지 아니할 것은 세계와 거기에 충만한 것이 내 것임이로다 13 내가 수소의 고기를 먹으며 염소의 피를 마시겠느냐?"

## 3. 환란은 참된 감사와 예배를 깨닫게 합니다(시 50:14~15).

오늘날 많은 강단에서 드려지는 예배의 허상과 실상을 일깨워 주시는 말씀입니다. 제물이나 젯밥에 정신이 팔려있는 사람들에게는 한 푼이라도 더 건져야 '알찬예배'라고 생각하는 이들이 있습니다. 여러분! 하나님께서는 희생 제물로 지정된 동물만이 아니라 온 삼림의 짐승들, 뭇 산의 가축, 모든 새, 들짐승 모두 하나님의 것인데 그러면 사람이 하나님께 드릴 수 있는 것이 무엇입니까? 다 창조주 하나님의 것 아닙니까? 그렇다면 하나님께서 요구하시는 것이 무엇이겠습니까? 다름이 아니라 '감사'와 '서원'의 갚음인 것입니다. '감사와 서원의 수행'이 없는 제사 형식은 아무런 의미가 없는 것입니다. 제사 곧 예배는 영적인 문제이며 신앙의 차원에서 드려져야 합니다. 하나님께서는 피조물인 인간에게 참된 예배를 통해서 그분과 인격적 관계를 맺을 수 있는 놀라운 특권을 허락하셨는데 그 예배가 감사로 충만할 때 비로소 하나님과의 관계는 깊어지고 풍성해지게 된다는 것입니다. '감사'와 '서원'을 통해 은혜를 베푸시는 하나님께 합당한 영광과 찬송을 드림으로써 감사를 표현해야 하는 것입니다.

· 함께 읽어요 : 시편 50편 14절
"감사로 하나님께 제사를 드리며 지존하신 이에게 네 서원을 갚으며"

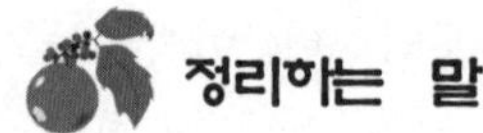

## 정리하는 말

크리스천들은 '맹세'에 대하여 신중해야 합니다. 성경은 하나님의 백성들에게 '맹세하라'고 직접적인 가르침이나 명령을 주고 있지 않습니다. 그러나 사람이 일단, 하나님께 맹세하거나 서약한 것은 엄중히 지킬 것을 요구합니다. 맹세는 인간에게 있어서 최고의 서약이며 전인격적인 결단의 표현이기 때문입니다. 그러나 '범사에 감사하라' 하심은 감사로 쌓아놓으면 환난 때에 비상구 역할을 하기 때문입니다. 분명히 여호와께서는 "내가 너를 건지리니"라고 약속하셨습니다. 살아가면서 '감사생활' 많이 하시기 바랍니다. 감사하는 자는 감사할 일이 점점 많아질 것입니다.

## 평가와 결심

1. 성도가 세상에서 감사해야 할 이유 첫째가 무엇입니까?
   (시 50:1-6, 하나님께서 공의로 심판하실 것이기 때문)
2. 성도가 세상에서 감사해야 할 이유 둘째가 무엇입니까?
   (시 50:7-15, 기쁘게 받으시는 예배는 감사와 서원이기 때문)
3. 성도가 세상에서 감사해야 할 이유 셋째가 무엇입니까?
   (시 50:14-15, 참된 예배 때 감사는 비상구가 되기 때문)

## 주간 경건의 시간 <47> · 날마다 말씀과 함께

| 요일 / 내용 | 월(Mon) | 화(Tue) | 수(Wed) | 목(Thu) | 금(Fri) | 토(Sat) |
|---|---|---|---|---|---|---|
| 찬송 | 393 / 447 | 386 / 439 | 388 / 441 | 380 / 424 | 358 / 400 | 293 / 414 |
| 성경 | 시 51: | 시 52: | 시 53: | 시 54: | 시 55: | 시 56: |
| 적용 | 죄과를 도말 | 잡아먹는 모든 말 | 하나도 없도다 | 주의 힘으로 | 하나님의 집안 | 눈물을 주의 병에 |

* 배운 자는 예술의 이치를 이해하고, 배우지 못한 자는 쾌락을 느낀다.
<킨틸리안, 35~95, 로마 수사학자>

# 감사는 생명의 노래

찬송 / 590, 591, 588 / 통 309, 310, 307

성경 / 시편 59:1-17

요절 / 시편 59:16
"나는 주의 힘을 노래하며 아침에 주의 인자하심을 높이 부르오리니 주는 나의 요새이시며 나의 환난 날에 피난처심이니이다."

목표 / 감사는 '생명의 노래' 임을 알고 감사 찬송하는 습관을 기른다.

## 시작하는 말

시인은 적들의 공격으로 위기에 처했을 때의 경험을 '감사의 시'로 표현하고 있습니다. 표제어에서 볼 수 있듯이 이 시는 사울의 군사들이 다윗의 집을 포위하고 그를 붙잡아 죽이려고 했을 때, 아내 미갈의 도움으로 무사히 탈출하게 된 사건을 배경으로 하고 있습니다. 다윗은 생명을 노리는 원수들의 위협 가운데서도 대적들이 자신을 해할 수 없다는 믿음을 가졌기에 감사할 수 있었습니다. 이 노래가 '생명의 노래'입니다. 만왕의 왕이신 하나님께서 무고히 생명을 해치려는 악인들의 손길에서 자기를 지켜주실 것을 굳게 확신했기 때문에 '생명의 노래'가 흘러나온 것입니다. 이러한 믿음으로 시인은 하나님을 신뢰하며 그분이 주시는 구원을 찬양할 것이라고 고백합니다. 생명의 노래의 내용은 무엇입니까?

## 오늘의 말씀

### 1. 위기 속에서 핍박당할수록 감사해야 합니다(시 59:1~4).

가장 불쌍한 사람이 위기에 처해있으면서도 위기인 줄 모르는 사람입니다. 크리스천은 세상에서 환난을 당합니다. 그러나 담대해야 할 이유가 있습니다. 예수께서 "…너희로 내 안에서 평안을 누리게 하려 함이라 세상에서는 너희가 환난을 당하나 담대 하라 내가 세상을 이기었노라."(요 16:33)고 하셨습니다. 위기에 처했을 때는, ① 구원을 호소해야 합니다(1절). 왕위를 넘본다는 망상에 사울은 다윗을 죽이고자 하는 집념이 대단했습니다. 이럴 때 다윗은 '원수에게서 나를 건지시고, 일어나 치려는 자에게서 나를 높이 드소서' 라고 절박하고도 간절한 간구를 하고 있습니다. ② 대적들은 악을 즐기며, ③ 무죄한 생명을 노리는 자들이지만 자신의 허물이 아니니 나를 구원해 달라는 것입니다.

· 함께 읽어요 : 시편 59편 2절
"악을 행하는 자에게서 나를 건지시고 피 흘리기를 즐기는 자에게서 나를 구원하소서."

## 2. 모든 것을 하나님의 뜻에 맡기고 감사해야 합니다(시 59:5~8).

시인은 ① 악인에 대한 정의의 심판을 호소합니다(5절). '일어나 열방을 벌하시고, 간사한 악인을 긍휼히 여기지 마소서'라고 일러 아뢥니다. 개인적인 기도에서 나라를 위한 간구로까지 확장되고 있습니다. ② 대적들의 악행과 교만을 비유로 아뢥니다(6-7절). 다윗의 대적들이 굶주린 개떼처럼 성을 돌아다니며 생명을 위협한다는 것입니다. ③ 주님은 교만한 자의 의도를 방관치 않으십니다(8절). 다윗을 위협하는 대적들을 주님은 비웃으신다는 것입니다(시편 2편).

사랑하는 성도 여러분! 여러분이 세상의 위기 속에서 위협을 당할 때에 그 상황에 압도당하기 쉽습니다. 그러나 이 시인처럼 하나님의 입장에서 상황을 보시기 바랍니다. 다윗은 왕으로서 기름부음 받은 만왕의 왕이신 구세주를 예표 하는 인물입니다. 크리스천은 '택하신 족속'이요, '왕 같은 제사장'이요, '거룩한 나라'요, '그의 소유된 백성'입니다(벧전

2:9). 이 구절은 하나님께서 기름 부으신 자를 대적하여 일어난 열방에 대해 하나님께서 비웃으시는 시편 2편을 상기시킵니다. 그러므로 메시야를 대적하는 모든 열방은 수치를 당하게 될 것입니다. 만유를 공의와 사랑으로 통치하시는 여호와 하나님께 감사드리시기를 바랍니다.

· 함께 읽어요 : 시편 2편 2~4절

"2 세상의 군왕들이 나서며 관원들이 서로 꾀하여 여호와와 그의 기름 부음 받은 자를 대적하며 3 우리가 그들의 맨 것을 끊고 그의 결박을 벗어 버리자 하는 도다 4 하늘에 계신 이가 웃으심이여 주께서 그들을 비웃으리시로다."

### 3. 하나님께 대한 신뢰가 '생명의 감사'를 드리게 합니다(시 59:9~15).

① 위기 가운데서도 하나님께 대한 다윗의 신뢰는 흔들림이 없었습니다. "하나님은 나의 요새이시니 그의 힘으로 말미암아 내가 주를 바라리이다"(9절)고 노래합니다. 위기 속에서 감사와 찬송을 잃지 않음은 그의 속에 잠재한 믿음과 소망 때문입니다. 이것이 바로 '생명의 감사'를 산출하는 것입니다. 하나님께 대한 신뢰가 위기와 생명의 위협 속에서 빛을 발하게 하는 것입니다. ② 대적의 패배를 보게 하십니다(10절). 원수들의 초라한 몰골을 그냥 보게 하신다는 말씀입니다. ③ 모든 백성으로 보고 교훈을 받게 하십니다(11절). ④ 교만한 말에 대한 심판을 받게 될 것입니다(12절). 하나님은 악인의 악하고 거짓된 혀를 휘두르는 것을 다 듣고 계십니다. ⑤ 심판이 온 땅에 알려질 것입니다(13절). ⑥ 대적들이 낭패와 수치를 당할 것입니다(14-15절). 악인들의 결국은 완전한 파멸과 수치뿐입니다. 그러므로 시인은 '영원한 힘이 되시는 구원의 하나님'으로 인한 감격과 기쁨을 노래하는 것입니다. 여러분! '생명의 노래'인 감사와 찬송을 드리시기를 바랍니다.

· 함께 읽어요 : 시편 59편 17절

"나의 힘이시여 내가 주께 찬송하오리니 하나님은 나의 요새이시며 나를 긍휼히 여기시는 하나님이심이니이다."

## 정리하는 말

물에 떠내려가는 사람에게 던져준 하나의 가느다란 줄은 그에게는 '생명줄'입니다. "그는 허물과 죄로 죽었던 너희를 살리셨도다"(엡 2:1)라고 말씀합니다. 이사야 선지자는 그의 예언에서 표현하기를, "그는 주 앞에서 자라나기를 연한 순 같고 마른 땅에서 나온 연한 뿌리 같아서 고운 모양도 없고 풍채도 없은즉 우리가 보기에 흠모할만한 아름다운 것이 없도다"(사 53:2)라고 합니다. 보잘 것 없는 연약하신 그 몸이 만민을 구원하신 십자가를 지셔서 우리의 위대한 구속을 이루셨습니다. 주님이 지신 십자가와 보혈은 우리에겐 '생명의 노래'입니다. 불평과 원망은 미움과 시기와 함께 우리의 신앙을 질식하게 합니다. 오직! 감사로, 찬양으로, 생명이 숨 쉬는 하루를 열어 가시기를 바랍니다.

## 평가와 결심

1. '생명의 노래'인 감사의 첫 번째 제목은 무엇입니까?
   (시 59:1-4, 위기 속에서 핍박을 당하면서 감사)
2. 위기 속 위협 속에 감사할 수 있는 것은 무엇 때문입니까?
   (시 59:5-8, 위기 위협 속에서도 하나님 입장에서 보고 감사함)
3. 성도가 어떻게 위기 속에서 '생명의 노래' 감사할 수 있습니까?
   (시편 59:9-15, 하나님께 대한 신뢰가 생명의 노래를 할 수 있게 함)

## 주간 경건의 시간 <48> · 날마다 말씀과 함께

| 요일 / 내용 | 월(Mon) | 화(Tue) | 수(Wed) | 목(Thu) | 금(Fri) | 토(Sat) |
|---|---|---|---|---|---|---|
| 찬송 | 310 / 410 | 523 / 262 | 186 / 176 | 391 / 446 | 563 / 411 | 288 / 204 |
| 성경 | 시 58: | 시 59: | 시 60: | 시 61: | 시 62: | 시 63: |
| 적용 | 악인의 피에 씻음 | 개처럼 울며 | 유다는 나의 홀 | 내 기도에 유의 | 재물이 늘어도 | 성소에서 주를 바라봄 |

* 인생이 40대에 들어서면 자기 얼굴에 책임을 져야 한다. <아브라함 링컨, 1809~1865, 미국 16대 대통령>

12단원 생명 비전의 달

제49과

# 훈계는 생명의 지식

**찬송** / 520, 502, 501 / 통 257, 259, 255

**성경** / 잠언 1:1-9

**요절** / 잠언 1:7

"여호와를 경외하는 것이 지식의 근본이어늘 미련한 자는 지혜와 훈계를 멸시하느니라.

**목표** / 훈계가 생명의 지식임을 알고 훈계를 듣고 순종하는 태도를 기른다.

## 시작하는 말

세상에는 인간을 살게 하는 지식도 있지만 멸망으로 인도하는 지식도 있습니다. 이 단원에서는 한 해를 결산하면서 '잠언'을 통해서 생명의 지식인 '훈계', '교훈'에 대하여 공부할 것입니다. '잠언'이란 속담 또는 격언보다 더 넓은 의미를 가지고 있는 것으로서 진리, 교훈을 말합니다. 잠언 9장 6절에는 "어리석음을 버리고 생명을 얻으라. 명철의 길을 행하라 하느니라"고 했습니다. 오늘날 '훈계'가 사라지고, '농담'이나 '해학'이 설치는 세상이 되었습니다. 강단이 무대로 변해지고, 목회자보다는 탤런트들을 더 좋아 합니다. 생명을 주는 지식은 때로는 듣기에 거북하고 힘들지만 '생명의 훈계'라는 것을 잊지 말아야 합니다.

## 오늘의 말씀

1. '생명의 훈계'를 헤아리는 자세가 필요합니다(잠 1:1~6).

솔로몬은 하나님께 지혜를 구하였으며, 이 기도가 하나님 마음에 들어 보너스로 나머지 명예와 삶에 필요한 모든 것을 주셨습니다. 그가 '잠언'을 기록할 때 자신의 명성이나 백성을 잘 다스리기 위해서 기록한 것이 아닙니다. 지혜의 왕 솔로몬의 '잠언'은 지혜와 훈계를 알게 하여 명철의 말씀을 깨닫게 하며, '지혜롭게, 의롭게, 공평하게 행할 일'에 대하여 '훈계'를 받게 하여 하나님 앞에 바로 서기 위해서 기록한 것입니다. 또한 ① 어리석은 자에게 슬기를 주기 위해서, ② 젊은 자에게 근신함을 주기 위해서, ③ 지혜 있는 자는 듣고 학식이 더 있도록 하기 위해서였습니다. 오늘날은 지식 경쟁시대라 하여 암기 위주로 지식을 집어넣으려고 노력합니다. 그러나 이런 교육은 '창의성 교육'에 자리를 내어주어야 했습니다. '공부하는 것은 남 주기 위해서 하는 것입니다'.

· 함께 읽어요 : 잠언 1장 5~6절

"5 지혜 있는 자는 듣고 학식이 더할 것이요, 명철한 자는 지략을 얻을 것이라 6 잠언과 비유와 지혜 있는 자의 말과 그 오묘한 말을 깨달으리라."

## 2. 하나님을 경외하고 아는 지식 교육이 필요합니다(잠 1:5~6).

젊은 자들이나 어리석은 자라도 ① 지혜의 말씀인 '훈계'를 들음으로 지혜로운 자가 되어 '생명나무'처럼 자라는 것입니다. ② 지혜의 근본은 여호와를 경외하는 것입니다(잠 1:7). 경외한다는 말은 하나님을 믿고 신앙하며, 하나님을 안다는 것입니다. 칼빈은 이를 '신지식'(神 知識)이라 했습니다. 세상에 교회가 존재해야 할 이유가 바로 '전도, 교육, 봉사'를 위해서인 것입니다. 현대교회들이 봉사는 강조하면서 '신지식교육'에 소홀히 하면 교회가 무너지는 것입니다. 우리가 새롭게 정신 차려 해야 될 일은 성경의 진리를 체계화한 '교리교육'인 것입니다. 이단들이 극성을 부리고 있는 것은 교회가 '성경 진리교육'이 빈약해지면서 정체성을 잃었기 때문입니다. 중세의 교회들이 외부적인 건물과 화려한 장식에 눈이 팔려있는 동안 말씀 위에 굳게 서야할 기초를 잃은 것이 중세교회의 붕괴의 원인이라 할 수 있습니다. 모세는 '율법교육'을 강조하여 명예와 권력과 물량주의를 탈출하도록 한 것이 그 유명한 '쉐마 교육령'입니다. 그 내용을 다음 성경구절에서 확인하시기 바랍니다.

· 함께 읽어요 : 신명기 6장 4~6절
"4 이스라엘아 들으라. 우리 하나님 여호와는 오직 유일한 여호와이시니 5 너는 마음을 다하고 뜻을 다하고 힘을 다하여 네 하나님 여호와를 사랑하라 6 오늘 내가 네게 명하는 이 말씀을 너는 마음에 새기고"

## 3. 가장 중요한 '지식'은 하나님을 경외하는 지식입니다(잠 1:7~9).

오늘날 우리가 사는 세계는 인간의 각양 지식을 통해서 문화생활에 필요한 다양한 도구들을 만들어 왔습니다. 그래서 인류의 생활은 편리해지고 과학지식의 발달로 살기 좋아졌습니다. 그러나 이러한 지식의 발달로 우리 생활이 더 선해지고 믿음의 생활이 풍성해 지는 것이 아닙니다. 과학기술을 잘못 사용하여 인류의 파멸을 가져올 수 있는 단계에 와있다는 것입니다. 왜 하나님을 경외함이 지식의 근본이 됩니까? 하나님을 경외할 때 세상의 지식, 과학, 기술을 바로 쓸 줄 아는 사람이 되기 때문입니다. 세상의 지식은 '육신의 정욕'<죄악적인 욕망> '안목의 정욕'<눈요기, 색욕> '이생의 자랑'<현세의 소유를 보이려는 허영심>(요일 2:16)을 채우기 위해 안달입니다. 그러나 하나님을 경외하는 지식은 육체뿐만 아니라 인간의 가장 중요한 영혼의 기쁨, 영원한 기쁨, 영생의 기쁨을 누리게 해 주는 것입니다.

· 함께 읽어요 : 잠언 1장 8절
"내 아들아 네 아비의 훈계를 들으며 네 어미의 법을 떠나지 말라."

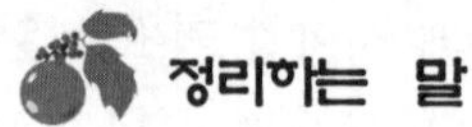

## 정리하는 말

여러분! 육체는 코에 숨이 끊어지면 썩어집니다. 세상에 살아있는 동안 육체의 기쁨도 소중하지만 그보다 더 귀중한 것은 '영혼'입니다. 그러므로 영혼이 떠나면 우리의 육체는 서서히 체온이 내려가면서 흙으로 돌아갈 준비를 하는 것입니다. 하나님과 영원히 살아갈 영혼을 위해 '영생'을 준비하시기 바랍니다(요 17:3). 이 '영생'은 '생명의 지식'을 소유함에서 오는 것입니다. '생명의 지식과 훈계'를 소유하시기 바랍니다.

## 평가와 결심

1. 생명의 훈계인 잠언을 기록한 목적이 무엇입니까?
   (잠 1:4-5, ① 어리석은 자 슬기롭게 ② 지혜 자 학식 더함 ③ 명철한 자 지략 얻음)
2. 모세의 '쉐마 교육령'은 어디에 있으며 내용은 무엇입니까?
   (신명기 6:4-6, 네 마음을 다하고, 뜻을 다하고, 힘을 다하여 네 하나님 여호와를 사랑하라. 네게 명하는 이 말씀을 마음에 새겨라.)
3. '생명의 지식'은 무엇인가? (잠 1:7, 여호와를 경외하는 것)

### 주간 경건의 시간 <49> · 날마다 말씀과 함께

| 요일 / 내용 | 월(Mon) | 화(Tue) | 수(Wed) | 목(Thu) | 금(Fri) | 토(Sat) |
|---|---|---|---|---|---|---|
| 찬송 | 299 / 418 | 329 / 267 | 328 / 374 | 351 / 389 | 350 / 393 | 358 / 400 |
| 성경 | 잠 2: | 잠 3: | 잠 4: | 잠 5: | 잠 6: | 잠 7: |
| 적용 | 지혜에 기울이며 | 인자와 진리로 | 명철을 얻으라 | 지혜에 주의 하여 | 아비의 명령 | 내 법을 눈동자처럼 |

* 천재의 배출은 열심의 결과로 이루어진 것이다.

<벤저민 디스레일리, 1804~1881, 영국 정치가, 작가>

12단원 생명 비전의 달

제50과

# 하나님의 지혜를 사모하라!

찬송 / 518, 519, 522 / 통 252, 251, 269

성경 / 잠언 8:17-36

요절 / 잠언 8:17

"나를 사랑하는 자들이 나의 사랑을 입으며 나를 간절히 찾는 자가 나를 만날 것이니라."

목표 / 하나님의 지혜 자체가 생명을 주는 줄 알고 지혜를 구하는 태도를 갖는다.

## 시작하는 말

여러분! 우리는 하나님의 지혜의 광대하심과 오묘하심, 그 깊이, 넓이, 그리고 영원하심을 그의 창조역사 가운데서 발견할 수 있습니다. 우리 눈으로 보이는 이 모든 자연만물이 지혜로 된 것입니다. 이러한 사실을 우리가 깨닫게 된 것은 하나님이 우리에게 허락하신 일반은총의 덕택입니다. 창조역사 가운데 계시된 하나님의 지혜를 고백하고 경험할 수 있는 것은 그의 일반은총을 믿는 성도들에 대한 하나님의 특별한 사랑입니다. 왜냐하면 불신자들은 일반은총을 받고도 깨닫지 못하기 때문입니다. 이제 잠언 기자가 우리에게 계시하는 창조역사 가운데 하나님이 가지신 지혜가 어떤 것인지 살펴보면서 교훈을 얻도록 하겠습니다.

## 오늘의 말씀

1. 하나님의 지혜는 영원무궁합니다(잠 8:22~23).

잠언 본장에서 지혜가 의인화 되어 나타나고 있습니다. 하나님의 지혜는 태초부터 하나님과 함께 있었습니다. 하나님의 지혜는 모든 조화가 생기기 이전부터 땅과 하늘과 바다와 산을 만들어 내실 수 있을 만큼 광대하였습니다. 그러므로 하나님의 지혜는 모든 만물의 근원이며 영원합니다. 하늘의 조화, 바다와 산의 조화 속에서 경외심을 갖게 되는 것은 영원한 하나님의 지혜가 그 근저에 자리 잡고 있기 때문입니다. 이것은 하나님의 지혜가 땅보다 영원하고 하늘과 바다와 산보다 영원함을 입증하는 것입니다. 이러한 하나님의 지혜가 없었다면 우리는 하나님보다 만물을 숭배하고 말 것입니다. 만물의 조화는 인간의 어떤 지혜와 능력보다 강하고 뛰어나기 때문입니다. 그러나 우리가 만물 속에서 하나님을 찬양하게 되는 것은 만물을 볼 때 그것을 창조하신 하나님의 영원무궁하신 지혜를 깨닫기 때문입니다. 하나님의 지혜를 소유하시기를 바랍니다.

· 함께 읽어요 : 잠언 8장 17절

"나를 사랑하는 자들이 나의 사랑을 입으며 나를 간절히(원어 : 새벽에) 찾는 자가 나를 만날 것이니라."

## 2. 하나님의 지혜는 광대하게 섭리하고 계십니다(잠 8:24~31).

천지를 창조하실 때 하나님은 참으로 뛰어난 건축자이셨습니다. 하나님이 욥을 향하여 "내가 땅의 기초를 놓을 때에 네가 어디 있었느냐? 네가 깨달아 알았거든 말할지니라"(욥 38:4)라고 했습니다. 우주를 창조하신 하나님의 지혜는 인간 스스로 깨달을 수 없는 지혜입니다.

① 하나님의 지혜는 하늘을 창조하신 역사에서 나타납니다. 우주의 원리와 지구의 공전, 자전, 그리고 많은 별들과 위성들의 움직임 속에서 하나님의 무궁하신 지혜를 발견합니다. ② 하나님의 지혜는 바다를 지으신 지혜에서도 나타납니다. ③ 하나님의 지혜는 땅을 지으실 때도 나타납니다. 흙에서 취한 바 되어 창조된 인간이 땅을 정복할 수 있는 지혜를 주

신 것입니다. 지금도 하나님의 지혜는 우주 삼라만상, 그리고 최고의 걸작인 인간과 세계를 창조, 보존, 섭리 속에 역사하시고 계십니다.

· 함께 읽어요 : 잠언 8장 30~31절

"30 내가 그 곁에 있어서 창조자가 되어 날마다 그의 기뻐하신 바가 되었으며, 항상 그 앞에서 즐거워하였으며, 31 사람이 거처할 땅에서 즐거워하며 인자들을 기뻐하였느니라."

### 3. 예수 그리스도는 영원한 하나님의 지혜입니다(잠 8:16).

하나님의 지혜는 하늘과 바다와 땅들이 창조될 때에, 그리고 기타 모든 자연 만물들이 창조될 때에 그 목적을 다 이룬 것이 아니었습니다. 하나님의 지혜는 인간들을 향해서도 완벽하게 펼쳐졌습니다. 사람들이 이 땅에 살 때 가장 기뻐할 수 있는 것은 바로 하나님의 지혜 때문이며, 그것은 결국 하나님 때문입니다. 하나님의 지혜는 하나님을 만족케 하고 사람들을 만족케 했습니다. 그 지혜가 예수 그리스도 안에 감춰져 있는 것입니다. 그러기에 인간들의 죄악으로 폐허된 자연의 모든 피조물들도 그리스도가 오셔서 회복시켜주시기를 바라고 있습니다(롬 8:20~21).

바울은 말합니다. "…확실한 이해의 모든 풍성함과 하나님의 비밀인 그리스도를 깨닫게 하려 함이니, 그 안에는 지혜와 지식의 모든 보화가 감추어져 있느니라"(골로새서 2:2-3). 그리스도는 하나님의 지혜이시며, 그리스도만이 하나님과 사람을 동시에 기쁘게 하시는 유일한 십자가에 나타나신 지혜인 것입니다. 그러므로 그리스도를 영접하면 하나님의 평안과 기쁨이 임하는 것입니다.

· 함께 읽어요 : 에베소서 2장 13절

"이제는 전에 멀리 있던 너희가 그리스도 예수 안에서 그리스도의 피로 가까워졌느니라."

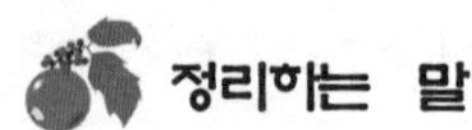

## 정리하는 말

사랑하는 성도 여러분! 예수 그리스도가 바로 '복음'입니다. 그리스도의 십자가로 동과 서, 남과 북이 하나 됩니다. 하나님의 영원하신 지혜가 생명을 주시며 지키시는 것입니다. 하나님의 지혜는 온 우주 삼라만상 인간 세계까지 미쳐 생명을 보존해 가십니다. 십자가에서 하나님과 인간의 화해를 이루신 그리스도가 하나님의 비밀이요, 지혜이십니다.

## 평가와 결심

1. 지혜가 첫째 어떻게 생명을 지킵니까?
   (잠 8:22-23, 하나님의 영원하신 지혜로 생명을 지킴)
2. 지혜가 둘째 어떻게 생명을 지킵니까?
   (잠 8:24-31, 하나님의 지혜가 우주에 활동함으로)
3. 지혜가 셋째 어떻게 생명을 지킵니까?
   (잠 8:32-36, 하나님의 영원하신 지혜이신 그리스도로 말미암아)

## 주간 경건의 시간 <50> · 날마다 말씀과 함께

| 요일 / 내용 | 월(Mon) | 화(Tue) | 수(Wed) | 목(Thu) | 금(Fri) | 토(Sat) |
|---|---|---|---|---|---|---|
| 찬송 | 412 / 469 | 413 / 470 | 421 / 210 | 420 / 212 | 446 / 500 | 445 / 502 |
| 성경 | 잠 9: | 잠 10: | 잠 11: | 잠 12: | 잠 13: | 잠 14: |
| 적용 | 생명을 얻으라 | 부지런한 자 부함 | 의인은 구원 | 의인의 뿌리는 | 입의 열매로 | 소의 힘으로 얻는 것 |

* 가장 행복한 국민처럼, 가장 행복한 여자에게는 역사가 없다.
<조지 엘리옷, 1819~1880, 매리앤 이밴스 크로스의 필명, 영국 여류작가>

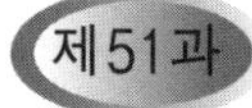


# 지혜로운 선택이 생명

찬송 / 545, 546, 549 / 통 344, 399, 431

성경 / 잠언 19:8-22

요절 / 잠언 19:14

"집과 재물은 조상에게서 상속하거니와 슬기로운 아내는 여호와께로서 말미암느니라."

목표 / 지혜로운 선택이 생명임을 이해한다.

## 시작하는 말

가난이 죄는 아니지만 가난을 벗어나려고 노력하지 않는 게으름은 죄입니다. 신자들은 세상에 살아가는 동안 누구나 똑같이 하루 24시간이라는 시간을 부여받았습니다. 공기와 물과 땅을 선물로 받았습니다. 그러나 얼마나 지혜롭게 선택하여 사용했느냐에 따라 그 결과는 엄청나게 달라지는 것입니다. 분문에서 가난과 부를 구별하여 선택할 수 있는 것은 아니지만 근면해야 합니다. 거짓과 진실 중에 선택권이 주어졌고, 악행과 선행의 선택권이 주어졌습니다. 그러나 사람은 거짓이나 악행은 저지르기 쉽지만, 진실과 선행은 실천하기는 힘든 대신 그 결과는 생명으로 나아가는 길임을 알아야 합니다.

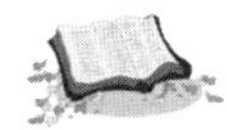

## 오늘의 말씀

1. 명철과 지혜를 선택한 자는 영혼을 사랑하게 됩니다(잠 5:15~16)

시간 관리를 잘한다는 것은 내면의 선택에서, ① 우선순위를 세워야 하고, ② 내가 집중해서 관리 할 수 있는 일을 찾아야 합니다. 새벽의 가장 좋은 시간을 소유하려면 일찍 자고 일찍 일어나야 합니다. 새벽시간을 선택하여 잘 활용한 사람은 남에게 아쉬운 소리를 하지 않고도 지혜롭게 삶을 살아갈 수 있습니다. 공부도 그렇고 사업도 그런 것입니다.

한 영혼의 소중함을 알 때 시간과 물질과 정성을 쏟게 됩니다. 그리스도께서는 우리 영혼을 사랑하셨기에 자신을 십자가에서 내어 주었습니다. 자기 존재의 존엄성을 발견하면 타인의 존귀함도 알게 됩니다. 영혼이 하나님께로부터 온 것임을 깨달으면 자신의 삶의 의미를 다시 생각하게 되는 것입니다. 생명의 소중함을 알게 되면서부터 영원한 생명을 위해서 일하게 됩니다. 예수님의 제자들처럼 고기를 낚는 어부에서 사람을 낚는 현명한 사람(주님의 제자들)이 되시기를 바랍니다.

· 함께 읽어요 : 마태복음 4장 19~20절
"19 말씀하시되 나를 따라오라 내가 너희를 사람을 낚는 어부가 되게 하리라 하시니 20 그들이 곧 그물을 버려두고 예수를 따르니라."

## 2. 지혜를 얻으면 번영하고 인자하고 진실하게 됩니다(잠 19:17~22).

지혜를 얻어 그 귀중성을 아는 사람은 다른 무엇보다도 지혜를 소중히 여길 줄 아는 사람입니다. 하나님은 지혜, 곧 '하나님 경외의 도리'를 중히 여기는 자에게 ① 진정한 번영을 허락하십니다. 땅에 있는 재산은 좀과 동록이 해하되 하나님 나라의 것은 결코 해 받지 아니합니다. 창조주 하나님을 경외하고 그를 중히 여기는 자는 세상에서 비교할 수 없는 번영을 이룹니다. ② 지혜를 얻은 자는 진실하게 됩니다. 거짓 증인이나 허탄한 말을 내는 자가 형벌을 면치 못한다는 말씀은 진실한 자만이 상을 받으리라는 것입니다. 우리 인간의 힘으로 되지 않지만, 지혜의 현현이신 하나님의 독생자 예수 안에서 사는 자만이 실현할 수 있는 것입니다. 지혜와 어리석음은 지금 여러분의 선택에 달려있습니다.

· 함께 읽어요 : 잠언 8장 23절
"여호와를 경외하는 것은 사람으로 생명에 이르게 하는 것이라 경외하는 자는 족하게 지내고 재앙을 당하지 아니하느니라."

### 3. 지혜를 선택하면 분노를 다스리고 허물을 용서합니다(잠 19:11~16).

자신의 영육의 건강을 위한 가장 좋은 방법은 마음을 다스리는 것입니다. 마음에 분노가 치밀면 그 떤 약도 약효가 나타나지 않는다고 합니다. 독사의 독은 어찌나 독한지 몇 방울만 가지고도 수많은 생명을 빼앗을 수 있다고 합니다. 지혜를 선택한 자는 ① 분노를 다스리게 됩니다. 분노를 다스리는 자체가 슬기라고 하였습니다(11절). 노를 맹렬히 하는 자는 벌을 받습니다(19절). ② 허물을 용서하게 됩니다. 남의 허물을 용서하는 사람은 성을 빼앗는 자보다 나은 것입니다. 인생 70년을 산다면 25,550일을 사는 것입니다. 정말 인생을 보람되게 살려면 "인생은 짧고 하루하루가 소중하다"는 것을 알아야 합니다. "너희는 잠깐 보이다가 없어지는 안개니라"(약 4:14). 이처럼 허무한 인생이지만 노를 다스리고 용서하면서 살면 그 인생이 보배요, 영광인 것입니다. 지혜가 차곡차곡 쌓여가는 것입니다. 노를 다스리고 용서하는 마음이 바로 '생명의 지혜'인 것입니다.

· 함께 읽어요 : 잠언 19장 11절
"노하기를 더디 하는 것이 사람의 슬기요 허물을 용서하는 것이 자기의 영광이니라."

## 정리하는 말

사랑하는 성도 여러분! 우리는 지혜로운 선택을 통하여 인생의 시간을 헛되게 살지 않고 가장 효과적으로 사용할 수 있는 것입니다. 지혜로운 선택의 비결은 역사를 주관하시고, 생명을 주관하시는 하나님의 뜻을 이해하는 것입니다. “그런즉 너희가 어떻게 행할 것을 자세히 주의하여 지혜 없는 자같이 말고 오직 지혜 있는 자같이 하여 세월을 아끼라 때가 악하니라. 그러므로 어리석은 자가 되지 말고 오직 주의 뜻이 무엇인가 이해하라”(엡 5:15-17). 이 말씀을 묵상하면서 지혜로운 선택을 하시기를 바랍니다.

## 평가와 결심

1. 명철과 지혜를 선택한 자의 특징 첫째가 무엇입니까?
   (잠 19:8, 영혼을 사랑하게 됨)
2. 명철과 지혜를 선택한 자의 특징 둘째가 무엇입니까?
   (잠 19:2, ① 인자하게 됨 ② 진실하게 됨)
3. 명철과 지혜를 선택한 자의 특징 셋째가 무엇입니까?
   (잠 19:12, ① 분노를 다스리게 됨 ② 허물을 용서하게 됨)

## 주간 경건의 시간 <51> · 날마다 말씀과 함께

| 요일 / 내용 | 월(Mon) | 화(Tue) | 수(Wed) | 목(Thu) | 금(Fri) | 토(Sat) |
|---|---|---|---|---|---|---|
| 찬송 | 532 / 323 | 531 / 321 | 534 / 324 | 540 / 219 | 539 / 483 | 544 / 343 |
| 성경 | 잠 16: | 잠 17: | 잠 18: | 잠 19: | 잠 20: | 잠 21: |
| 적용 | 행사를 여호와께 | 지으신 자 멸시 | 심령이 병을 이김 | 슬기로운 아내는 | 모략은 깊은 물 | 악인의 형통은 죄 |

“훌륭한 양육은 평범한 사람들의 눈에 아무것도 아닌 것 같은 데서, 가장 잘 드러난다.” <조셉 에디슨, 1672~1719, 영국 수필가, 국무장관>

# 참된 기쁨의 소식인 생명 잉태

찬송 / 126, 116, 550 / 통 126, 116, 248

성경 / 잠언 25:11-22, 누가복음 2:8-14

요절 / 잠언 25:25
"먼 땅에서 오는 좋은 기별은 목마른 사람에게 냉수와 같으니라."

목표 / 참된 기쁨의 소식은 그리스도의 탄생임을 알고 복음을 전하게 한다.

## 시작하는 말

모든 사람은 누구나 좋은 기별을 기다립니다. 귀인이 찾아와서 여러분들에게 생명의 소식을 전해 준다면 그 날이 참으로 멋진 날일 것입니다. 그런데 이 세상에 '온 백성에게 미칠 기쁨의 좋은 소식을 전하러 오신 분'이 계십니다. 그분이 세상에 빛으로 오셨지만 어둠이 깨닫지 못했습니다. 그러나 하늘의 천군이 천사들과 함께 "지극히 높은 곳에서는 하나님께 영광이요 땅에서는 하나님이 기뻐하신 사람들 중에 평화로다"라고 노래했습니다. 성탄절이란 어둔 세상을 비추려 오신 하나님의 독생자가 세상에 오심을 축하하는 절기입니다. 분위기에 휩싸이기보다는 메시야를 맞이하는 기쁨을 나누시기 바랍니다.

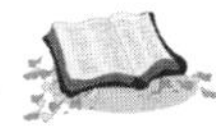

## 오늘의 말씀

### 1. 하나님의 역사에 '무서워 말라'는 권고입니다(눅 2:10).

아담의 범죄 이후에 인생은 두려움을 갖게 되었습니다. ① 죽음 때문에 오는 두려움, ② 죄 때문에 오는 두려움, ③ 믿음이 없기에 오는 두려움이 있습니다. 성경은 "또 죽기를 무서워하므로 한평생 매여 종노릇하는 모든 자들을 놓아주려 하심이니"(히 2:15)라고 했습니다. 예수님은 함께 있던 제자들에게 변화산에서, 겟세마네 동산에서, 갈릴리 바닷가에서 몇 차례 '두려워 말라'고 하셨습니다. 구약의 많은 선지자들도 하나님의 영광의 위엄 앞에 떨었습니다. 이렇게 무서워하는 인생들에게 주시는 성탄절의 메시지는 '두려워 말라'는 메시지입니다. 왜 그렇습니까? '기쁨의 좋은 소식'을 가지고 오신 분이 계시기 때문입니다. 바로 하나님의 독생자이신 예수 그리스도이십니다. 그분은 '기쁜 소식', 곧 '복음' 그 자체이십니다. 복음을 듣는 자는 살아납니다. 새 힘을 얻습니다.

· 함께 읽어요 : 누가복음 2장 10절

"천사가 이르되 무서워하지 말라. 보라 내가 온 백성에게 미칠 큰 기쁨의 좋은 소식을 너희에게 전하노라."

## 2. 기쁨의 소식은 '온 백성에게 미칠 복음'입니다(눅 2:10).

하나님의 아들 주 예수 그리스도가 세상에 오심은 온 세상 인류에게 미쳐야 할 소식이었습니다. 오늘날 인터넷상으로 온 세상 사람들이 많은 사건과 소식들을 동시에 들을 수 있고, 볼 수 있습니다. 그러나 여기에는 들어야 할 소식도 있는가 하면 어떤 사람들에게는 들어서는 안 될 소식도 있습니다. 그러나 메시아이신 그리스도께서 오신 소식은 천하 만민이 들어야 할 소식인 것입니다. 왜냐하면 예수 그리스도는 온 인류의 희망이기 때문입니다. 온 세상 만민의 구세주이시기 때문입니다. 그러기에 주님께서 부활하시고, 승천하시기 전 제자들에게 "그러므로 너희는 가서 모든 민족을 제자로 삼아 아버지와 아들과 성령의 이름으로 세례를 베풀고"(마 28:19)라고 명령하셨습니다. 그리스도의 탄생을 알리는 천사의 소식은 '온 백성에게 미칠 소식'이었습니다. 이 말씀은 복음의 보편성과 필연성이 내포된 말씀입니다. 복음을 듣든지 아니 듣든지 무조건 이 소식을 전파해야 한다는 뜻입니다. 예수는 유대인만 위한 것 아니고, 만백성의 구주이시기 때문입니다.

· 함께 읽어요 : 마태복음 24장 14절
"이 천국 복음이 모든 민족에게 증언되기 위하여 온 세상에 전파되리니 그제야 끝이 오리라."

### 3. 하나님이 예언하신 '말씀 성취'의 선포입니다(잠 25:25, 눅 2:10).

복음서 기자 누가는 '보라 내가 온 백성에게 미칠 큰 기쁨의 좋은 소식을 너희에게 전하노라'(눅 2:10)라고 했습니다. 이 보다 더 좋은 기별이 어디 있겠습니까? 그 범위는 '온 백성에게 미칠', 그 내용은 '큰 기쁨의 좋은 소식'이었습니다. 그 내용은 구약성경에 오랫동안 선지자들을 통하여 예언하신 그 소식입니다. 이사야 선지자의 예언대로 '처녀의 몸을 통해서 잉태하여 낳으실 아들 임마누엘'(사 7:14), '기묘자 모사 전능하신 하나님'(사 9:6), '이새의 줄기에서 한 싹'(사 11:1), '찔림, 상함, 징계받으심, 채찍에 맞으심'(사 53:5) 이러한 예언이 그대로 이루어져서 '말씀이 육신이 되어 B. C.(주전)와 A. D.(주후)의 역사의 한 복판에 오신 분, 아버지의 독생자의 영광'(요 1:14) 으로 오신 분이십니다. 이 좋은 기별을 온 천하 만민에게 전파하시기 바랍니다.

· 함께 읽어요 : 마태복음 1장 22~23절
"22 이 모든 일이 된 것은 주께서 선지자로 하신 말씀을 이루려 하심이니 이르시되 23 보라 처녀가 잉태하여 아들을 낳을 것이요 그의 이름은 임마누엘이라 하리라 하셨으니 이를 번역한 즉 하나님이 우리와 함께 계시다 함이라."

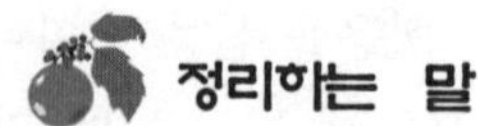

## 정리하는 말

사랑하는 성도 여러분! '좋은 기별'을 묻어두면 화를 당합니다. '기쁨의 좋은 소식'인 '복음'을 온 백성에게 전하시기 바랍니다. 주님은 낮에는 '복음'을 전파하시고, 병든 자들을 고치시며, 밤에는 겟세마네 동산에서 '기도'하시면서 식사할 겨를도 없이 전파하셨습니다. 성탄의 기쁜 소식, 새 생명의 기쁜 소식을 널리널리 전파하시기를 바랍니다.

## 평가와 결심

1. 생명의 기쁨의 좋은 소식의 내용 첫째가 무엇입니까?
   (눅 2:10, '두려워 말라'는 소식임)
2. 생명의 기쁨의 좋은 소식의 내용 둘째가 무엇입니까?
   (눅 2:10, '온 백성에게 미칠' 소식임)
3. 생명의 기쁨의 좋은 소식의 내용 셋째가 무엇입니까?
   (눅 2:10, '하나님의 예언 성취의 선포' 소식임)

## 주간 경건의 시간 <52> · 날마다 말씀과 함께

| 요일<br>내용 | 월(Mon) | 화(Tue) | 수(Wed) | 목(Thu) | 금(Fri) | 토(Sat) |
|---|---|---|---|---|---|---|
| 찬송 | 115 / 115 | 104 / 104 | 102 / 107 | 101 / 106 | 108 / 113 | 554 / 297 |
| 성경 | 잠 23: | 잠 24: | 잠 25: | 잠 26: | 잠 27: | 잠 28: |
| 적용 | 사사로운 지혜 버려 | 칠전팔기 의인 | 은밀한 일 누설 말라 | 7가지 가증한 것 | 타인으로 칭찬케 | 율법 듣지 아니하면 |

* 자신이 웃을 수 있는 자는 남에게 비웃음을 당하지 않는다. <탈무드>

고난주간

# 구원을 확증한 십자가 고난

찬송 / 145, 146, 147 / 통 145, 146, 136
성경 / 마가복음 15:16-32
요절 / 마가복음 15:19
"갈대로 그의 머리를 치며 침을 뱉으며 꿇어 절하더라."
목표 / 십자가 고난의 의미를 알고 고난에 동참하는 태도를 배운다.

## 시작하는 말

군병들이 예수님을 '브라이도리온'이라는 뜰 안으로 들어가서 온 군대를 모으고 예수님께 자색 옷을 입히고, 가시면류관을 씌운 후 "유대인의 왕이여 평안할 지어다" 하며 갈대로 예수님의 머리를 치기도 하고 침을 뱉으며 조롱하기도 했습니다. 그리고 예수님은 무거운 십자가를 지시고 골고다로 가시는 길! 힘이 없어 일곱 번이나 쓰러지면서 묵묵히 골고다를 향하여 가셨습니다. 예수님은 사형언도를 받으시고, 로마 법률대로 십자가를 지시고 로마 군병의 호송을 받으면서 골고다로 가시었습니다. 이 십자가를 지고 가신 길은 우리 죄인들을 위하여 가신 '비아 돌로로사'(Via Dolorosa)의 길이었습니다. 해마다 맞는 절기이기에 감동 없이 지날 수 있습니다. 만백성을 위한 '주님의 십자가의 길'을 묵상하시며 의미 있게 보내시기 바랍니다.

## 오늘의 말씀

1. 십자가는 인간의 '고통을 체휼하신 길'입니다(막 15:16~20).

십자가의 사형 집행은 4명의 로마군병에게 이끌려 자신이 못 박혀야 할 십자가를 어깨에 메고 골고다 산을 향하는 것으로부터 시작 됩니다. 죄수는 십자가를 지기 전에 짐승의 뼈가 붙어서 살이 찢어지고 뼈가 드러나는 채찍으로 무서운 매를 맞습니다. 한 사람이 사형수의 죄상을 기록한 죄 패를 메고 가게 되는데 많은 사람들이 이걸 보고서 범죄 하지 말라는 것입니다. 십자가의 길은 참으로 견디기 어려운 고통이며, 예수님은 일곱 번이나 기진맥진하여 쓰러지셨기에 구레네 시몬에게 대신 지운 것입니다. '십자가의 길'은 참으로 무섭고 어려운 길입니다. 예수님의 십자가의 길은 ① 이방인이 주는 육체적인 고통과 ② 동족이 주는 정신적인 고통, ③ 하나님과의 관계단절에서 오는 영적인 고통을 한 몸에 지셨으니 참으로 혹독한 고통을 당하신 것입니다. 채찍으로 맞고, 가시관을 쓰시고, 몸에는 홍포를 입으셨습니다.

· 함께 읽어요 : 마가복음 15장 20절
"희롱을 다 한 후 자색 옷을 벗기고 도로 그의 옷을 입히고 십자가에 못 박으려고 끌고 나가니라."

## 2. 십자가는 인간의 '죽음을 넘어선 길'입니다(막 15:21~25).

예수님께서 사형 당하신 장소는 해골이라고 불리는 골고다의 언덕이었습니다. 전설에 의하면 인류의 시조 아담의 해골이 묻힌 곳이라는 말도 있고, 그곳에 사형수들의 해골이 여기저기 뒹굴고 있기 때문이라고도 하고, 혹은 그 언덕의 모양이 해골 같이 생겼기 때문에 그러한 이름이 붙였다고도 합니다. 이 '해골'의 곳에서 십자가에 매달려 사형당한 죄수들은 배고픔과 목마름과 햇볕에 의해 말할 수 없는 고통을 당하며 죽기까지 십자가에 매달려 있게 됩니다. 그 고통의 시간이 며칠씩, 길면 일주일도 간다고 합니다. 그때 받는 고통이 너무도 심하기 때문에 그 아픔을 조금이라도 덜어주기 위해서 마취제(쓸개)를 탄 포도주를 마시게 한다고 합니다. 예수님께서도 쓸개 탄 포도주를 입에 대게 했으나 마시지 않으시고 그 고통을 생생하게 다 당하셨습니다. 바로 십자가의 길은 '죽음의 길'인 것입니다. 십자가의 길은 끝없는 고통 속에서 반드시 죽는 길입니다. 이렇게 모진 고통의 길을 걸어가셨기에 죄인 된 인생들이 속죄함을 얻게 된 것입니다. 이런 죽음의 길을 가셨기에 우리가 영생의 복을 값없이 받게 된 줄 믿으시기 바랍니다. 여러분! 주님께서 '죽음의 길'을 가셨기에 우리가 '생명'을 얻은 줄 믿으시기 바랍니다.

· 함께 읽어요 : 마가복음 15장 23절
"몰약을 탄 포도주를 주었으나 예수께서 받지 아니하시니라."

### 3. 십자가는 인간의 '구원을 위한 속죄의 길'입니다(막 15:26~32).

누가 세상에 다른 사람을 위해 대신 죽을 사람이 있겠습니까? 하나님의 아들 예수 그리스도께서 우리 죄를 위해 십자가를 지시고 십자가에 달리셔서 대속의 죽음을 죽으신 것입니다. 예수님의 십자가 명패에는 히브리어, 라틴어, 헬라어로 '유대인의 왕'이란 글씨가 새겨져 있었습니다. 이 세 언어는 고대 세계어로 당시 헬라는 세계의 철학과 사상을, 로마는 법률과 탁월한 정치를, 히브리 민족은 종교와 참 신에게 예배하는 법을 가르쳐 주었습니다. 이렇게 3개국 말로 예수를 '유대인의 왕'이라고 썼습니다. 그것은 예수님의 죽음이 전 세계 인류의 죄를 사하여 주기 위해서 속죄의 제물로 죽으셨다는 것을 의미합니다.

예수님께서 두 강도 사이에서 못 박혀 죽으신 것은 죄인의 친구이심을 표현한 것으로 볼 수 있습니다. 이사야 선지자의 예언대로 '그가 찔림은 우리의 허물을 인함이요, 그가 상함은 우리의 죄악을 인함'입니다.

· 함께 읽어요 : 이사야 53장 5절
"그가 찔림은 우리의 허물을 때문이요 그가 상함은 우리의 죄악 때문이라 그가 징계를 받으므로 우리는 평화를 누리고 그가 채찍에 맞음으로 우리는 나음을 받았도다."

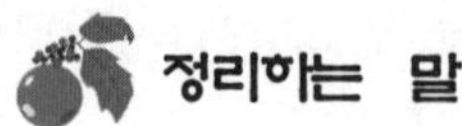

## 정리하는 말

사랑하는 성도 여러분! 십자가는 목걸이, 종탑 등에서 흔히 볼 수 있습니다. 그러나 십자가의 진정한 의미를 모르고 액세서리로 달고 다니는 분들이 많습니다. 십자가의 길의 의미인 '고통, 죽음, 대속'을 마음에 새기면서 주님이 당하신 고난 때문에 우리가 죄 속함과 생명을 얻었음을 아시고, 하나님의 영광을 위해 십자가를 달게 지고 가시기 바랍니다.

## 평가와 결심

1. '십자가의 길'의 첫째 의미는 무엇입니까?
(막 15:16-20, 고통의 길)
2. '십자가의 길'의 둘째 의미는 무엇입니까?
(막 15:21-25, 죽음의 길)
3. '십자가의 길'의 셋째 의미는 무엇입니까?
(막 15:6-32, 속죄의 길)

## 주간 경건의 시간 <53> · 날마다 말씀과 함께

| 요일 / 내용 | 월(Mon) | 화(Tue) | 수(Wed) | 목(Thu) | 금(Fri) | 토(Sat) |
|---|---|---|---|---|---|---|
| 찬송 | 151 / 138 | 150 / 135 | 154 / 139 | 147 / 136 | 146 / 146 | 143 / 141 |
| 성경 | 막 14: | 막 14: | 막 14: | 막 14: | 막 15: | 막 15: |
| 적용 | 언약의 피 | 베드로의 장담 | 가룟 유다 죽음 | 찬송 받으실 | 빌라도의 심문 | 십자가상의 예수 |

* 격노하였을 때는 아무 행동도 하지 말라. 바다에 폭풍이 일게 하는 것이니라.
<토머스 풀러, 1608~1661, 영국 신학자, 성직자>

부 활 절

# 부활은 우리 생명의 보증

찬송 / 159, 161, 167 / 통 149, 159, 157
성경 / 마태복음 28:1-10
요절 / 마태복음 28:10
"이에 예수께서 이르시되 무서워하지 말라 가서 내 형제들에게 갈릴리로 가라 하라 거기서 나를 보리라 하시니라."
목표 / 성도로서 부활의 약속을 믿으면서 산 소망을 가지도록 한다.

## 시작하는 말

예수 그리스도의 부활은 예기치 못한 돌발사건이 아니라 성경에서 예언하신 말씀대로 이루어진 계시의 현현입니다. 본문의 '갈릴리로 가라'(10절)는 말씀은 '부활의 약속'을 암시합니다. 이 약속은 예수님의 죽음과 장사로 절망한 제자들에게 다시 살아나신 예수님을 만나게 함으로써 부활의 약속이 얼마나 신실한 것인가를 보여줍니다. 이 약속은 그 당시의 제자들뿐만 아니라, 해결 불가능한 죽음의 문제에 직면하고 있는 모든 인생들에게 주어지는 약속임에 틀림없습니다. 죽음보다 더한 절망은 없습니다. 그러한 절망도 예수의 부활의 산 소망 앞에서는 맥을 못 춥니다. '부활의 산 소망'을 가지시기를 바랍니다.

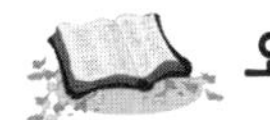

## 오늘의 말씀

### 1. 주님의 부활은 '죽음의 정복 선언'입니다(마 28:1~7).

본문 6절을 함께 읽습니다. “그가 여기 계시지 않고 그가 말씀 하시던 대로 살아나셨느니라. 와서 그가 누우셨던 곳을 보라”. 여기 천사의 선언이 있습니다. 이는 평소에 예수님께서 자신의 대속적 죽음과 제 3일에 부활을 예언하신 약속을 상기시키는 말씀입니다(마 16:21, 17:23).

또한 10절에 예수님께서 부활 후 친히 막달라 마리아와 다른 마리아에게 “무서워하지 말라 가서 내 형제들에게 갈릴리로 가라 하라 거기서 나를 보리라 하시니라”고 했습니다. 이 같은 말씀들은 부활을 확신하지 못하던 제자들에게 자신의 다시 살아나심을 친히 보이심으로써 부활의 체험을 주시기 위함이었습니다. 죽음에서 살아나신 분을 갈릴리에서 만난 제자들은 목숨을 걸고 이 부활의 복음을 온 천하에 전파했던 것입니다. 이는 죽음의 공포와 절망 앞에 몸부림치고 아우성치는 인간들에게 ‘영원한 삶을 선포하는 원동력’이 되었습니다. 의심했던 도마도 부활의 예수님을 체험하고는 생사를 초월하여 순교를 각오하고 멀리 인도에까지 가서 전도하다 순교했다고 합니다.

· 함께 읽어요 : 마태복음 28장 6절
“그가 여기 계시지 않고 그가 말씀 하시던 대로 살아나셨느니라. 와서 그가 누우셨던 곳을 보라.”

## 2. 주님의 부활은 성도들의 소망과 은혜의 보증입니다(마 28:8).

본문 8절 말씀에서 여인들이 천사의 소식을 접하고 ‘큰 기쁨’을 체험하는 것을 봅니다. 주 예수님의 부활은 자신만의 것이 아니라 모든 사람들에게 ‘큰 기쁨’을 주는 은혜의 약속이기도 합니다.

예수님은 다시 살아나신 분일뿐만 아니라 죽은 자도 다시 살리시는 분임을 확실하게 보여주는 것입니다. 그러므로 “예수님께서 이르시되 나는 부활이요 생명이니 나를 믿는 자는 죽어도 살겠고, 무릇 살아서 나를 믿는 자는 영원히 죽지 아니하리니 이것을 네가 믿느냐?”(요 11:25-26)고 말씀했습니다. 예수님은 자신을 ‘부활의 첫 열매’(고전 15:20)라고 말씀했습니다. 예수님이 곧 모든 부활할 자들의 처음 본보기라는 말씀입니다. 그러므로 우리도 예수를 믿을 때에 예수님처럼 부활의 은혜를 받는 것입니다. 예수님의 부활 속에는 우리 신자들의 부활도 포함되어 있다는 의미도 됩니다. 이 은혜의 체험은 죽음이 절망과 공포에 떠는 인간들에게 죽음의 절망과 공포로부터 자유를 누리게 합니다. 갈릴리에서 만나 주신 부활의 산 소망을 함께 나누시기를 바랍니다.

· 함께 읽어요 : 마태복음 28장 8절
"그 여자들이 무서움과 큰 기쁨으로 빨리 무덤을 떠나 제자들에게 알리려고 달음질 할 새"

### 3. 주님의 부활은 '증인의 사명'을 부여하신 것입니다(마 28:9~10).

본문에는 특히 '가라'는 동사가 자주 나타납니다(7, 10절). 그리고 16, 19절에도 보입니다. 이는 '갈릴리로 가라'는 부활의 약속 속에는 부활을 목격하고 체험한 자는 부활의 증인으로 모든 족속에게 가서 증거 해야 할 사명을 주심을 알게 합니다. 사도행전 1장 8절에도 '예루살렘과 유대와 사마리아와 땅 끝까지 이르러 내 증인이 되리라'고 했습니다. 다시 사신 이를 믿고 다시 살리실 것을 믿는 우리는 부활의 증인이 된 것입니다. 우리는 부활절에 예수님께서 다시 살아나신 것을 묵상하고 사유하는 것으로 만족해서는 결코 안 된다는 것입니다. 더 나아가 이 부활의 소식을 죽음의 권세 아래 매여 있는 자들에게 분명하게 증거 하여야 하겠습니다. 예수님의 제자들은 그리스도의 부활을 체험하고 복음을 증거하기 위해 사명을 감당하려고 그들의 일생을 걸었습니다.

· 함께 읽어요 : 고린도전서 15장 12-13절
"12 그리스도께서 죽은 자 가운데서 다시 살아나셨다 전파되었거늘 너희 중에서 어떤 이들은 어찌하여 죽은 자 가운데서 부활이 없다 하느냐 13 만일 죽은 자의 부활이 없으면 그리스도도 다시 살지 못하셨으리라."

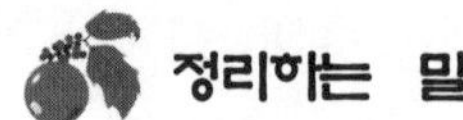

## 정리하는 말

사랑하는 성도 여러분! 육신적인 삶의 만족만을 위해 살던 우리에게 부활의 산 소망을 통하여 부활과 영생의 새 삶의 장을 열어 보이셨습니다. 부활이 없으면 우리의 삶은 실패와 절망의 생애일 것입니다. 부활을 통해 주신 '부활의 체험, 부활의 은혜, 부활의 사명'을 주시겠다는 약속을 우리에게 허락하셨습니다. 참으로 부활의 주 예수 그리스도의 증인으로서 복된 삶을 살아가시기를 바랍니다.

## 평가와 결심

1. 예수께서 부활을 통해 주신 약속 첫째가 무엇입니까?
   (마 28:6, 부활의 체험을 주시겠다는 약속)
2. 예수께서 부활을 통해 주신 약속 둘째가 무엇입니까?
   (마 28:8, 부활의 은혜를 주시겠다는 약속)
3. 예수께서 부활을 통해 주신 약속 셋째가 무엇입니까?
   (마 28:9-10, 부활의 사명도 주시겠다는 약속)

### 주간 경건의 시간 <54> · 날마다 말씀과 함께

| 요일 / 내용 | 월(Mon) | 화(Tue) | 수(Wed) | 목(Thu) | 금(Fri) | 토(Sat) |
|---|---|---|---|---|---|---|
| 찬송 | 165 / 155 | 166 / 156 | 167 / 157 | 170 / 16 | 172 / 152 | 164 / 154 |
| 성경 | 마 27: | 마 27: | 마 27: | 마 27: | 마 28: | 마 28: |
| 적용 | 유다의 죽음 | 십자가 못 박히시다 | 숨을 거두시다 | 무덤에 묻히시다 | 부활하시다 | 사명을 주시다 |

* 분노의 창으로 원한이 날아간다. <윌리엄 셰익스피어, 1564~1616, 영국 시인, 극작가>

감 사 절

# 신앙고백적인 감사와 찬양

찬송 / 589, 591, 588 / 통 308, 310, 307

성경 / 시편 95:1-11

요절 / 시편 95:2

"우리가 감사함으로 그 앞에 나아가며 시를 지어 즐거이 그를 노래하자."

목표 / 창조주 하나님께 감사와 찬양드리는 태도를 기른다.

## 시작하는 말

사랑하는 성도 여러분! 이 시는 '구원의 반석이시며 창조주이신 하나님의 위대하심을 감사 찬양하는 노래'입니다. 내용을 크기 두 부분으로 나눌 수 있는데, 전반부(1-7절)는 하나님은 온 우주 만물과 인간을 지으신 왕이시므로 그 앞에 무릎을 꿇고 경배할 것을 말하고 있으며, 후반부(8-11절)는 하나님을 찬양하며 순종해야 할 이유에 대해서 역사적 사건을 들어 교훈하고 있습니다. 특히 본 시(詩)는 성전 예배 시에 불리어지는 찬양과 경배의 시로서 복종하는 태도와 순종하는 마음으로 주님의 왕 되심을 인정하고 그분께 감사 찬양할 것을 가르쳐줍니다.

## 오늘의 말씀

### 1. 나의 주 하나님을 감사와 찬양으로 예배드려야 합니다(시 95:1~2).

시인은 온 회중을 감사와 찬양의 예배로 초청하고 있습니다. 시인은 기쁘게 외치면서 주님 앞에 즐거움으로 노래하라고 합니다. 찬양의 노래를 부른다는 것은 하나님께 대한 존경과 감사와 사랑의 마음을 예배로 표현해야 하는 것입니다. 하나님은 우리 '구원의 반석'이므로 찬양하며 감사함으로 나아가야 합니다. 우리가 받은 구원은 엄청난 대가를 치르고 얻어진 것임을 기억해야 합니다. 우리의 구원은 하나님의 독생자이신 예수 그리스도께서 십자가에서 희생을 치루고 이루어진 것입니다. 그러므로 우리는 그분의 구원 안에 있으며 그분의 자녀가 되는 특권을 가졌습니다. 그러므로 기쁨으로 감사와 찬양으로 하나님께 예배드리시기를 바랍니다.

· 함께 읽어요 : 에베소서 2장 8절

"너희는 그 은혜에 의하여 믿음으로 말미암아 구원을 받았으니 이것은 너희에게서 난 것이 아니요 하나님의 선물이라."

### 2. 창조주 하나님께 감사와 찬양할 이유가 있습니다(시 95:3~5).

우리가 감사와 찬양을 드려야 할 두 가지 이유가 있습니다.

① 하나님의 위대하심입니다(3절). 하나님은 모든 신들 중에 가장 뛰어난 왕이십니다. 이방의 신들은 헛것입니다. 여호와 하나님만이 위대하신 하나님이십니다. 그러므로 여러분이 절망과 낙심 중에 있을 때 하나님께 부르짖으면 무소부재(無所不在: 산이나 바다나 어디든지 계신 분)하신 분이시기에 위로와 평안을 주시고 해결해 주시는 분이십니다.

② 창조주 이십니다(4~5절). 하나님은 우주 만물을 창조하셨습니다. 천지를 지으시고 다스리시는 하나님이시기에 피조물들이 자기를 지으신 분을 높이고 예배하는 것은 마땅한 일입니다. 하나님은 홀로 피조물을 지으셨고, 다스리시는 위대하신 왕이시므로 오직 그분께만 경배해야 합니다. 이방신들은 모두 인간이 만들어낸 우상에 불과합니다. 따라서 그 신들은 주권과 통치 영역이 제한되어 있습니다. 하지만 하나님은 온 우

주를 다스리시며 그분의 통치 영역이 미치지 않으시는 곳이 없습니다. 여호와 그분만이 온 세상을 통치하시는 가장 위대하신 왕이십니다. 사랑하는 성도 여러분! 여호와 하나님께 감사와 찬양을 드리시기 바랍니다.

· 함께 읽어요 : 이사야 45장 18절

"대저 여호와께서 이같이 말씀하시되 하늘을 창조하신 이 그는 하나님이시니 그가 땅을 지으시고 그것을 만드셨으며 그것을 견고하게 하시되 혼돈하게 창조하지 아니하시고 사람이 거주하게 그것을 지으셨으니 나는 여호와라 나 외에는 다른 이가 없느니라."

### 3. 신앙고백적인 감사로 경배하고 순종해야 합니다(시 95:6~7).

시인은 온 세계를 지으신 하나님께 감사하는 마음으로 경배와 순종할 것을 다시 한 번 촉구합니다. 우리는 그분에게 지으심을 받았기 때문입니다. 그러므로 ① 창조주 하나님께 경배해야 합니다(6절). 우주를 창조하신 하나님께 지으심을 받은 자로서 예배드리는 자는 겸손한 마음과 태도로 주님을 향해 경배하는 것이 마땅합니다. 그 마음과 태도는 '굽혀 경배'하고, '무릎을 꿇고 경배'해야 합니다. ② 목자이신 주님께 순종해야 합니다(7절). 우리는 그의 기르시는 백성이요, 우리는 그의 손이 돌보시는 양이기 때문입니다. 여기 '오늘'은 은혜의 순간을 의미합니다. 즉 이 말은 하나님의 음성을 들어야 할 책임을 강조하는 것입니다. 주의를 집중하여 믿음을 가지고 순종하는 마음으로 경청하는 것을 의미합니다. 이스라엘 백성들 중 불순종한 세대들은 다 광야에서 죽어 묻히고, 약속의 땅에 들어가지 못했습니다. 여러분! 말씀에 순종하시기 바랍니다.

· 함께 읽어요 : 시편 95편 6~7절

"6 오라 우리가 굽혀 경배하며 우리를 지으신 여호와 앞에 무릎을 꿇자. 7 그는 우리의 하나님이시요 우리는 그가 기르시는 백성이며 그의 손의 양이기 때문이라."

## 정리하는 말

우리는 이 한 편의 시에서 우리들 자신을 보는 것 같습니다. 구원의 반석이신 위대하신 하나님을 제대로 알지도 못하고, 감사와 찬양을 드리지 않았습니다. 이스라엘 백성들이 광야에서 불평과 원망을 일삼으며 애굽으로 돌아가자고 고집을 부렸던 그 모습이 바로 우리들의 모습입니다. 감사절을 통해서 다시 한 번 깨닫고, 창조주 위대하신 하나님께 감사와 찬양을 드리시기를 간절히 부탁드립니다.

## 평가와 결심

1. 창조주 하나님께 어떻게 예배드려야 할까요?
   (시 95:1-2, 감사와 찬양으로 예배 드려야 함)
2. 창조주 하나님께 감사와 찬양을 드려야 할 이유가 무엇입니까?
   (시 95:3-5, ① 하나님 위대하시기 때문 ② 창조주 되시기 때문)
3. 우리가 경배하고 순종을 드려야 한 분은 어떤 분이십니까?
   (시 95:6-7, ① 창조주이심 ② 목자이신 주님)

## 주간 경건의 시간 <55> · 날마다 말씀과 함께

| 요일 / 내용 | 월(Mon) | 화(Tue) | 수(Wed) | 목(Thu) | 금(Fri) | 토(Sat) |
|---|---|---|---|---|---|---|
| 찬송 | 587 / 306 | 588 / 307 | 590 / 309 | 589 / 308 | 591 / 310 | 592 / 311 |
| 성경 | 시 93: | 시 94: | 시 95: | 시 96: | 시 97: | 시 98: |
| 적용 | 주의 보좌 견고하심 | 귀를 지으신 자 | 시로 즐거이 | 새 노래로 여호와께 | 의인을 위하여 | 수금으로 찬양하라 |

* 인간도 다른 동물처럼 천성적으로 게으르다. 인간을 독촉하는 것이 없다면 인간은 생각도 하지 않고 자동인형처럼 습관적으로만 행동할 것이다. <알버트 아인슈타인, 1879~1955, 독일 과학자>

성 탄 절

# 구원의 감격으로 임하는 성탄!

찬송 / 119, 120, 123 / 통 119, 120, 123
성경 / 이사야 7:10-17
요절 / 이사야 7:14
"그러므로 주께서 친히 징조를 너희에게 주실 것이라 보라 처녀가 잉태하여 아들을 낳을 것이요 그의 이름을 임마누엘이라 하리라."
목표 / 임마누엘 하나님께 전적으로 영광 돌리는 태도를 기른다.

## 시작하는 말

아하스 왕은 이사야 선지자의 아들 스알야숩(사 7:3-7)을 통하여 여호와의 말씀을 받았음에도 불구하고 그 계시를 확신하지 못하고, 계속하여 앗수르를 의지하고자 했습니다. 이미 하나님께서는 이러한 아하스 왕을 책망하시기 전에 이사야 선지자를 보내시고 '처녀와 그 아들 임마누엘'에 대한 징조를 보이셔서 유다의 구원에 대한 확신을 심어주시고자 하였습니다. 여기서 당신의 백성을 향한 애끓는 하나님의 연민의 정을 다시 한 번 느낄 수 있습니다. 하나님의 놀라운 사랑의 결정체가 '성탄'입니다. 임마누엘의 체험을 가지시는 성탄절이 되시기를 간절히 소원합니다. 금년 성탄절은 '임마누엘 성탄절'되시기를 바랍니다.

## 오늘의 말씀

1. 평화가 임하고 신앙의 도전이 있는 성탄절이어야 합니다(사 7:10~12).

해마다 맞는 성탄절이지만 행사만 치르다가 바쁘게 지나갑니다. 성탄절을 지나고도 마음에 기쁨과 평화가 없습니다. 왜 그렇겠습니까? '하나님께 영광! 사람들 중에 평화!'라는 천사의 메시지가 사라졌기 때문입니다. 바로 성탄절에 '임마누엘로 오신 그리스도'를 행사에서 잠간 만났거나 그냥 지나쳤기 때문입니다. 믿음이란 하나님의 선물입니다. 메시아 되시는 예수 그리스도를 영접하는 사람에게 하나님의 자녀가 되는 권세를 주셨기에 예수 그리스도를 영접하여 '임마누엘' 하나님과 함께 계속 살아가는 그런 영속적인 성탄절이 되어야 하겠습니다. 매일의 삶 가운데 주님이 함께 계셔서 기쁨과 소망을 안고 살아가시기를 바랍니다.

· 함께 읽어요 : 마태복음 2장 2~3절

"2 유대인의 왕으로 나신 이가 어디 계시뇨 우리가 동방에서 그의 별을 보고 그에게 경배하러 왔노라 하니 3 헤롯왕과 온 예루살렘이 듣고 소동한지라."

## 2. 불신앙을 청산하는 성탄절이 되어야 합니다(사 7:12~13).

이사야 선지자가 하나님의 명령을 전달하자 그것을 믿지 못하던 아하스 왕은 하나의 핑계를 댑니다. 그것은 '나는 구하지 아니하겠나이다. 나는 여호와를 시험하지 아니하겠나이다'(12절)라고 했습니다. 진리는 모든 사람, 모든 대상을 향해서 그 자체의 증거를 가지고 있습니다. 그런데 체험은 실증보다 더 좋은 것입니다. 이사야 선지자는 이미 이런 환상을 체험했습니다. 아직 진리에 우둔한 아하스에게도 이러한 살아있는 신앙, 그리고 하나님만 의지할 수 있는 절대적인 신앙이 요구되었습니다. 그러나 '여호와를 시험치 않겠다'는 그럴듯한 변명과 구실을 들어서 하나님의 구원계획을 사양하고 뇌물을 주어 앗수르를 의지하고 난관을 극복해보겠다는 자신의 계획을 굳힙니다. 아하스는 자신의 그럴듯한 변명을 합리화시키려고, '하나님을 시험치 말라'(신 6:16)는 율법의 한 구절을 인용하고 있습니다. 여러분은 그렇지 않습니까? 하나님께 대한 우리의 신앙은 이성의 판단으로 되는 것이 아니어야 합니다. 그것은 절대 의존을 요구하는 것입니다. 말씀을 앞서 가지 말고, 말씀을 넘어가지 말고, 말씀을 따라 그대로 순종하시는 여러분 되시기를 바랍니다. 여러분! 만왕의 왕 예수 그리스도는 말씀이 육신이 되어 오신 분이십니다. 겸손하게 만왕의 왕의 그 말씀을 액면 그대로 믿고 의지하는 말씀중심의 신앙이 되시기를 바랍니다.

· 함께 읽어요 : 요한복음 14장 6절
"예수께서 이르시되 내가 곧 길이요 진리요 생명이니 나로 말미암지 않고는 아버지께로 올 자가 없느니라."

### 3. 구원의 감격으로 '임마누엘'을 맞는 성탄절이어야 합니다(마 1:18~25).

오늘날 어떤 사람들은 "12월 25일이 예수께서 탄생하신 날이 아니지 않느냐?"라고 말하며 마치 정통 기독교가 잘못이나 있는 것처럼 이야기하는 사람들이 있습니다. 예수님의 성탄일은 그 누구도 정확하게 알지 못합니다. 이러한 교묘한 방법으로 성탄의 의미를 퇴색시키려 해서는 안 됩니다. 진실로 우리에게 필요한 것은 '하나님이 우리와 함께 계신 임마누엘의 신앙'인 것입니다. 또한 신앙고백적인 구원의 감격으로 임하는 것입니다. 정말 그렇습니다. 죄악으로 인하여 어두워진 세상, 인간의 그 어떤 힘으로도 자신을 구원할 수 없는 처지에서 하나님의 독생자 예수 그리스도께서 '말씀이 육신이 되셔서' 우리 가운데 오신 것입니다. 히브리어로 '떡집'이란 의미의 '베들레헴'(*βηθλέεμ*)에서 '생명의 떡'이신 예수가 탄생하신 것은 의미심장한 사실이며, 이는 우리 생명을 주관하시는 분임을 확실히 보여주는 경이적이며 역사적 사건인 것입니다.

· 함께 읽어요 : 마태복음 1장 23절
"처녀가 잉태하여 아들을 낳을 것이요 그의 이름은 임마누엘이라 하리라 하셨으니 이를 번역한즉 '하나님이 우리와 함께 계시다' 함이라."

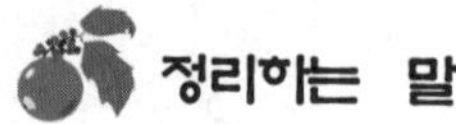

## 정리하는 말

우리는 주님의 탄생을 기념하는 '임마누엘 성탄절'의 참된 정신을 각인시켜야 합니다. 성탄절은, ① 감사한 마음으로 지키고, 마음에 표현하면서, ② 예수께서 평화와 행복을 주려고 오셨으니 우리도 평화와 행복을 나누어 주는 절기로 지키도록 해야 하겠습니다. 임마누엘의 주님의 축복이 임하는 감격적인 성탄절이 되시기를 바랍니다.

## 평가와 결심

1. 임마누엘 성탄절은 첫째 어떤 성탄절이 되어야 하겠습니까?
   (사 7:10-12, 신앙에의 도전을 가지는 성탄절)
2. 임마누엘 성탄절은 둘째 어떤 성탄절이 되어야 하겠습니까?
   (사 7:12-13, 불신앙을 청산하는 성탄절)
3. 임마누엘 성탄절은 셋째 어떤 성탄절이 되어야 하겠습니까?
   (마 1:18-25, 임마누엘 예수 그리스도를 맞이하는 성탄절)

### 주간 경건의 시간 <56> · 날마다 말씀과 함께

| 요일 / 내용 | 월(Mon) | 화(Tue) | 수(Wed) | 목(Thu) | 금(Fri) | 토(Sat) |
|---|---|---|---|---|---|---|
| 찬송 | 125 / 125 | 126 / 126 | 101 / 106 | 104 / 104 | 105 / 105 | 108 / 113 |
| 성경 | 사 2: | 사 3: | 사 4: | 사 5: | 사 6: | 사 7: |
| 적용 | 여호와의 빛에 거함 | 의인에게 복이 있음 | 여호와의 싹 | 여호와의 포도원 | 내가 여기 있나이다 | 임마누엘 징조 |

* 인생에서의 성공의 비결은 성공하지 않은 사람들에게만 알려진다.<J. S. 콜린즈, L. P. 스미드>

생명을 살리는 구역

구역부흥은 교회부흥

# 제 1 학기 출석부

| 번호 | 성 명 | 1월 | | | | | 2월 | | | | | 3월 | | | | | 계 | |
|---|---|---|---|---|---|---|---|---|---|---|---|---|---|---|---|---|---|---|
| | | 1 | 2 | 3 | 4 | 5 | 1 | 2 | 3 | 4 | 5 | 1 | 2 | 3 | 4 | 5 | | |
| 1 | | | | | | | | | | | | | | | | | | |
| 2 | | | | | | | | | | | | | | | | | | |
| 3 | | | | | | | | | | | | | | | | | | |
| 4 | | | | | | | | | | | | | | | | | | |
| 5 | | | | | | | | | | | | | | | | | | |
| 6 | | | | | | | | | | | | | | | | | | |
| 7 | | | | | | | | | | | | | | | | | | |
| 8 | | | | | | | | | | | | | | | | | | |
| 9 | | | | | | | | | | | | | | | | | | |
| 10 | | | | | | | | | | | | | | | | | | |
| 11 | | | | | | | | | | | | | | | | | | |
| 12 | | | | | | | | | | | | | | | | | | |
| 13 | | | | | | | | | | | | | | | | | | |
| 14 | | | | | | | | | | | | | | | | | | |
| 15 | | | | | | | | | | | | | | | | | | |
| 16 | | | | | | | | | | | | | | | | | | |
| 17 | | | | | | | | | | | | | | | | | | |
| 18 | | | | | | | | | | | | | | | | | | |
| 19 | | | | | | | | | | | | | | | | | | |
| 20 | | | | | | | | | | | | | | | | | | |

# 제 2 학기 출석부

| 번호 | 성 명 | 4월 | | | | | 5월 | | | | | 6월 | | | | | 계 | |
|---|---|---|---|---|---|---|---|---|---|---|---|---|---|---|---|---|---|---|
| | | 1 | 2 | 3 | 4 | 5 | 1 | 2 | 3 | 4 | 5 | 1 | 2 | 3 | 4 | 5 | | |
| 1 | | | | | | | | | | | | | | | | | | |
| 2 | | | | | | | | | | | | | | | | | | |
| 3 | | | | | | | | | | | | | | | | | | |
| 4 | | | | | | | | | | | | | | | | | | |
| 5 | | | | | | | | | | | | | | | | | | |
| 6 | | | | | | | | | | | | | | | | | | |
| 7 | | | | | | | | | | | | | | | | | | |
| 8 | | | | | | | | | | | | | | | | | | |
| 9 | | | | | | | | | | | | | | | | | | |
| 10 | | | | | | | | | | | | | | | | | | |
| 11 | | | | | | | | | | | | | | | | | | |
| 12 | | | | | | | | | | | | | | | | | | |
| 13 | | | | | | | | | | | | | | | | | | |
| 14 | | | | | | | | | | | | | | | | | | |
| 15 | | | | | | | | | | | | | | | | | | |
| 16 | | | | | | | | | | | | | | | | | | |
| 17 | | | | | | | | | | | | | | | | | | |
| 18 | | | | | | | | | | | | | | | | | | |
| 19 | | | | | | | | | | | | | | | | | | |
| 20 | | | | | | | | | | | | | | | | | | |

# 제 3 학기 출석부

| 번호 | 성 명 | 7월 | | | | | 8월 | | | | | 9월 | | | | | 계 | |
|---|---|---|---|---|---|---|---|---|---|---|---|---|---|---|---|---|---|---|
| | | 1 | 2 | 3 | 4 | 5 | 1 | 2 | 3 | 4 | 5 | 1 | 2 | 3 | 4 | 5 | | |
| 1 | | | | | | | | | | | | | | | | | | |
| 2 | | | | | | | | | | | | | | | | | | |
| 3 | | | | | | | | | | | | | | | | | | |
| 4 | | | | | | | | | | | | | | | | | | |
| 5 | | | | | | | | | | | | | | | | | | |
| 6 | | | | | | | | | | | | | | | | | | |
| 7 | | | | | | | | | | | | | | | | | | |
| 8 | | | | | | | | | | | | | | | | | | |
| 9 | | | | | | | | | | | | | | | | | | |
| 10 | | | | | | | | | | | | | | | | | | |
| 11 | | | | | | | | | | | | | | | | | | |
| 12 | | | | | | | | | | | | | | | | | | |
| 13 | | | | | | | | | | | | | | | | | | |
| 14 | | | | | | | | | | | | | | | | | | |
| 15 | | | | | | | | | | | | | | | | | | |
| 16 | | | | | | | | | | | | | | | | | | |
| 17 | | | | | | | | | | | | | | | | | | |
| 18 | | | | | | | | | | | | | | | | | | |
| 19 | | | | | | | | | | | | | | | | | | |
| 20 | | | | | | | | | | | | | | | | | | |

# 제 4 학기 출석부

| 번호 | 성 명 | 10월 | | | | | 11월 | | | | | 12월 | | | | | 계 | |
|---|---|---|---|---|---|---|---|---|---|---|---|---|---|---|---|---|---|---|
| | | 1 | 2 | 3 | 4 | 5 | 1 | 2 | 3 | 4 | 5 | 1 | 2 | 3 | 4 | 5 | | |
| 1 | | | | | | | | | | | | | | | | | | |
| 2 | | | | | | | | | | | | | | | | | | |
| 3 | | | | | | | | | | | | | | | | | | |
| 4 | | | | | | | | | | | | | | | | | | |
| 5 | | | | | | | | | | | | | | | | | | |
| 6 | | | | | | | | | | | | | | | | | | |
| 7 | | | | | | | | | | | | | | | | | | |
| 8 | | | | | | | | | | | | | | | | | | |
| 9 | | | | | | | | | | | | | | | | | | |
| 10 | | | | | | | | | | | | | | | | | | |
| 11 | | | | | | | | | | | | | | | | | | |
| 12 | | | | | | | | | | | | | | | | | | |
| 13 | | | | | | | | | | | | | | | | | | |
| 14 | | | | | | | | | | | | | | | | | | |
| 15 | | | | | | | | | | | | | | | | | | |
| 16 | | | | | | | | | | | | | | | | | | |
| 17 | | | | | | | | | | | | | | | | | | |
| 18 | | | | | | | | | | | | | | | | | | |
| 19 | | | | | | | | | | | | | | | | | | |
| 20 | | | | | | | | | | | | | | | | | | |

# 창세기 출애굽기

"이 예언의 말씀을 읽는 자와 듣는 자들과…지키는 자들이 복이 있나니"
계 1:3

Contents of Bible 김종석(C.S.Kim),1978 신소섭(S.S.Shin),1978 성경 목록가

• 설문지 : 독자 앙케이트 •

# 구역공과를 다루고서

〈각 교회에서 설문지를 그대로 보내주셔도 좋겠고, 통계치만 보내셔도 됩니다 〉

**1. 구역공과를 다루고 나서 어떤 방법이 가장 좋았는가?**

( ) 1 기존의 방법대로 구역장이 혼자 가르치는 것이 좋겠다.
( ) 2 문답지를 나누어주고 미리 풀어 오도록 하여 토론하는 것이 좋겠다.
( ) 3 성경 문제지를 나누어주고 그날 함께 풀어 가는 방법이 좋겠다.
( ) 4 문답지를 나누어주고 구역장이 설명해 가는 방법이 좋겠다.

**2. 성경 공부 문제지를 다루는데 그 정도가 어떠했는가?**

( ) 1 문제가 어려워서 손대기가 어려웠다.
( ) 2 문제지는 그런대로 쉬웠으나 묵상과 적용이 잘 안되었다.
( ) 3 문제지도 어려웠고 묵상과 적용도 어려웠다.
( ) 4 문제지는 보통이고 묵상과 적용도 할만했다.

**3. 성경 공부 문제의 양이 어떠했는가?**

( ) 1 문제가 너무 많았다.
( ) 2 문제가 너무 적었다.
( ) 3 문제가 적당했다.

**4. 성경공부 진행 및 내용의 배열은 어떻게 하는 것이 좋겠는가?**

( ) 1 시작하는 말, 오늘의 말씀, 정리하는 말, 평가와 결심의 순서대로가 좋겠다.
( ) 2 오늘의 말씀, 정리하는 말, 평가와 결심으로 줄였으면 좋겠다.
( ) 3 성경본문을 읽고 각자가 느낀 점을 이야기하고 적용하는 방식이 좋겠다.
( ) 4 성경 본문만 읽고 중보(합심)기도를 길게 하는 것이 좋겠다.

**5. 구역 모임시간에 대하여 어떻게 했으면 좋겠는가?**

( ) 1 찬송을 많이 불렀으면 좋겠다.
( ) 2 성경 공부에 중점을 두었으면 좋겠다.
( ) 3 합심기도에 시간을 많이 할애했으면 좋겠다.
( ) 4 구역원들 간에 이야기하는 시간을 많이 두어야 좋겠다.

**6. 성도의 교제 시간 운영 방안에 좋은 방법은 무엇인가?**

( ) 1 민속놀이를 했으면 좋겠다(윷놀이 등).
( ) 2 음식 나누어 먹기가 좋겠다.
( ) 3 가정을 위해 특별기도를 해주는 것이 좋겠다.
( ) 4 성경 퀴즈를 했으면 좋겠다.

* 보기에 없으면 적 으시오( )

**7. 구역공과교재나 교재출판위원회에 하고 싶은 이야기를 적으시오.**

절 취 선

| < 보내주시는 교회 선물을 받으실 분 ><br>(우편번호) 주소는 정확하게, 담임목회자 명 | < 보내 주실 곳 ><br>156- 094 서울 동작구 사당4동 254-9<br>도서출판 아가페문화사 교재편찬위원회 앞 |
|---|---|

세상을 변화시키는 52주 구역공과

# 생명을 살리는 구역

2009. 12. 1 초판 인쇄
2009. 12. 5 초판 펴냄

지은이 교재편찬위원회
발행인 김영무

발행처 도서출판 아가페문화사
156-094 서울 동작구 사당4동 254-9
전화 3472-7252, 7253 팩스 523-7254
등록 제3-133호(1987. 12. 11)

보급처 : 아가페문화사
156-094 서울 동작구 사당4동 254-9
전화 3472-7252, 7253 팩스 523-7254
우 체 국 011791-02-004204 (김영무)

값 5,500원

ISBN 978-89-8424-106-0 03230